贸易救济中的产业损害调查

WTO 与中国

Injury Investigation of Trade Remedy

WTO and China

—— 于治国◎著 ——

知识产权出版社

全国百佳图书出版单位

—北 京—

图书在版编目（CIP）数据

贸易救济中的产业损害调查：WTO与中国/于治国著. —北京：知识产权出版社，2020.12
ISBN 978-7-5130-6509-2

Ⅰ.①贸… Ⅱ.①于… Ⅲ.①世界贸易组织—保护贸易—研究 Ⅳ.①F743.1

中国版本图书馆 CIP 数据核字（2019）第 217929 号

内容提要

本书梳理了国际贸易救济制度中损害调查规则的历史发展脉络。通过考察世贸组织争端解决机构的判例及有关世贸组织成员国内立法和实践经验，并结合中国情况，对贸易救济损害调查相关问题进行了一些探讨，并探求未来国际规则的前进路径和发展方向。本书可为中国广大企业提供一些法律和规则的指南，为从事贸易救济的律师提供工作参考，也可作为各大高等院校从事法律教学研究的专家学者的教学参考。

责任编辑：阴海燕　　　　　责任印制：孙婷婷

贸易救济中的产业损害调查——WTO与中国
MAOYI JIUJI ZHONG DE CHANYE SUNHAI DIAOCHA——WTO YU ZHONGGUO
于治国　著

出版发行：知识产权出版社有限责任公司		网　　址：http://www.ipph.cn	
电　　话：010-82004826		http://www.laichushu.com	
社　　址：北京市海淀区气象路 50 号院		邮　　编：100081	
责编电话：010-82000860 转 8693		责编邮箱：laichushu@cnipr.com	
发行电话：010-82000860 转 8101		发行传真：010-82000893	
印　　刷：北京中献拓方科技发展有限公司		经　　销：各大网上书店、新华书店及相关专业书店	
开　　本：720mm×1000mm　1/16		印　　张：17.75	
版　　次：2020 年 12 月第 1 版		印　　次：2020 年 12 月第 1 次印刷	
字　　数：280 千字		定　　价：78.00 元	

ISBN 978-7-5130-6509-2

序言
PREFACE

近几年，世界经济经历了深刻调整，保护主义、单边主义抬头，经济全球化遭遇波折，多边主义和自由贸易体制受到了严重冲击。现有全球经济贸易秩序受到了前所未有的挑战，以世界贸易组织协定（以下简称"世贸组织协定"）为基础的国际贸易规则面临失灵的风险。因此，重申世贸规则的权威性和严肃性具有现实的重要意义。

贸易救济措施是世贸组织成员广泛采用的政策工具，是发展国际自由贸易的安全阀和防火墙。正是由于反倾销、反补贴和保障措施的存在，才使得世贸组织成员得以保护产业和经济安全，维护公平竞争的贸易秩序，从而以更加开放和自由的方式不断促进国际贸易的开展，推动经济全球化的进程。

损害调查是依照法律采用经济分析和逻辑推理的方式，发现有关进口贸易是否会造成进口国产业状况受损的过程。它作为贸易救济制度的三足之一，对贸易救济政策的制定和实施具有举足轻重的意义。一方面，损害调查是法律问题，决定了贸易救济调查和措施的合理性和正当性，依法依规是其本质的属性；另一方面，它也是个经济问题，通过对产业和市场的分析，发现进口国国内产业生存和发展存在的问题，使政府能够有的放矢地采取救济和扶助的政策，缓解产业和贸易的压力。

本书梳理了国际贸易救济制度中损害调查规则的历史发展脉络，通过考察世贸组织争端解决机构的判例及有关世贸组织成员国内立法和实践经验，并结合中国情况，对贸易救济损害调查相关问题进行了一些探讨，并探求未来国际规则的前进路径和发展方向。书中也归纳了一些其他国家（地区）损害立法经验和相关案例，通过研究对比对进一步完善中国贸易救济损害调查制度提出了建议。

本书出版的目的意在为中国广大企业提供一些法律和规则的指南，也可以为从事贸易救济的律师朋友提供工作参考。对于各大高等院校从事法律教学研究的专家学者，本书也不失为一本理论结合实践的教学参考。

在本书的编写过程中，很多领导、同事和朋友都给予了大力的支持。在此一并表示诚挚的谢意。

目　录

第一章 损害调查国际规则的演进

第一节 国际规则的起源

贸易救济规则已有 100 余年的历史。1904 年，加拿大制定了第一部反倾销法律，用以解决美国钢铁企业在加拿大低价倾销的问题❶。美国则是世界上第一个系统性、规律性地执行反倾销法律的国家❷。

美国反倾销法脱胎于反垄断法律。其最初的目的是规制垄断等限制竞争的行为，而不是保护美国国内产业免遭不公平进口所造成的损害。19 世纪末期，资本主义经济进入了垄断资本主义阶段。美国率先掀起了反垄断的高潮，诞生了第一部反垄断法——《抵制非法限制与垄断保护贸易及商业法》，又称《谢尔曼法》，也产生了一些有影响力的判决。在此背景下，美国第一部反倾销法律——《1916 年反倾销法》❸应运而生。该法带有浓重的反垄断的色彩，执法目标是反对"掠夺性倾销"。当外国进口存在"掠夺性意图"（predatory intent）时，才可以实施反倾销措施。并且在该法中还存在刑事处罚的条款，与谢尔曼法和克莱顿法等反托拉斯法律一脉相承。

美国《1916 年反倾销法》认为，"以破坏和损害美国相关产业，或者限制或垄断美国境内的贸易和商业为目的"，在美国市场上以显著低于出口国国内市场价格的方式销售产品是非法行为。该法主要反对进口商品在美国市场上的价格歧视行为。而此前通过的另一部反托拉斯法《克莱顿法》则是禁止

---

❶ J. A. Viner, DUMPING: A PROBLEM IN INTERNATIONAL TRADE 86 (1923).

❷ Douglas A. Irwin, The Rise of U. S. Antidumping Activity in Historical Perspective, 28 (5) THE WORLD ECONOMY, 651-668 (2005).

❸ Title VIII of the Revenue Act of 1916, 39 Stat. 756 (1916); 15 U. S. C. § 72.

限制竞争和形成垄断的美国国内的价格歧视行为。从行文措辞上可以看出，《1916 年反倾销法》更像是《克莱顿法》向美国境外的延伸。两部法律异曲同工，相互呼应。

20 世纪 20 年代初，美国通过了《1921 年反倾销法》，取代了《1916 年反倾销法》。美国《1921 年反倾销法》可以说是现代反倾销法律的雏形，形成了"倾销""损害"和"因果关系"等基本概念，重新设置了反倾销措施的形式和内容，还从经济学分析上提供了关于反倾销合理性的一些解释。该法不再要求倾销进口具有"掠夺性意图"，只要倾销进口产品造成了美国国内产业损害就可以采取措施，从而形成了倾销、损害和因果关系这三个反倾销调查的分支。就损害调查而言，美国《1921 年反倾销法》第一次明确授权调查机关——当时的美国关税委员会，对倾销进口对美国国内产业造成的损害进行调查[1]。就倾销而言，该法中第一次使用了"公平价值"的概念，并一直沿用至今。就因果关系而言，该法要求调查机关查明，倾销进口是造成美国国内产业损害的原因。在经济学理论上，该法认为当被调查产品以倾销低价进口时，会扩大对进口产品的需求，消费者会更多地选择进口产品而不是国内产品，从而对美国国内产业造成损害。在救济措施形式上，该法放弃了罚金、刑事处罚等较为严格的措施，代之以经济救济措施——"特别倾销关税"（special dumping duty）。

《1921 年反倾销法》在理论框架、法律制度安排上脱离了原有的窠臼，奠定了现代国际反倾销制度的基础。但从本质上说，它还具有比较明显的保护主义色彩。在其立法目的中，该法明确提出"目的在于保护国内产业和经济免于被进口产品的价格战毁灭"[2]。在措施上，该法寻求更高的倾销幅度和更高的关税壁垒。这与其诞生的历史背景有关。第一次世界大战结束后，美国经济迅速崛起，加之共和党政府采取的放任自由主义经济政策，美国国内垄断经济更加强大。美国先后通过了《福德尼—麦坎伯关税法》（*Fordney-*

---

[1] Committee on Finance, United States Senate, The Antidumping Act 1921 and the International Dumping Code（July 5, 1968）available at：http://www. finance. senate. gov/library/prints/.

[2] H. R. Rep. No. 1, 67th Cong., 1st Sess. 23-24（1921）.

McCumber Tariff）等一系列限制外国资本和商品的法律。在这种环境下出台的《1921 年关税法》自带了保护主义的基因。有学者评价《1921 年关税法》是国际贸易保护主义的先声："由于该法在法律解释和证据要求上的软约束，美国政府可以迅速地回应国内贸易保护主义的压力。反倾销最终将成为国内产业压制进口竞争的手段。"❶

　　20 世纪 20 年代，英国、澳大利亚、南非和新西兰也推出了各自的反倾销立法。其中值得注意的是，英国和澳大利亚立法中也明确将"损害"的出现作为征收反倾销税的前提之一。英国《1921 年产业保护法》❷ 将损害定义为英国产业已经受到或者可能受到外国进口产品的严重影响。澳大利亚《产业保护法》❸ 要求确定倾销进口对澳大利亚国内产业造成的危害性影响。而同期的新西兰立法则没有损害因素的规定。可以说这个时期，就损害问题各国还没有形成统一的、受广泛认可的反倾销的理论体系，各国反倾销相关法律更多的是作为应对国际贸易大发展和国际贸易保护主义大潮的法律工具。

　　虽然早期的反倾销法律保护主义色彩浓厚，但是 20 世纪上半叶全球反倾销措施的数量还是相对很少的。其中有关损害的调查和裁决更是凤毛麟角。一方面，损害调查并未成为各国立法和执法机关的共识和主流。另一方面，更主要的原因则是由于当时各国关税壁垒已经很高，国际贸易受到了很大遏制，外国产品的进口很大程度上已被当时的关税壁垒所限制，各国国内产业寻求反倾销制度保护的意愿普遍不强。

　　之后，随着《关税及贸易总协定》的实施和自由贸易区的不断涌现，全球范围内关税壁垒以及部分非关税壁垒明显降低，带来了货物贸易的自由流动和世界贸易规模的快速扩张。由此也引发了反倾销等贸易救济调查和措施的急速增加。1980—1995 年，美国、欧盟、加拿大和澳大利亚四个国家和组

---

❶　J. Michel Finger, Nellie T. Artis, The Origins and Evolution of Antidumping Regulation, in ANTI-DUMPING：HOW IT WORKS AND WHO GETS HURT 34 (J. M. Finger ed. , 1991).

❷　British Safeguarding of Industries Act, 1921 (11 & 12 Geo. V c. 47).

❸　Australian Act of 1916, Act No. 9 (1906).

织发起了超过 1000 起反倾销调查❶，占当时全球反倾销案件数量的 95% 以上❷。自此时起，贸易救济已经成为各国国内产业寻求限制进口产品竞争的主要政策和法律工具。

第二节 国际规则的演进

一、早期的损害调查规则

各国早期的反倾销规则并不重视损害调查的规则，也少有把损害作为实施反倾销措施前提条件的。在当时部分国家作出的少量损害裁决中，也不是现代意义上的损害调查。

如前所述，世界上第一个系统的、成规模的反倾销法规是美国的反倾销法。然而早期的《1916 年反倾销法》和《1921 年反倾销法》，则更多地体现了反垄断法律向国际商业和贸易领域的拓展，因而其中关于损害部分的规定和相关实践都无足轻重。但是《1921 年反倾销法》与《1916 年反倾销法》相比，还是有巨大的理论进步：第一次要求政府调查损害因素，并且要求损害是由于不公平进口倾销造成的。这奠定了现代贸易救济制度的理论和法律基础，第一次明确提出了三个重要的前提性的法律要求：不公平贸易行为、损害及二者之间的因果关系。

当然，此时美国国内立法中关于损害调查的规则还不成熟。比如不同阶段对因果关系的性质有不同的认识。如《1921 年反倾销法》以及其后的《1930 年关税法》中，并不要求倾销是损害的直接或实质原因❸。

调查机构的分立也体现了美国贸易救济损害调查规则和思路的发展变化。

---

❶ Christian Conrad, Dumping and Antidumping Measures from a Competition and Allocation Perspective, 36 (3) JOURNAL OF WORLD TRADE 563 (2002).

❷ Raj Bhala, Rethinking Antidumping Law, 29 (1) GEORGE WASHINGTON JOURNAL OF INTERNATIONAL LAW & ECONOMY 4 (1995).

❸ 同❷。

《1921 年反倾销法》确立了美国关税委员会（即美国国际贸易委员会的前身）进行反倾销损害调查的专属职能。1954 年美国重新划分调查机关的职能，再次强调损害调查由美国关税委员会负责，倾销部分调查则由美国财政部负责。这标志着损害调查在反倾销调查中已经具有了相对独立的地位。在调查中，美国关税委员会更多地进行市场状况和经济指标等情况的调查和分析。但是囿于其"反垄断法的出身"，反倾销损害调查中仍然将"掠夺性意图"等因素作为重要内容。直至 20 世纪 60 年代，美国关税委员会的损害裁决中还时常见到"掠夺性意图"的内容，而且时常因为不存在"掠夺性意图"而作出否定性的损害裁决❶。据统计，1921—1967 年，美国共发起了超过 700 起反倾销调查，但最终只有 75 起作出了肯定性损害的调查结论。究其原因，大部分案件被美国关税委员会作出否定性的损害裁定都是因"掠奇性意图"要件的不足。❷

此后经济理论的发展对反倾销损害调查中"掠夺性意图"因素及其重要性提出了质疑，动摇了"掠夺性意图"要件作为反倾销调查和措施的基础地位。比如有学者认为，在国际贸易中掠夺性定价策略和掠夺性市场行为，不论在理论上还是实践中都不可能存在❸。与"掠夺性意图"要件相比，以美国国内产业状况及其变化原因等为主要内容的损害调查，更具备合法性和合理性。

1974 年通过的美国《贸易协定法则》标志着其反倾销损害进入了一个新的发展阶段。相关规则和实践展现了精细化和体系化的特点。该法第一次提出了"实质损害"的概念，用以量度美国国内产业受到损害的程度。❹ 在美国参议院财政委员会提供的立法说明里指出："该法主要针对在美国市场上进口产品低于美国产品价格，并因此给美国国内相关产业造成了损害的倾销行

---

❶ Bicycles from Czech, 25 Fed. Reg. 9782（1960）; Carbon Steel Bars & Shapes from Canada, 29 Fed. Reg. 12599（1964）.

❷ Michael Finger & Tracy Murray, Antidumping Duty Enforcement in the United States, in ANTI-DUMPING: HOW IT WORKS AND WHO GETS HURT 34（J. Michael Finger ed. , 1991）.

❸ Michael J. Trebilcock & Thomas M. Boddez, The Case for Liberalizing North American Trade Remedy Laws, 4（1）MINNESOTA JOURNAL OF GLOBAL TRADE 1,（1995）.

❹ Diana Jean Carloni, An Analysis of Material Injury under the 1979 Trade Agreements Act, LOYALA LOS ANGELES INTERNATIONAL AND COMPARATIVE LAW 181（1981）.

为。……如果有证据明确证明损害或损害的可能性确已存在，则调查机关应当作出肯定性的裁决。"❶ 值得注意的是，该法的出现也使反倾销法律制度摆脱了原有反垄断法的出身印记，使反倾销法具备了独立的理论基础和制度体系。它改变了对倾销行为的定性：倾销仅仅是一种市场行为，并非"不公平"的价格歧视。这在倾销性质的认识上是一个新的阶段。如果倾销没有造成美国国内产业的损害，倾销这种价格歧视则是一种合法的市场营销方式。由此认识引发，美国国内产业损害及其程度成了反倾销调查和措施实施合理性和合法性的基石。

二、《关税及贸易总协定》时期

(一)《关税及贸易总协定》

1946 年，联合国经济和社会理事会为准备联合国大会的议程组成了准备委员会。在该委员会第一次会议上，美国提出了成立国际贸易组织（International Trade Organization）的声明。该声明的第 11 条就是反倾销规则。

在《关税及贸易总协定》（以下简称《关贸总协定》）中，贸易救济制度起到了重要的安全阀和平衡器的作用。如果没有贸易救济制度的保障，包括美国在内的很多国家则难以进行大规模和高标准的关税减让等便利自由贸易的措施。有学者评价，《关贸总协定》第 6 条（即贸易救济条款）在一定程度上认可了政策目标的合法性，但是同时又为确保这些目标的实现创造了条件❷。这一时期，各成员更关注如何确保市场开放而不是限制进口。

《关贸总协定》是第一部规定了贸易救济损害调查的国际经济贸易规则。《关贸总协定》第 6 条基本沿袭了美国《1921 年反倾销法》，其确立的实施贸易救济措施的条件一直延续到现在：存在倾销、损害和因果关系。但是由于美国《1921 年反倾销法》本身没有"实质损害"和"国内产业"等核心概念

---

❶ REPORT ON THE TRADE AGREEMENT ACT OF 1979, SENATE FINANCE COMMITTEE REPORT, S. Rep No. 249, 96th Session. 1. st Sess. 75 (1979).

❷ John Jackson, THE WORLD TRADING SYSTEM: THE LAW AND POLICY OF INTERNATIONAL ECONOMIC RELATIONS 236-242 (1997).

的定义，《关贸总协定》以及后来的世界贸易组织相关协定也都没有这些关键名词的解释，一定程度上造成了国际规则的模糊性，增加了其适用的难度❶。

（二）肯尼迪回合规则谈判

《关贸总协定》第6条关于反倾销和反补贴的规定在很大程度上借鉴了美国国内法律。《关贸总协定》缔结之后，随着越来越多的国家制定了反倾销国内立法，各成员开始更加关注过度使用反倾销法律和措施的风险问题❷。在这个时期，缔约方在规则谈判中的重点是规定价格歧视的程度和性质，以及限制反倾销措施不得超过倾销幅度等方面。此外，反倾销调查过程中各利害关系方的权利义务、调查机关确保程序公正和透明度等内容，也是本回合规则谈判的重点。这些原则都影响了损害调查规则调整和变化的方向。

国际反倾销领域第一个重大成果是《关贸总协定》肯尼迪回合规则谈判达成的《1967年反倾销守则》。该守则并不是《关贸总协定》正式法律文本，只是一个诸边协定，当时只有18个缔约方签署了该守则，其后其他成员可以自行选择是否加入该守则。在具体进展上，谈判各方主要关注三个方面：一是解决缔约方国内立法中没有损害调查规定的问题（以加拿大为代表）；二是"实质损害""国内产业"和"因果关系"等核心概念的定义；三是提高程序透明度，削弱调查机关自由裁量权。

在损害规则上，《1967年反倾销守则》有几个重要的发展。

1. 因果关系认定——"主要原因"

这是反倾销历史上，国际规则第一次以定性的方式规定了倾销与损害之间的因果关系，也是迄今为止要求最高的规则。该守则要求调查机关必须确定，倾销进口是造成进口国国内产业损害的"主要原因"，否则不能采取反倾销措施。

该守则第3条规定："只有当调查机关认定倾销进口被证明是造成进口国

---

❶　M. Matsushita et al., THE WORLD ORGANIZATION: LAW, PRACTICE AND POLICY, 418 (2nd edn, 2006).

❷　Michael Finger, The Origins and Evolution of Antidumping Regulation, 26 (World BankWorking Papers, 783, October 1991).

国内产业实质损害或实质损害威胁，或者是实质阻碍进口国国内产业建立的主要原因，调查机关才能作出肯定性的损害裁决。"❶

这样的规定，主要是从倾销、损害以及其他造成损害因素的相互关系角度考虑的。如果倾销只是造成进口国国内产业损害的原因之一，且相对于其他因素，倾销只是造成损害的一个较小的原因，在这种情况下，调查机关应当认为倾销和损害之间没有因果关系。❷ 有学者认为，"主要原因"标准非常之高会不合理限制反倾销规则的使用。因为如果进口国国内产业受到的损害主要是其他原因造成的，那么进口国国内产业则不能通过申请反倾销调查和要求实施反倾销措施得到适当救济。❸

因果关系标准的变化提高了反倾销申诉和调查的门槛，明显限制了反倾销措施的使用。而当时反倾销措施的本质，还是有针对性地保护进口国国内产业、缓解政府和产业紧张关系的行政手段。因此这样高标准的因果关系调查，并没有得到签署缔约方的一致支持。

2. 实质损害的定义

《1967 年反倾销守则》仍然没有提供"实质损害"等关键概念的定义。但是该守则以规定调查方式的形式，对实质损害的内容和表现进行了一定程度的规定。该守则第 3 条要求"调查机关应当评估倾销进口的影响"，并在第 B 款中列举了调查中应当考察的与进口国国内产业状况有关的指标和因素。这些因素主要包括销售收入的预计变动、市场份额、售价、利润、出口实绩、劳动就业、进口规模、产能利用率、劳动生产率和相关贸易限制措施等。

3. 其他损害因素的调查

因果关系调查和非归因的分析，即对倾销及其他造成损害的因素调查，是肯尼迪回合规则谈判的重要成果之一。在国际反倾销历史上，第一次要求调查机关

---

❶ Agreement on Implementation of Article VI, L/2812, 12/07/1967. https://docs. wto. org/gattdocs/q/GG/L3799/2812. PDF.

❷ Diana Jean Carloni, An Analysis of Material Injury under the 1979 Trade Agreements Act, LOYALA LOS ANGELES INTERNATIONAL & COMPARATIVE LAW REVIEW 87, 91 (1981).

❸ Robert Hudec, Antidumping and Countervailing Duties, in ANTI-DUMPING LAW AND PRACTICE: ACOMPARATIVE STUDY (John Jackson & Edwin Vermulst eds. 1989).

"单独地和整体地"考虑造成进口国国内产业损害的其他因素的影响和作用。

《1967年反倾销守则》第3条规定："在调查过程中，调查机关应当一方面权衡倾销进口的影响，另一方面要全面考虑可能对进口国国内产业状况造成不利影响的其他因素的作用。"第C款进一步明确："为了确定倾销和损害之间的因果关系，其他可能单独或共同地对进口国国内产业状况造成不利影响的因素，都应当被调查和考虑。例如，非倾销进口产品的数量和价格，进口国国内同类产品生产者之间的竞争，以及由于替代产品的出现或消费者偏好的变化造成的需求减少等。"

在多边规则中引入非归因调查，并且规定了调查方法和对象，显著提高了反倾销调查的科学性和合理性。

4.《1967年反倾销守则》的不足

虽然《1967年反倾销守则》对损害调查作了进一步细化的规定，并制定了相对高的标准，限制有关缔约方的贸易保护主义倾向和滥用反倾销措施的可能，但是各缔约方在实施守则时，往往选择有条件或部分地执行守则的规定；真正完全执行肯尼迪回合规则的只有当时的欧共体❶。

美国作为当时国际反倾销规则的主要使用者，则选择了有条件和部分地实施肯尼迪回合规则。美国国会认为实施该守则将显著降低对美国国内产业、进口商和消费者的保护水平，因此并没有批准《1967年反倾销守则》。

（1）在因果关系认定方面，美国始终不认可"主要原因"标准的规定。美国反倾销法仅仅要求倾销是损害的一般原因即可，没有"主要原因"的法定条件。为此，美国国会还专门立法指示美国关税委员会在进行损害调查时，不必局限于肯尼迪回合规则的约束❷。此外，美国也采用了一些特殊的方法对肯尼迪回合规则中"主要原因"的规定进行了解释。例如在参议院财政委员会的听证会上，有人认为《1967年反倾销守则》中关于"主要原因"的规定

---

❶ Angelika Eymann & Ludger Schuknecht, Antidumping Enforcement in the EuropeanCommunity, in ANTIDUMPING: HOW IT WORKS AND WHO GETS HURT 221-238 (J. M. Fingers ed., 1991).

❷ Eugenia S. Pintos & Patricia J. Murphy, Congress Dumps the International Antidumping Code, CATHOLIC UNIVERSITY LAW REVIEW 180, 190-191 (1969).

应当解释为"任何大于微量的损害程度"。

因此在随后的案例中，美国并未严格实施《1967 年反倾销守则》关于因果关系的规定。在 1970 年对荷兰干全蛋（Whole Dried Eggs）的反倾销调查中，美国关税委员会认为如果倾销对于美国国内产业造成的损害是一个大于微量的损害，就足以认定可以实施反倾销措施。❶ 在对日本铁氧体磁芯系列（Ferrite Cores）❷ 的反倾销调查中，美国关税委员会认为，只要美国国内产业损害可以"部分地归咎于"倾销进口，就可以肯定存在损害。这种弱因果关系的方法与"主要原因"的标准相去甚远。在生铁（Pig Iron）反倾销调查中，该委员会进一步指出只要倾销进口是造成损害的一个大于微量的损害因素即可，不必要求倾销进口是造成损害的唯一因素或主要因素。

（2）在具体操作层面，美国认为执行肯尼迪回合规则存在实际困难。《1967 年反倾销守则》和美国国内立法都承认，除了倾销进口之外可能同时存在其他造成国内产业损害的因素。但是在评估这些其他因素的时候，该守则和美国国内法的做法却全然不同。《1967 年反倾销守则》要求综合评估其他因素对进口国国内产业状况的影响，并提供了需要调查的因素和指标。如果倾销因素大于其他因素对进口国国内产业的负面影响，则倾销和损害之间存在因果关系。而美国的做法是将倾销进口因素与其他因素的影响分隔开来，单独考察倾销进口是否对美国国内产业造成了实质损害。如果倾销进口的影响不是微量的和细微的，则倾销进口就与损害之间存在了因果联系。

通过对比两种方法可以发现，美国的做法只需要针对倾销因素的影响进行经济分析，工作量较小。而《1967 年反倾销守则》推荐的方法不仅要对各个因素对产业状况的影响进行分析，还需要对各个因素影响的大小进行分析和比较，这在程序和实体上都对调查机关的能力提出了更高的要求。

（三）东京回合规则谈判

20 世纪 70 年代，反倾销技术进一步扩散，发达经济体都开始使用反倾销

---

❶ 35 Fed. Reg. 12500, 12501（1970）.

❷ United States Tariff Commission, 36 Fed. Reg. 1934（1971）.

作为应对国际贸易竞争、保护国内经济的行政手段。这一时期，反倾销主要使用者除了美国之外，还有加拿大和澳大利亚等工业化国家。缔约方纷纷认识到，反倾销是国际协定赋予的一种"权利"，而且应当加强和完善这种权利以应对不断发展的国际贸易和越来越激烈的国际竞争。

但是，肯尼迪回合《1967 年反倾销守则》在一定程度上提高了实施反倾销措施的难度。"主要原因"标准提高了损害认定和因果关系调查的门槛。缔约方普遍认为，当不存在其他影响进口国国内产业状况的经济、政治或社会因素时，倾销进口才有可能成为造成损害的"主要原因"❶。因此这样的要求，明显超出了现实的、合理的范畴。因此《1967 年反倾销守则》实质损害要求也没能得到全面彻底的执行。

在此背景下，《关贸总协定》东京回合谈判达成了《1967 年反倾销守则》（也称为《东京守则》）。该守则全面降低了损害调查的门槛，为缔约方进行反倾销调查并实施措施提供了有利条件。在损害规则方面，有以下几个显著的调整：

一是删除了"主要原因"的要求。在《东京守则》中，不再要求倾销进口是造成进口国国内产业损害的主要原因，转而采用更低的标准，要求损害"是由于"倾销进口造成的，即采用了"一般原因"标准。

二是调整了倾销进口与其他损害因素分析比较的要求。由于不再要求倾销进口是造成损害的主要因素，因此新的规则也不再要求比较倾销进口影响和其他损害等多个因素影响的大小。

三是删除了评估其他损害因素的要求。新的规则不再要求对造成损害的其他因素进行单独的或整体的评估。

四是调整了评估其他因素的位置和重要性。肯尼迪回合规则在文本正文中列举了调查机关应当考虑的其他损害因素。而在新规则中，这些因素只能作为脚注出现在法律文本里了。

经过调整，《东京守则》实施反倾销措施的门槛大为降低。有学者评价，此时的反倾销措施已经类似于保障措施，损害调查要求是如此之低，只要存

---

❶ Diana Jean Carloni, An Analysis of Material Injury under the 1979 Trade Agreements Act, 4 LOYOLA LOS ANGLES INTERNATIONAL & COMPARATIVE LAW REVIEW 87, 91 (1981).

在价格歧视就可以实施反倾销措施。❶

当然，《东京守则》损害调查规则也取得了积极的进展。其中，非归因调查的规定是其最大的贡献。当时非归因调查程序设计的目的之一是避免将其他因素造成的损害归咎于倾销进口❷。有学者评论《东京守则》：用区分倾销进口与其他损害因素影响，及倾销进口单独进行损害分析的方法，取代过去"主要原因"的方法。❸

从实践看，《东京守则》虽然降低了采取反倾销措施的门槛，但美国、欧共体（1993 年发展为欧洲联盟）、加拿大等反倾销规则主要使用者并未采取激进的行动大幅增加反倾销案件的数量。仅在 1977—1978 年经济衰退期，欧共体反倾销案件数量出现了激增的情况❹。

（四）乌拉圭回合规则谈判

贸易救济制度的本意是向受到进口冲击影响的进口国国内生产者提供一定程度的救济，以利于其生存、发展或者抓紧时间提高竞争力。因此，该制度一方面鼓励和保障缔约方积极削减关税壁垒，提高贸易自由化水平，另一方面也提供了一定的政策空间，缓解缔约方政府来自国内生产者和经营者的压力，向国内产业提供及时和适度的保护。通过乌拉圭回合谈判，贸易救济制度更加完善和严格，平衡了鼓励自由贸易和保护进口国国内产业两个方面的政策目标。

在损害规则方面，乌拉圭回合诸协定重点强调对进口国国内产业遭受的进口冲击带来的影响进行救济。在规则体系方面，各协定并没有创造新的独立的规则和义务，而是通过对《关贸总协定》第 6 条进行细化、解释和澄清等工作，与第 6 条一起构成了世贸组织贸易救济制度体系。同时，三类贸易

---

❶ John J. Barcelo III, A History of GATT Unfair Trade Law—A Confusion of Purposes, 14 (3) THE WORLD ECONOMY 311, 324 (1991).

❷ Jorge Miranda, Causal Link as interpreted in WTO Trade Remedy Disputes, 44 (4) JOURNAL OF WORLD TRADE 730 (2010).

❸ BESELER AND WILLIAMS, ANTIDUMPING AND ANTI-SUBSIDY LAW: THE EUROPEAN COMMUNITIES 167 (1986).

❹ 同❸。

救济措施还专有独立的协定，根据各自的特点，对《关贸总协定》第6条进行了有针对性的规定。整个体系张弛有度，架构完整，可操作性强。

但是乌拉圭回合协定仍然没能解决所有的争议。在损害规则部分，还有包括被调查产品和同类产品范围、损害定义和标准以及因果关系等诸多难题有待解决。

首先，损害的概念问题就没有解决。在三个协定中，反倾销和反补贴调查中的"实质损害"，在保障措施调查中则变成了"严重损害"。"实质损害"没有定义，并且"实质损害"和"严重损害"之间的关系也没有规则明文规定。关贸总协定争端解决机构、调查机关和专家学者只能借鉴美国国内立法中的相关规定，对这些问题进行说明。美国保障措施调查采用了较高的损害标准，也有专家称之为"第一等级"的损害。[1] 而美国立法中反倾销和反补贴调查的损害标准较低，也被称之为"第二等级"的损害。虽然对这些问题世贸组织成员已有共识，但仍不能充分解决国际规则本身的缺失和模糊性问题。

其次，损害调查规则相对单薄。相较倾销调查和补贴调查的规则，损害调查规则略显薄弱，显得没有充分展开。[2] 在损害调查规则中，更多的是关于损害调查流程、各阶段调查内容和原则等规定，鲜有对某个具体程序或实体问题进行的细致阐述和规定。在倾销调查和补贴调查规则方面则随处可见对细节问题进行的步骤式、条件式解释。例如，在倾销调查中，正常价值的计算方法就列举了三种，正常贸易过程测试的步骤和具体数量标准也有规定，公平比较时具体原则和常见因素等，都有非常细致的说明。在补贴调查方面，按照常见补贴的特点分门别类进行介绍，并对各个类别利益计算的具体方法和应当注意的问题都一一点明。两相比较，损害调查规则显得更加有原则，交由调查机关自由裁量的空间更大。

---

[1] John J. Barcelo III, A History of GATT Unfair Trade Law—A Confusion of Purposes, 14 (3) THEWORLD ECONOMY 311, 324 (1991).

[2] Angelos Pangratis and Edwin Vermulst, Injury in Anti-Dumping Proceedings—The Need toLook Beyond the Uruguay Round Results, 28 (5) JOURNAL OF WORLD TRADE 61-96 (1994).

三、反补贴损害规则的发展过程

《补贴和反补贴协定》中的损害规则与反倾销中规则基本相同，在实践上也大同小异。但是，反补贴毕竟是与反倾销完全不同的贸易救济调查，其发展经历与反倾销也截然不同。

反补贴立法和实践比反倾销还要早。世界上最早的反补贴立法是 1890 年美国和 1892 年比利时的反补贴法。❶ 这些立法主要是针对欧洲国家对糖、面粉等农产品提供的补贴而制定的。❷ 虽然时间很长，但早期的反补贴案例很少，美国是反补贴调查和措施的主要使用者。

（一）《关贸总协定》时期

同反倾销一起，《关贸总协定》第 6 条也规定了反补贴调查和措施的规则。在条款设置上，反倾销规则和反补贴规则非常相似；在实践要求上，反补贴规则也要求调查进口国国内产业是否受到了补贴进口产品造成的损害。显然，缔约方倾向于认同和强调二者在损害调查方面的共性。

实际上，缔约方对于反补贴中是否需要损害调查意见不一。例如，当时美国反补贴国内立法中就没有损害调查的内容，其在《关贸总协定》规则谈判中的立场自然也是在反补贴中排斥损害调查。最终妥协的结果是，美国等通过采用《关税及贸易总协定临时适用协定书》❸ 的方式执行反补贴规则，即豁免了其在国内反补贴调查中必须进行损害调查的义务。不过此后包括美国在内的各缔约方所实施的反补贴案例数量很少，反补贴损害调查问题一直少有人关注。

（二）《东京守则》

《关贸总协定》东京回合规则谈判制定了反补贴损害规则的实施细则。虽然，

---

❶ Tariff Act of 1890, Chapter 1244, Sect. 237, 26 Stat. 584, as cited in G Bryan, TAXING UNFAIR-INTERNATIONAL TRADE PRACTICES 250 (1980).

❷ J. A. Viner, DUMPING: A PROBLEM IN INTERNATIONAL TRADE 86 (1923).

❸ The Protocol of Provisional Application of the General Agreement on Tariffs and Trade, October 30, 1947, 61 Stat. A2051 (1947), 55 UNTS 308 (1950).

反补贴损害规则复制了反倾销的相关规定，但是由于反补贴规则并不是脱胎于个别缔约方的国内立法，而是国际条约谈判和协作的结果，相比于反倾销规则，国际反补贴规则更加协调和统一。另外，与《关贸总协定》不同，各缔约方没有再通过《临时实施协定》豁免国际义务，而是修改国内立法，积极执行新的反补贴规则❶。但是，《东京守则》还是存在一些含义模糊的条文。

一是关于《东京守则》脚注 19 的解释问题。脚注 19 要求要依据客观证据"审查补贴的影响"。这与倾销部分的措辞"审查进口的影响"不同。这是否意味着反补贴规则只需要考察补贴本身的影响，而不需要从进口贸易的角度考虑？有些专家认为，"补贴的影响"应当包括补贴的情况以及进口对进口国国内产业影响两个部分。❷ 但这个问题仍然不够明确。

二是没有因果关系条款。东京回合反补贴守则与反倾销规则的一个明显区别在于没有因果关系调查的规定。在谈判过程中，缔约方对于补贴进口对进口国国内产业损害的作用进行了讨论，对补贴进口是"主要原因"还是"一般原因"未能取得一致，因此最终规则文本中没有纳入因果关系和其他因素考察的规定。如果从缔约方在反补贴规则中移植反倾销守则相关规定的角度看，反补贴因果关系规定应当与反倾销守则一致，即补贴进口是进口国国内产业损害的一般原因即可。

（三）乌拉圭回合及此后的规则谈判

反补贴和反倾销损害调查的一致化，成为东京回合以后历次规则谈判的做法。乌拉圭回合和多哈回合均致力于协调改善此两类贸易救济损害调查制度。

乌拉圭回合谈判成果中反补贴损害规则几乎复制了反倾销损害规则的相关规定。并且世贸组织部长会议要求，在反倾销和反补贴争端解决案例

---

❶　John Jackson，THE WORLD TRADING SYSTEM：THE LAW AND POLICY OF INTERNATIONAL ECO-NOMICRELATIONS 236–242（1997）.

❷　David Palmeter，Countervailing Subsidized Imports：The International Trade Commission GoesAstray，2（1–2）UCLA PACIFIC BASIN LAW JOURNAL 21（1983）.

中统一适用损害规则。❶ 在此后争端解决案例中，世贸组织争端解决专家组（以下简称"专家组"）和世贸组织争端解决上诉机构（以下简称"上诉机构"）多次重申反倾销调查中的若干原则可以直接适用于反补贴的调查。❷

四、保障措施损害调查规则

如前所述，保障措施是为了帮助进口国国内产业有效应对进口冲击、提高自身竞争力而采取的临时性的暂停关税减让的措施。因此实施保障措施的条件更加严格。具体到损害调查世贸组织《保障措施协定》规定，只有当进口激增造成或威胁造成进口国国内产业"重大的全面减损"，即存在严重损害或严重损害威胁时才可以实施保障措施。

（一）保障措施规则的雏形

美国和墨西哥在 1943 年签署的互惠双边协定中的例外条款是最早的关于保障措施的规定。20 世纪 50 年代初，美国关税委员会正式开始保障措施的调查，以确定由于双边贸易条约的签订导致进口激增，是否导致了美国国内产业利益严重受损。随后的立法甚至要求因为贸易条约进行的关税减让是造成进口激增的"主要原因"，同时进口激增又是造成美国国内产业损害的"主要原因"。美国关税委员会据此要求提出申请的美国国内产业证明"双主要原因"的存在，否则将会作出否定性的裁决。

在《关贸总协定》诞生之初，只有美国拥有关于保障措施的国内立法和调查实践。美国做法代表了《关贸总协定》之前国际保障措施规则的精神。与现行规则相比，当时美国对保障措施调查和实施的标准很高、纪律很严。这与美国外贸发展管理制度息息相关。一方面，没有保障措施规定难以达成对外贸易协定。正如美国和墨西哥双边贸易条约规定的："例外条款（保障措

---

❶ Ministerial Declaration on Dispute Settlement Pursuant to the Agreement onImplementation of Article VI of the GATT 1994 and Part V of the Agreement on Subsidies and Countervailing Measures, https://www. wto. org/english/docs_e/legal_e/41-dadp3_e. htm.

❷ 例如，专家组报告 EC—Countervailing Measures on DRAM Chips，第 7. 404 节，DS299.

施条款）的存在是为了给外贸管理政策提供一定的灵活性。当出现临时性的突发的贸易事件时，政府不至于受限于条约规定而束手无策，可以通过临时性的调整条约义务来应对紧急情况。❶"另一方面，美国国会也通过保障措施条款适当限制总统对外贸易谈判的影响。行政机关对国际贸易做出的安排，可能引发美国国内市场竞争加剧和国内产业竞争失利情况的出现。美国国会通过保障措施规则立法和授权美国关税委员会的调查，减小过度开放引入外国竞争对美国国内市场和产业的影响，遏制行政机关过度推进贸易自由化的步伐。

（二）《关贸总协定》

1947年《关贸总协定》中就有保障措施的规定。其第 19 条约定了"特定产品进口的紧急行动"，向缔约方提供了保障措施的政策选项。

在最初的规定中，保障措施损害调查的标准就很高，要求进口激增要造成或威胁造成"严重损害"，并且实施保障措施必须向受到影响的其他缔约方提供补偿。这都体现了《关贸总协定》把保障措施作为关税减让的例外条款，并严格限制其使用的目的。

在此后的谈判中，缔约方希望进一步加严保障措施纪律。例如环太平洋缔约方（澳大利亚、新西兰、中国香港、韩国和新加坡）力主严格纪律，提出进口激增应当是进口国国内产业严重损害的"直接原因"。❷巴西则希望进一步明确"严重损害"的定义，强调进口激增应当是进口国国内产业损害的"显著原因"。❸

---

❶ United Nations Economic and Social Council, Preparatory Committee of the InternationalConference on Trade and Employment, Verbatim Report of the Seventh Meeting of Committee of the International Conference on Trade and Employment, II, E/PC/T/C. II/PV/7 (1946).

❷ J. Croome, RESHAPING THE WORLDTRADING SYSTEM: A HISTORY OF THE URUGUAY ROUND 180-181 (1999).

❸ Negotiating Group on Safeguards, Communication from Brazil, Elements for a ComprehensiveUnderstanding of Safeguards, MTN. GNG. NG9/W/3, May 25, 1987.

第三节 现行国际规则

一、反倾销和反补贴规则

反倾销和反补贴调查中损害规则结构相同、条款类似，程序和实体规则可以相互借鉴。《反倾销协定》第 3 条与《补贴和反补贴协定》第 15 条构成了反倾销和反补贴损害调查的规则基础。

《反倾销协定》第 3 条第 1 款是关于损害调查总括性的规定，明确了调查原则性和实质性的内容，包括了调查的主要内容、证据要求和审查原则等。可以说，第 1 款是整个损害调查规则的基石。违反其后任意一款，必将出现违反第 1 款规定的情况。

第 1 款中，除了调查内容之外，最核心的调查义务就是"肯定性证据"和"客观审查"的要求。肯定性证据原则要求调查机关进行公正的、客观的调查，而不能仅仅依靠指控、推测和极小的可能性。调查机关应当对调查过程中掌握的数据和信息对当时的损害情况进行分析和评估。"调查机关应当建立调查结果的合理性和可靠性。"❶ 客观审查原则是关于调查程序方面的要求。调查机关应当兼顾各个方面的证据材料，而不能只由局部和部分的信息作出裁决。随后的规定按调查程序的先后，对各个调查阶段的目标、内容、方法和标准等进行了限定。

第 2 款关于进口产品数量和价格对进口国国内同类产品价格的影响，是损害调查中难度最大、争议最多但又至为重要的一环。对于进口产品数量的分析，在于考察进口产品的绝对数量或相对数量是否存在大幅增加。有学者认为，即使没有倾销进口绝对数量或相对数量的大幅增加，调查机关仍然可

---

❶ 世贸组织争端解决上诉机构报告，墨西哥牛肉大米案，DS295。

以实施反倾销措施。❶ 对于进口价格的影响，由于法律条款本身的模糊性，各成员在理解和实践中有很多分歧。但是价格影响分析可说是损害调查的基石之一，倾销和损害因果关系的构建多半基于充分合理的价格影响认定。

第 3 款解决累积评估的问题。在无法确切区分各进口来源倾销进口损害影响的情况下，调查机关难以对不同来源的倾销进口逐一进行产业损害的调查。此时就允许调查机关对所有倾销进口的损害影响进行合并的、累积的评估。现实中，进口国国内产业总是面对多种倾销进口同时带来的冲击，其负面影响必然是合计地、累加地施加在进口国国内产业上。因此，对不同来源的倾销进口产品进行累积的损害评估，有一定的合理性。正如上诉机构指出的："乌拉圭回合谈判各方认识到，当进口国国内产业同时面对多种来源的倾销进口时，其必然是受到这些倾销进口累加的损害影响。对各个进口来源分别调查，可能不能充分发现这些倾销的损害性后果。"❷

第 4 款则是对进口国国内产业状况分析的规定。在该款中，协定列举了多个经济指标和因素，要求调查机关应当逐一进行考察。进口国国内产业状况的调查结果，应当是基于对各指标和因素的整体性评估作出的，个别指标和因素都不具有决定性的作用。

第 5 款是因果关系认定的规定。协定要求调查机关明确认定，倾销进口是造成进口国国内产业损害的原因。对于同时造成进口国国内产业损害的其他因素，应当独立地确定其损害影响，不能将其损害作用归咎于倾销进口。

第 6 款是解决进口国国内产业证据可获得性的难题的规定。有些调查中由于进口国国内同类产品经济上过于次要，可能国内产业都没有针对这个产品的单独的生产、销售和劳动就业等指标统计。为了便利调查机关解决此类"小产品"的证据取得难题，协定允许调查机关适当扩大证据取材范围，可以在包括该同类产品的最小产品组的基础上获取相关经济指标和统计。

第 7 款和第 8 款都是针对实质损害威胁单独的规定。由于实质损害威胁

---

❶　PETROS C. MAVROIDIS 等，THE LAW AND ECONOMICS OF CONTINGENT PROTECTION IN THE WTO, 2010.

❷　世贸组织争端解决上诉机构报告，欧盟管件案，DS 219。

有别于实质损害的特殊性，协定要求调查机关在完成前面所有调控的调查之后，仍需要对部分相关因素进行额外的考察。此外，除了再次强调证据要求和调查原则外，还特别强调"调查实质损害威胁案件"应当"特别慎重"。

二、保障措施规则

相对反倾销和反补贴损害调查规则，《保障措施协定》关于损害调查的规定则相对简单，更主要集中在术语定义和解释方面。

第 4 条第 1 款开宗明义，分别规定了"严重损害"和"严重损害威胁"的定义，即造成或威胁造成"进口国国内产业重大的全面的减损"。通过定义，通常认为严重损害是比实质损害更加严重、程度更深的损害。❶ 值得注意的是，在《中国加入世贸组织议定书》第 16 条"特定产品过渡性保障机制"中，损害的标准则降低成了"实质损害"，从一个方面印证了严重损害是比实质损害更高级的损害。但是相关协定和争端解决机构却没有提供严重损害和实质损害区别的规定或解释。

此外第 4 条第 1 款规定的保障措施中"国内产业"的定义，与反倾销和反补贴规则中的相关规定不同。保障措施中，进口国国内同类产品和直接竞争产品的生产者构成了进口国国内产业。与"反倾销"和"反补贴"相比，"国内产业"的范围更加广泛。"直接竞争产品"从名称上看，应当是指物理化学特性不同但市场特征相同或类似的产品。

第 4 条第 2 款是关于因果关系的规定。与反倾销和反补贴规则类似，《保障措施协定》也仅要求进口激增是造成进口国国内产业严重损害的"一个原因"。同样，"特定产品过渡性保障机制"中采用了较高的标准，要求来自中国的进口增加是进口国国内产业严重损害的"重要原因"。

---

❶ 世贸组织争端解决上诉机构报告，美国羊肉案，DS 178。

第二章　中国调查程序和主管机关

第一节　调查程序

一、反倾销和反补贴调查程序

（一）立案及通知

1. 立案

在立案阶段，调查机关主要是审查申请人资格和申请书质量。一方面，依据《中华人民共和国反倾销条例》（以下简称《反倾销条例》）第 11 条、第 13 条和第 17 条审查有关中国国内企业提出反倾销调查申请的资格。另一方面，审查申请书中是否包含了《反倾销条例》第 14 条和第 15 条规定的反倾销立案调查所要求的内容及有关的证据。

在审查合格的情况下，调查机关将作出是否立案的规定。决定立案的，将根据审查结果及《反倾销条例》第 16 条的规定发布立案公告，分别确定倾销调查期和产业损害调查期。

2. 立案通知

在决定立案调查前，根据《反倾销条例》第 16 条规定，调查机关就收到反倾销调查申请书一事通知涉案国和地区驻华代表机构（涉及中国台湾地区的将通过常驻世贸组织代表团完成）。立案当天，向涉案国或地区驻华使馆、已知外国出口商、生产商等利害关系方提供立案公告和申请书的公开文本。

3. 公开信息

在立案公告中，调查机关告知利害关系方，可以通过商务部贸易救济公开信息查阅室查阅本次反倾销调查相关信息的公开版本及保密版本的非保密概要。立案当天，调查机关通过商务部贸易救济公开信息查阅室公开该案申请人提交的申请书的公开版本及保密版本的非保密概要，并将电子版登载在商务部网站上。

（二）初裁前调查

1. 登记参加调查

登记应诉程序是中国贸易救济调查较有特色的程序。调查机关要求有关利害关系方在规定时间内登记参加调查。

2. 发放和回收调查问卷

应诉登记结束后 10 个工作日内，调查机关会向各利害关系方发放《反倾销国内生产者调查问卷》《反倾销国内进口商调查问卷》《反倾销国外出口商或生产商调查问卷》，要求在规定时间内提交准确、完整的答卷。调查问卷通过官方网站等方式对外公开。任何利害关系方都可在商务部网站上查阅并下载该案调查问卷。

3. 听取利害关系方意见

初裁前调查阶段，中国国内企业以及外国和地区政府（涉及中国台湾地区的将通过常驻世贸组织代表团完成）、生产商和出口商等会向中国调查机关提交评论意见、提出会面和听证会请求等。

4. 公开信息

根据《反倾销条例》第 23 条的规定，调查机关会将调查过程中收到和制作的所有公开材料及案件调查参考时间表及时送交商务部贸易救济公开信息查阅室。各利害关系方可以查找、阅览、摘抄、复印有关公开信息。

（三）初裁决定及公告

立案后 6~8 个月❶，调查机关会作出初步裁决并对外公告，还可能实施

---

❶ CHINA FACT SHEET, EU Commission, http://trade. ec. europa. eu/doclib/docs/2010/september/tradoc_146659. pdf.

临时反倾销措施。

（四）初裁后调查

1. 初裁后信息披露

调查机关将根据《反倾销调查信息披露暂行规则》的规定，向应诉企业披露并说明了初裁决定中计算公司倾销幅度时所依据的基本事实和理由，并给予其提出评论意见的机会。

2. 接收利害关系方书面评论意见及其他文件

初裁后，各利害关系方会针对初裁进行评论，或提出相关主张。

3. 实地核查

为进一步核实应诉企业提交材料的真实性、准确性和完整性，调查机关组派实地核查小组对提交答卷的国内生产商和外国出口商、生产商进行实地核查。其后将发布核查基本事实披露，供有关利害关系方评论。实地核查并无严格的时间限制，可在初裁前后进行。通常核查程序会在初裁后开始。

4. 终裁前信息披露

终裁前，调查机关将依据《反倾销条例》第 25 条规定，向涉案国家（或地区）驻华使馆（涉及中国台湾地区的将通过常驻世贸组织代表团完成）、应诉企业及中国国内申请人披露并说明了本次反倾销调查终裁决定所依据的基本事实，并给予上述利害关系方提出评论意见的机会。

5. 公开信息

调查机关将调查过程中收到和制作的所有公开材料送交商务部贸易救济公开信息查阅室，供各利害关系方查找、阅览、摘抄、复印有关公开信息。

6. 价格承诺

在初裁后 45 天内，应诉外国出口商和生产商可以向调查机关提交价格承诺申请，调查机关可以决定是否接受其申请。

7. 最终裁定

原则上，反倾销和反补贴调查应在 12 个月内完成，特殊情况下可以延长至 18 个月；复审调查大都不超过 12 个月。在调查结束后，将发布公告公布调查的最终裁定。

二、保障措施调查程序

（一）立案

1. 立案

在立案阶段，调查机关主要是审查申请人资格和申请书质量。一方面，依据《保障措施条例》第 3 条、第 10 条审查有关中国国内企业提出调查申请的资格。另一方面，审查申请书中是否包含了《反倾销条例》规定的反倾销立案调查所要求的内容及有关的证据。

在审查合格的情况下，调查机关将作出是否立案的规定。决定立案的，将根据审查结果及《保障措施条例》的规定发布立案公告，并确定调查期。

2. 立案通知

立案后，向涉案国家（或地区）驻华使馆（涉及中国台湾地区的将通过常驻世贸组织代表团完成）、已知外国出口商、生产商等利害关系方提供立案公告和申请书的公开文本。同日，调查机关将立案调查决定及理由通知世界贸易组织保障措施委员会。

3. 公开信息

在立案公告中，调查机关告知利害关系方，可以通过商务部贸易救济公开信息查阅室查阅本次保障措施调查相关信息的公开版本及保密版本的非保密概要。立案当天，调查机关通过商务部贸易救济公开信息查阅室公开该案申请人提交的申请书的公开版本及保密版本的非保密概要。

（二）调查

1. 登记参加调查

调查机关要求国内外有关利害关系方在规定时间内向调查机关登记参加调查。

2. 发放和回收调查问卷

调查机关向各利害关系方发放《保障措施案外国/地区出口商或生产商调查问卷》《保障措施案中国大陆进口商调查问卷》《保障措施案中国大陆生产者调查问卷》。调查机关将调查问卷电子版在商务部贸易救济调查局子网站和中国贸易救济信息网公布，同时将调查问卷送至商务部贸易救济公开信息查阅室，供利害关系方查阅和复制。

3. 举行听证会

举行公开听证会是保障措施调查的一个重要环节。调查机关会择机尽早召开听证会。

4. 听取有关利害关系方的意见

调查机关听取和接收涉案国或地区政府（涉及中国台湾地区的将通过常驻世贸组织代表团完成）、部分外国/地区出口商或生产商、中国大陆生产者、进口商向调查机关提交的书面评论和补充证据材料。

5. 实地调查

调查机关对答卷的中国大陆生产者、外国/地区出口商或生产商进行实地调查。

6. 信息披露

作出裁决前，调查机关会进行信息披露，公布调查所依据的基本事实，并给予利害关系方提出评论意见的机会。

7. 公开信息

根据《保障措施条例》的规定，调查机关将调查过程中收到和制作的所有公开材料及时送交中国商务部贸易救济公开信息查阅室，供各利害关系方查找、阅览、摘抄、复印。

（三）通知与磋商

1. 通知保障措施委员会

中国调查机关根据世界贸易组织《保障措施协定》有关规定就立案调查

的决定、调查结论等通知世贸组织保障措施委员会。

2. 磋商

作出裁决前，信息披露后，调查机关会向有实质利益的出口国和地区提供磋商机会。

（四）裁定和公告

完成调查程序后，中国商务部将公布调查结论。决定采取措施的，将说明保障措施的形式和期限。

第二节　主管机关

一、调查机关

《反倾销条例》第 7 条规定，对损害的调查和确定，由中国商务部负责；其中，涉及农产品的反倾销中国国内产业损害调查，由中国商务部会同农业部进行。对于大部分案件来说，由中国商务部贸易救济调查局负责调查和裁定。对于涉农产品的调查，则由中国商务部牵头，会同中国农业部进行。反补贴和保障措施案件的处理基本类似。

在 2015 年之前，中国商务部在进行产业损害调查中，大多会成立产业损害调查组。调查组通常由主办调查官担任组长，相关办案人员、有关省市商务主管部门代表一同作为调查组成员；同时，还有相关协会、科研机构和高等院校的人士作为产业专家参加调查组。2015 年中国商务部机构改革，成立贸易救济调查局后，产业损害调查程序中再未出现产业损害调查组的设置。

二、征税决定机关

作出征收贸易救济特别关税决定的主管机关是国务院关税税则委员会❶。

《进出口关税条例》第 4 条规定，国务院关税税则委员会负责决定征收反倾销税、反补贴税、保障措施关税、报复性关税以及决定实施其他关税措施。第 13 条规定，对进口货物征收反倾销税、反补贴税和保障措施的，相关税率适用按照《反倾销条例》等法规执行。

《反倾销条例》第 29 条规定，如果临时反倾销措施采取征收临时反倾销税的形式，国务院关税税则委员会也将根据中国商务部的建议作出决定。第 38 条规定，国务院关税税则委员会根据中国商务部的建议，作出征收反倾销税的决定。第 50 条规定，对于反倾销税复审后的决定，也由国务院关税税则委员会依据中国商务部建议作出保留、修改或取消反倾销税的决定。《反补贴条例》和《保障措施条例》中也有类似规定。

三、执行机关

《进出口关税条例》第 2 条规定，中国海关按照规定征收进出口关税，其中就包括反倾销税、反补贴税和保障措施等贸易救济特别关税。

《反倾销条例》第 38 条规定，国务院关税税则委员会根据商务部的建议作出征收反倾销税的决定后，由中国商务部负责公告，中国海关负责执行。《反补贴条例》和《保障措施条例》中也有类似规定。

---

❶ 国务院关税税则委员会为国务院的议事协调机构，其主要职责是：审定调整海关关税税率、年度暂定税率、关税配额税率、特别关税（包括反倾销税和反补贴税）税率和修订进出口税则税目、税号的方案；批准有关国家适用税则优惠税率的方案；审议上报国务院的重大关税政策和对外关税谈判方案；提出拟订和修订《中华人民共和国进出口关税条例》的方针和原则，并对其修订草案进行审议。《国务院办公厅关于国务院关税税则委员会主要职责和调整组成人员的通知》（国办发〔2003〕33 号）。

第三章　进口国国内同类产品、国内产业和国内市场

产业损害调查首先要解决进口国国内同类产品的认定问题，进而据此确定进口国国内产业，在此基础上才能进行进口国国内产业状况的分析。同时，为确定倾销进口产品的数量和价格，是否以及多大程度上影响了进口国国内同类产品的价格，也需要对进口国国内市场的竞争状况进行分析和认定。

第一节　被调查产品

一、概念

被调查产品问题是反倾销和反补贴调查中的重要问题之一，是倾销、补贴、进口国国内产业损害等调查的逻辑起点。在调查程序和措施执行的各个阶段，涉案进口产品的名称也各不相同：在申请阶段称"申请调查产品"；立案后进入调查阶段称"被控倾销进口产品"（Allegedly Dumped Imports）或"被调查产品"（Products Under Investigation）；措施实施后称"措施实施产品"（Products Subject to Measure）等。准确地说，被调查产品是指立案后，调查机关确定的在调查期内进口的原产于被诉出口国（地区）的进口产品。

在实践中，出口国同类产品、进口国同类产品和措施实施产品的范围均与被调查产品范围直接相关。被调查产品就如同放在其中间的一个物体，在出口国同类产品、进口国同类产品以及措施实施产品这三面镜子里均有影像。因此，被调查产品范围是否明晰、准确，直接决定镜像的好坏，决定了倾销或补贴调查、进口国国内产业损害调查的准确性、合理性和难易程度。在实践中，既有因被调查产品范围定义准确便利了调查和措施执行程序的案例，

也有因被调查产品范围不清导致调查难以开展的案例。

二、被调查产品范围的确定

因立案方式的不同，被调查产品范围确定的方式也略有不同。如果贸易救济调查是依申请发起，申请调查产品则是调查机关确定被调查产品范围的基础；如果调查是政府自行发起的，被调查产品范围则更多是政策的考虑。

世贸组织《反倾销协定》及《补贴和反补贴协定》都没有对被调查产品的概念进行定义，也没有规定如何确定被调查产品的范围。在两个协定中，仅仅要求被调查产品是"一个产品"（a product）。

中国《反倾销条例》第 14 条规定，申请书应当包括"对申请调查的进口产品的完整说明"。中国《反倾销调查立案暂行规则》第 11 条规定，申请人应当提供"申请调查进口产品的详细描述，包括产品名称、种类、规格、产品用途及市场情况、中华人民共和国关税税则号等"。在申请被调查产品或措施实施产品范围时，中国《关于反倾销产品范围调整程序的暂行规则》第 6 条第（三）项规定："申请调整产品的详细描述和说明。产品按如下顺序依次描述：税则号、物理特征、化学特性等，描述至能够体现该产品的唯一性和排他性；上述描述方式无法体现该产品的唯一性和排他性时，需详细说明产品的用途。"

从上述法规可以看出，被调查产品（申请调查产品）的完整描述是确定被调查产品范围的唯一依据。在确定被调查产品范围时，调查机关首要的标准是能够体现该产品唯一性和排他性的物理和化学特性，其次是用途等市场特征。

三、案例分析

世贸组织成员调查机关在规定被调查产品范围时，也多采用物理和化学特性、生产技术和工艺等技术指标的方式，也有采用市场特征为主描述被调查产品的方式。

(一) 产品详细描述

在对印度尼西亚和泰国食品添加剂反倾销案中，中国调查机关提供的被调查产品范围非常详细，涵盖了物理化学特性、主要用途等。

调查范围：原产于印度尼西亚和泰国的进口核苷酸类食品添加剂。

被调查产品名称：核苷酸类食品添加剂，包括 3 种产品，即 5′-肌苷酸二钠、5′-鸟苷酸二钠和呈味核苷酸二钠，分别可简称为 IMP、GMP 和 I 加 G（英文分别为 Disodium 5′-Inosinate、Disodium 5′-Guanylate 和 Disodium 5′-Ribonucleotide）。被调查产品范围不包括同属于核苷酸类的腺苷酸（5′-AMP）、胞苷酸（5′-CMP）、尿苷酸（5′-UMP）及三磷酸腺苷（ATP）等核酸类产品。

产品种类：食品添加剂。

产品描述：（一）关于 5′-肌苷酸二钠。其分子式为 $C_{10}H_{11}N_4Na_2O_8P \cdot 7.5H_2O$（不含水分子的化学分子式为：$C_{10}H_{11}N_4Na_2O_8P$），分子量为 527.25（不含水分子的分子量为 392.17）。

（二）关于 5′-鸟苷酸二钠（即 GMP）。其分子式为 $C_{10}H_{12}N_5Na_2O_8P \cdot 7H_2O$（不含水分子的化学分子式为：$C_{10}H_{12}N_5Na_2O_8P$），分子量为 533.26（不含水分子的分子量为 407.19）。

（三）关于呈味核苷酸二钠（即 I 加 G）。其中含有不低于 97%、不高于 102% 的 $C_{10}H_{11}N_4Na_2O_8P$ 和 $C_{10}H_{12}N_5Na_2O_8P$ 当量。IMP 和 GMP 在 I 加 G 中所占的比例在 48% 和 52% 之间。

物理化学特征：IMP、GMP 和 I 加 G 均为无色或白色的结晶或白色粉末；pH 值均在 7.0~8.5 之间；均易溶于水，微溶于乙醇，几乎不溶于乙醚。

主要用途：食品增鲜剂，用于味精、鸡精、酱油等调味品中以提高鲜度。

该产品归在《中华人民共和国进出口税则》：29349990、38249099。[1]

(二) 生产工艺式产品描述

在葡萄酒"双反"（反倾销和反补贴）调查中，中国商务部主要使用了

---

[1]《中华人民共和国商务部关于原产于印度尼西亚和泰国的进口核苷酸类食品添加剂反倾销案调查的最终裁定》，商务部公告 2010 年第 56 号。

被调查产品的生产工艺作为产品描述。

调查范围：原产于欧盟的进口葡萄酒。

被调查产品名称：葡萄酒（英文名称为 Wines）。

被调查产品的具体描述：以鲜葡萄或葡萄汁为原料，经全部或部分发酵酿制而成的，含有一定酒精度的发酵酒。

该产品归在《中华人民共和国进出口税则》：22041000、22042100和 22042900。❶

（三）用途式产品描述

在碳钢紧固件反倾销案中，中国商务部主要将被调查产品的用途作为产品描述。

调查范围：原产于欧盟的进口碳钢紧固件，包括木螺钉、自攻螺钉、螺钉和螺栓（无论是否带有螺母或垫圈，但不包括用于固定铁轨用的螺钉以及杆径未超过 6 毫米的螺钉和螺栓）和垫圈。被调查产品范围不包括螺母。

被调查产品名称：碳钢紧固件（英文名称为 Certain Iron or Steel Fasteners）。

主要用途：碳钢紧固件是碳钢制的用于紧固连接的机械零件，应用范围包括汽车工业、电子产品、电子设备、机械设备、建筑及一般工业用途等。

该产品归在《中华人民共和国进出口税则》：73181200、73181400、73181500、73182100 和 73182200。以上税则号仅供确定被调查进口产品范围参考之用。❷

（四）部分产品排除式产品描述

在美国、日本和韩国光纤反倾销案中，中国调查机关明确排除了除 G652单模光纤之外其他型号的光纤产品。

调查范围：原产于美国、日本和韩国的非色散位移单模光纤。

---

❶ 《中华人民共和国商务部关于原产于欧盟的进口葡萄酒进行反倾销立案调查的公告》，商务部公告 2013 年第 36 号。

❷ 《中华人民共和国商务部关于原产于欧盟的进口碳钢紧固件产品反倾销调查的最终裁定》，商务部公告 2010 年第 40 号。

产品名称：非色散位移单模光纤（简称"G652单模光纤"）。

英文名称：Dispersion Unshifted Single-Mode Optical Fiber。

税则号：被调查产品在中华人民共和国海关2002年进口税则号为90011000项下的非色散位移单模光纤，或G652单模光纤，不包括该税则号项下的其他型号的光纤以及光导纤维束及光缆。

产品种类：G652A、G652B和G652C三种类型。[1]

在光纤预制棒反倾销案中，调查机关在征税产品范围中排除了部分规格的产品。

被调查产品名称：光纤预制棒。

英文名称：Optical Fiber Preform 或 Fiber Preform。

具体描述：光纤预制棒是具有特定折射率剖面并用于制造光导纤维（简称"光纤"）的石英玻璃棒。

主要用途：主要用于制造光导纤维（简称"光纤"）。制造出来的光纤用于各类光缆结构进行光信号传输。

该产品归在《中华人民共和国进出口税则》：70022010。该税则号下进口产品直径小于60毫米的除外。[2]

（五）市场特征式产品描述

以市场特征规定被调查产品范围的典型案例是美国对中国卧室木质家具的调查[3]。

美国商务部确定的被调查产品范围是"设计、制造并以组合形式供销售的卧室木质家具"。其产品范围定义重点突出了三项重要特征：市场特征（组合式销售）、用途（卧室）、原材料（木材或硬木）。由此可见，市场特征是描述该被调查产品的重要方式。

---

[1] 《中华人民共和国商务部关于原产于美国、日本和韩国的进口非色散位移单模光纤进行反倾销立案调查的公告》，商务部公告2003年第24号。

[2] 《中华人民共和国商务部关于原产于日本和美国的进口光纤预制棒反倾销调查的最终裁定》，商务部公告2015年第25号。

[3] 《美国商务部关于对中国进口的木质卧室家具反倾销立案公告》，A-570-890。

四、税则号的参考作用

在贸易救济措施立案和裁决公告中，对涉案产品和征税产品的范围描述总会包括对海关税则号的说明。各国海关为便利通关在处理进口报关手续时需要设置海关税则号，但是在贸易救济调查中并不涉及海关税则号的问题，因此海关税则号在贸易救济调查中仅具有参考意义。

这种处理在美国反倾销和反补贴调查中非常普遍。在立案公告附件中的被调查产品范围描述中，美国商务部通常会注明海关税则号仅作为确定产品范围的参考，并非决定性因素。在前述中国调查碳钢紧固件反倾销案中，中国商务部明确说明海关税则号仅供参考。

第二节　进口国国内同类产品[1]

一、概述

在立案公告中，世贸组织成员调查机关明确了反倾销调查的进口被调查产品的范围。在产业损害调查开始时，应当依据公告规定的被调查产品确定进口国国内同类产品的范围。

世贸组织《反倾销协定》第 2.7 条规定，同类产品是指与被调查产品在各方面都相同的产品；如果没有这种相同产品，则选择特征最为近似的产品。《补贴和反补贴协定》也有类似的规定。

中国《反倾销条例》第 12 条规定，同类产品是指与倾销进口产品相同的产品；没有相同产品的，以与倾销进口产品的特性最相似的产品为同类产品。

世贸组织成员调查机关在认定进口国国内同类产品时，产品特性主要是指物理化学方面以及市场特征方面的特性。在物理化学特性方面，还可以细

---

[1]　本节主要介绍反倾销和反补贴调查中的进口国国内同类产品相关情况。保障措施调查中的进口国国内同类产品情况，将在后面部分与直接竞争产品的调查一并介绍。

分为物理化学技术特性、生产工艺流程、原材料和生产设备等内容。在市场特征方面，还可以细分为产品用途、销售渠道和客户群体，消费者评价，产品可替代性等方面的内容。

在以往案例中，申诉和应诉各方在进口国国内同类产品认定方面的争议，主要集中在进口产品和进口国国内产品的质量品质档次不同，产品细分市场和目标客户不同，生产工艺或主要原材料不同，可替代性和竞争性差异等方面。反补贴调查中进口国国内同类产品认定的规定和实践基本类似。

二、调查机关裁决分析

在实践中，世贸组织成员调查机关裁决进口国国内产品与涉案进口产品同类产品，通常依据物理化学特性、生产工艺和设备、原材料、市场价格和销售渠道等。以最近十年的案例为例，中国商务部在作出中国国内同类产品认定方面的裁决时，通常有如下表述。

（一）反倾销调查

在 2015 年的光纤预制棒反倾销案中，中国商务部认定，中国国内生产的光纤预制棒与被调查产品在物理和技术特性、生产工艺流程、产品用途、销售渠道和客户群体、消费者和生产者评价等方面基本相同，具有相似性和可替代性。因此，中国国内生产的光纤预制棒与被调查产品属于同类产品，产品之间具备可替换性。[1]

在 2016 年的纸袋纸反倾销案中，中国调查机关认定，被调查产品包括蒙迪、毕瑞公司主张的高强高透纸袋纸和中国国内生产的未漂白纸袋纸在物理特性和技术指标、原材料、生产工艺流程、产品用途、销售渠道、客户群体等方面基本相同，具有相似性，被调查产品和中国国内生产的未漂白纸袋纸属于同类产品。[2]

---

[1] 《中华人民共和国商务部关于原产于日本和美国的进口光纤预制棒反倾销调查的最终裁定》，商务部公告 2015 年第 25 号。

[2] 《中华人民共和国商务部关于原产于美国、欧盟和日本的进口未漂白纸袋纸反倾销调查的最终裁定》，商务部公告 2016 年第 8 号。

在 2017 年的共聚树脂反倾销案中，中国调查机关认定，中国国内生产的偏二氯乙烯—氯乙烯共聚树脂与被调查产品在物理化学特性、原材料和生产工艺、产品用途、销售渠道、客户群体和消费者评价等方面基本相同，具有相似性和可替代性，中国国内生产的偏二氯乙烯—氯乙烯共聚树脂与被调查产品属于同类产品。❶

（二）反补贴调查

在 2014 年对美多晶硅反补贴案中，中国调查机关通过分析后认为，中国国内产业产品与被调查产品的物理特征和化学性能、制造工艺、生产设备和原料、用途、销售渠道、客户及群体评价基本相同，具有相似性和可比性，可以相互替代，价格总体变化趋势基本一致，中国国内生产的太阳能级多晶硅与被调查产品属于同类产品。❷

在 2016 年干玉米酒糟反补贴案中，中国调查机关最终认定，中国国内生产的干玉米酒糟与被调查产品在基本物理特性、原材料、生产工艺和生产设备、产品用途、销售渠道、客户群体和消费者评价等方面基本相同，具有相似性和替代性，中国国内生产的干玉米酒糟与被调查产品属于同类产品。❸

在 2018 年邻氯对硝基苯胺反补贴案中，中国调查机关在初裁中认定，中国国内生产的邻氯对硝基苯胺产品与被调查产品在物理特征及化学性能、原材料和生产工艺、产品用途、销售渠道和客户群体方面基本相同，具有相似性和替代性，中国国内生产的邻氯对硝基苯胺产品与被调查产品属于同类产品。初裁后，万丰化工有限公司和德司达贸易有限公司提出中国国内生产的邻氯对硝基苯胺产品与被调查产品质量不同，但未提交进一步的证据。经进

❶ 《中华人民共和国商务部关于原产于日本的进口偏二氯乙烯—氯乙烯共聚树脂反倾销调查的最终裁定》，商务部公告 2017 年第 17 号。

❷ 《中华人民共和国商务部关于原产于美国的进口太阳能级多晶硅反补贴调查最终裁定》，商务部公告 2014 年第 4 号。

❸ 《中华人民共和国商务部关于原产于美国进口干玉米酒糟反补贴调查最终裁定》，商务部公告 2016 年第 80 号。

一步调查，中国调查机关决定在终裁中维持初裁认定。❶

三、有关争议的分析

在实践中，进口国国内同类产品认定通常是利害关系方争议的重点问题之一。争论的焦点通常是涉案进口产品和本国产品存在一定差异，要求在调查中将部分进口产品排除在调查范围之外，或者质疑进口国国内产业的代表资格。

（一）物理化学特性差异

1. 质量档次差异

在实践中，常常遇到进口的涉案产品与进口国国内国产产品在质量、档次上存在明显差异的情况。通常，进口产品属于质量和价格较高的高端产品，而进口国国内产品属于中低档产品。在调查中，申诉和应诉各方会对不同质量水平、不同档次的产品是否属于同类产品进行激烈交锋。

在浆粕反倾销案中，出口商主张用于生产黏胶长丝、莫代尔纤维和莱赛尔纤维的进口浆粕，因中国国产浆粕达不到这类进口浆粕的质量水平，因此这部分进口浆粕应当排除在调查范围之外。同时，国外生产者及相关利害关系方新加坡金鹰集团在评述意见中提出，该案申请人大多为纸改浆生产企业，中国国内产品在生产工艺、理化性能、得率、生产单耗、品质以及下游产品质量等方面存在本质上的差异。❷

在四氯乙烯反倾销案中，陶氏德国设施有限公司认为，中国国内四氯乙烯行业标准低，无法达到下游用户的使用要求；该公司生产的四氯乙烯用于干洗，与中国国内产品相比，其在清洗效果、保护干洗设备和销售网络方面具有竞争优势。而中国国内企业认为中国国内企业产品的各项指标均达到并

---

❶ 《中华人民共和国商务部关于原产于印度的进口邻氯对硝基苯胺反补贴调查最终裁定》，商务部公告 2018 年第 18 号。

❷ 《中华人民共和国商务部关于原产于美国、加拿大和巴西的进口浆粕反倾销调查的最终裁定》，商务部公告 2014 年第 18 号。

高于行业标准，并且主要是根据下游企业的具体要求进行生产，完全达到下游企业的指标要求并获得下游企业认可；四氯乙烯用途广泛，在工业上主要用作有机溶剂、干洗剂、脱硫剂、织物整理剂、金属去污剂、脂肪类萃取剂、有机合成和热传递介质，医疗上用作驱虫药，以及制冷剂 HCFC - 123、HCFC-124 和 HFC-125 等的中间体等。下游用户代表提出，中国国内生产的四氯乙烯在用于氟化工生产时，其质量和稳定性无法满足生产需求，无法替代进口四氯乙烯。而中国国内企业提出，在产品质量的稳定性方面，中国国内生产的四氯乙烯完全能达到下游氟化工企业的要求。❶

在对印度尼西亚和泰国的核苷酸类食品添加剂反倾销案中，上海东索贸易公司主张，中国国内同类产品质量没有被调查产品的质量高。中国国内企业提供了质量监督检验中心提供的质检报告，证明中国国产产品与进口涉案产品质量相当。

在碳钢紧固件反倾销案中，伍尔特（上海）五金工具有限公司、阿诺德紧固件（沈阳）有限公司、锐卡（上海）国际贸易有限公司在提交的答卷中认为，中国国内生产的同类产品和从欧盟进口的被调查产品在性能、质量上有非常大的差距，不可以替换使用。申请人认为，中国国内紧固件产业已具备替代进口产品的能力，完全能满足中国国内下游企业的需求。为此，常熟标准件厂提交了该公司为菲亚特配套的资质证书和合同，上海标五高强度紧固件有限公司提交了该公司通过汽车紧固件 ISO16969 认证的资质证明。在对东风汽车紧固件有限公司核查时，该公司提交了其同时为神龙汽车公司配套的证据材料，执行并符合欧盟标准。中国调查机关注意到，当时从生产设备上看，国内外生产碳钢紧固件的设备基本相同；从使用的材料看，国内外均使用盘条，国内企业使用的是宝钢等大型钢铁企业生产的钢材，质量可靠；从人员素质看，国内紧固件从业人员素质大幅度提高，均接受职业教育培训等；从检测设备上看，国内除拥有全国性的设备检测中心外，上海标五高强度紧固件有限公司等紧固件企业均拥有先进的检测设备，能保证产品生产的

---

❶ 《中华人民共和国商务部关于原产于欧盟和美国的进口四氯乙烯反倾销调查的最终裁定》，商务部公告 2014 年 32 号。

一致性。❶

在 2010 年对美国取向性硅电钢（即取向电工钢）反补贴案中，美国阿勒格尼技术公司提出，阿勒格尼生产中国国内不能生产的高质量的 M2 和 M3 规格的取向性硅电钢产品，其产品磁性比中国国内生产的产品磁性更稳定。由于中国国内无法生产部分高质量牌号产品或产量不足，从而导致中国国内用户购买国外产品。对此，申请人提交了证据证明 M2、M3 属于普通的取向性硅电钢产品；中国国内产业具备生产与 M2、M3 对应牌号的产品的能力。经调查，中国调查机关认定，美国阿勒格尼技术公司所提到的 M2、M3 等产品属于一般取向性硅电钢，并不属于高等级产品，中国国内产业能够生产并销售此类产品。美国阿勒格尼技术公司随后表示，该案调查期内，美国阿勒格尼技术公司未向中国出口其此前所提出的中国国内无法生产的 M2、M3 等产品。❷

在大部分反倾销调查中，质量档次差异通常是同类产品认定部分最常见的争议。在大部分案件中，利害关系方或因未提供相关证明材料❸，或证明材料证明力不足等原因❹，未能证明质量档次差异导致进口涉案产品与进口国国内产品不属于同类产品。

2. 生产工艺及原材料差异

原材料差异也可能导致不同产品在质量和可替代性方面存在争议。

在甲醇反倾销调查中，沙特基础工业公司认为，中国国内企业以煤为原料生产的甲醇与该公司生产的被调查产品相比，存在纯度低、含水量高、含硫量高、色度高、乙醇含量高等区别，不适用于生产部分下游产品；马来西亚国家石油公司纳闽岛甲醇公司在调查问卷答卷中认为，中国国内以煤为原料生产的甲醇质量低于以天然气为原料生产的甲醇。塞拉尼斯（南京）化工

---

❶ 《中华人民共和国商务部关于原产于欧盟的进口碳钢紧固件产品反倾销调查的最终裁定》，商务部公告 2010 年第 40 号。

❷ 《中华人民共和国商务部关于原产于美国和俄罗斯的进口取向性硅电工钢反倾销调查及原产于美国的进口取向性硅电工钢反补贴调查的最终裁定》，商务部公告 2010 年第 21 号。

❸ 如上述，浆粕反倾销调查，四氯乙烯反倾销调查，核苷酸类食品添加剂案等。

❹ 如上述，碳钢紧固件反倾销案等。

股份有限公司在调查问卷答卷中认为，与天然气制甲醇相比，中国国内煤制甲醇中乙醇含量、三甲胺或氮类组分较高，杂质分布图存在差异，影响该公司醋酸产品的质量。中国国内生产的甲醇主要以煤或天然气为原料，少量以焦炉煤气或乙炔尾气为原料；被调查产品均以天然气为原料。

中国调查机关对采用不同原料的甲醇生产设备和工艺，以及最终产品用途、可替代性、消费者和生产者评价等进行了审查。

首先，无论采用何种原料，调查期内大规模工业化生产甲醇均采用由碳的氧化物与氢合成甲醇的生产工艺，工艺路线主要包括合成气制备、压缩合成和精馏三个步骤。煤制甲醇与天然气制甲醇的主要区别在合成气制备环节：以煤为原料的，是以蒸汽和氧气为汽化剂，在煤气发生炉内生成半水煤气，经变换调整氢碳比，再经净化脱除杂质后制得甲醇合成气；以天然气为原料的，是由天然气经脱硫后，与水蒸气混合，在催化剂作用下经转化制得甲醇合成气。煤制甲醇与天然气制甲醇在压缩合成环节和精馏环节的生产工艺完全相同，合成催化剂和合成塔可以通用，相关设备基本相同。

其次，根据对产品质量的审查，中国国内生产的甲醇，无论采用何种原料，其产品质量均达到 GB338—2004，与被调查产品没有实质区别，可以满足中国国内下游用户需求。根据部分以煤为原料的中国国内生产者提交的产品质量检验报告，其产品纯度、含水量、含硫量、色度和乙醇含量等指标均达到或超过 GB338—2004 优等品标准。此外，部分中国国内生产者同时拥有采用不同原料的多套生产装置，对不同生产装置的最终产品通常采用同一质量标准检验，统一定价并统一销售。

再次，中国调查机关注意到，中国国内甲醇下游用户在采购过程中，只要所购甲醇技术指标符合其生产要求，对所采用的原料一般无特殊要求。塞拉尼斯（南京）化工股份有限公司在实地核查后提交的补充材料中提出，只要煤制甲醇符合公司全球质量控制标准，并达到统一的工艺要求，该公司的醋酸装置可以采用且已经采用煤制甲醇生产醋酸。

根据已有证据，中国调查机关认为，中国国内以煤为原料生产的甲醇与中国国内以天然气为原料生产的甲醇及被调查产品在产品质量、产品用途上

不存在实质区别，均能满足下游用户生产需求，可以相互替代。❶

3. 物理化学指标差异

仅仅是物理化学特性的差异，也可能构成同类产品的主张和证据材料。

在单丁醚反倾销案中，伊士曼化工公司主张其在美国销售的二甘醇单丁醚，与出口中国的二甘醇单丁醚物理化学特性不同，不属于同类产品。在初裁中，中国调查机关接受了该公司关于在美国销售的部分二甘醇的单丁醚产品与出口中国的二甘醇的单丁醚产品不是同类产品的主张。在终裁中，中国调查机关发现这部分二甘醇单丁醚产品与其他二甘醇单丁醚产品在生产工艺、物理和化学特性等方面不存在显著区别，认定此二产品属于同类产品。

中国调查机关认为：关于添加抗氧化剂是否会改变二甘醇单丁醚物理和化学特性问题。伊士曼化工公司主张，向稳定2级二甘醇添加抗氧化剂会改变产品的物理和化学特性，这也让稳定2级二甘醇拥有不同性能，并显著增加产品的价值。申请人认为，添加抗氧化剂是化工产品储运过程中非常普遍的处理方法。抗氧化剂的作用只是优先被氧化，从而保护产品不被氧化。抗氧化剂的唯一作用是维持化工产品的物理和化学特性，使产品不发生物理和化学特性的改变。理论上讲，如果产品能够立即被运用于下游产品的生产，并不需要添加稳定剂。添加稳定剂的目的，就是使产品在储藏、运输的过程中尽可能保持其刚生产出来时的理想的物理和化学特性。

伊士曼化工公司评论称，"伊士曼向稳定级二甘醇添加的抗氧化剂可能不是'催化剂'——或'加快化学变化速率而自身不发生永久性化学变化的物质'。但是和申请人的主张相反，伊士曼的生产过程仍然改变了稳定级二甘醇的化学和物理特性。"而申请人在评论意见中则认为，该公司从未说明稳定2级二甘醇的物理和化学特性到底改变了多少，是何性质的改变。

根据实地核查情况以及伊士曼公司在评论意见中的评述，稳定2级二甘醇与其他二甘醇单丁醚产品均使用同一生产设备、相同生产工艺流程、相同原材料及生产工人。考虑到以上事实，在无相反证据的情况下，中国调查机

---

❶ 《中华人民共和国商务部对原产于印度尼西亚、马来西亚和新西兰的进口甲醇反倾销调查的最终裁定》，商务部公告2010年第91号。

关同意申请人关于抗氧化剂不改变产品物理和化学特性的主张。

关于 Eastapure 级二甘醇与其他二甘醇单丁醚产品在物理和化学特性上是否存在区别问题。伊士曼化工公司主张："Eastapure 级二甘醇有不同的物理和化学特性，伊士曼使用更苛刻的程序，以测试并确定该产品符合作为 Eastapure 级二甘醇产品销售的严苛高纯度标准。"申请人主张，化工产品存在不同纯度为普遍现象，不足以影响同类产品的划分；"在物理和化学特性方面，纯度略高的产品与其他产品相比并没有本质区别，而两种产品的用途则完全相同——均作为溶剂使用"；"纯度上的差别不足以使 Eastapure 级产品构成与其他乙二醇和二甘醇的单丁醚不同的产品"。申请人还认为该公司非保密概要信息未提供 Eastapure 级二甘醇可供客观评估的具体指标，导致申请人无法对该问题作出评论。

中国商务部认为除提出纯度较高外，该公司未说明 Eastapure 级二甘醇在物理和化学特性上与其他二甘醇单丁醚产品存在其他区别。经实地核查及进一步审查，中国调查机关了解到，Eastapure 级二甘醇与普通二甘醇单丁醚相比，多一道样品检测程序，以确保该批次产品达到纯度要求。除检测程序和纯度可能不同外，该产品与其他二甘醇单丁醚不存在差别。该公司在评论意见中也表示，Eastapure 级二甘醇与其他被调查产品的同类产品均是公司同一生产设备生产出来的产品，均使用相同的生产流程和生产工人。考虑到以上事实，在无相反证据的情况下，中国调查机关采纳申请人意见，认定 Eastapure 级二甘醇与其他二甘醇的单丁醚在物理和化学特性上不存在实质区别。

综上所述，中国调查机关认为稳定 2 级二甘醇和 Eastapure 级二甘醇与普通二甘醇的单丁醚产品在物理化学特性、生产工艺、所需原材料、生产成本等方面没有明显区别。中国调查机关在终裁中认定该两种产品是被调查产品的同类产品。❶

在同一个案件中，陶氏化学公司提出，其生产的乙二醇和二甘醇的单丁醚产品在水溶性、含水量和酸性等指标比中国国内生产的乙二醇和二甘醇的

---

❶ 《中华人民共和国商务部关于原产于美国和欧盟的进口乙二醇和二甘醇的单丁醚反倾销调查的最终裁定》，商务部公告 2013 年第 5 号。

单丁醚更具优势，更符合下游客户需求，二者在同类产品认定上存在疑问。

中国调查机关从实地核查收集的证据中了解到，对乙二醇和二甘醇的单丁醚尚无相应的国家标准，其行业标准正在制定中，企业目前执行严于行业标准的内控标准，江苏省产品质量监督检验研究所出具的检验报告和产品客户满意度证明等证据显示，中国国内生产的乙二醇和二甘醇的单丁醚质量稳定，水溶性、含水量和酸性等指标达到了一定的标准，能够满足下游用户的需求，陶氏化学公司的说法不准确。❶

在 2017 年干玉米酒糟反补贴案中，美国谷物协会主张其已提供证据表明进口和中国国产干玉米酒糟在脂肪、赖氨酸、霉菌毒素含量等指标和颜色方面存在差异，认为中国的原材料影响了中国的国产干玉米酒糟的质量，进口干玉米酒糟对生猪和禽类有特殊优势，并重申中国国产和进口干玉米酒糟存在市场分割。中国商务部进一步调查认为，同类产品是指与补贴进口产品相同的产品；没有相同产品的，以与补贴进口产品的特性最相似的产品为同类产品。《国外生产者或出口商调查问卷》和《中国国内生产者调查问卷》答卷，以及美国谷物协会、国内申请企业及下游企业提供的证据材料表明，中国国内生产的干玉米酒糟虽然不是在各方面与被调查产品完全相同，却是与被调查产品在基本特性上最为相似的产品；二者在个别指标上存在差别，但不会导致产品在基本物理特性、主要指标和用途等方面出现实质性差异，不会影响产品的替代性。中国海关分地区数据、《中国国内生产者调查问卷》答卷及下游企业产品使用报告均表明中国国内生产的干玉米酒糟与被调查产品在全国市场范围内竞争。❷

4. 生产设备和工艺差异

生产设备和工艺的差异，也可能成为判断是否构成同类产品争议的焦点之一。

---

❶ 《中华人民共和国商务部关于原产于美国和欧盟的进口乙二醇和二甘醇的单丁醚反倾销调查的最终裁定》，商务部公告 2013 年第 5 号。

❷ 《中华人民共和国商务部关于原产于美国进口干玉米酒糟反补贴调查最终裁定》，商务部公告 2016 年第 80 号。

　　在单丁醚反倾销案中，陶氏化学公司认为该公司拥有整套一体化的生产设备，而中国申请人却没有整套的生产装置。对此，申请人主张，申请人的乙二醇和二甘醇的单丁醚项目于 2009 年 7 月竣工投产时，就已经拥有了规模化生产装置。中国调查机关认定，申请人的主要生产装置已规模化，均由反应器、蒸馏塔、加热器、回收器、贮罐等装置组成，上述生产装置与国外生产商基本相同，陶氏化学公司关于申请人没有整套的生产装置的观点不能成立。中国调查机关认定，被调查产品与中国国内生产的乙二醇和二甘醇的单丁醚的原材料、生产工艺、生产装置基本相同。❶

　　在对美国和韩国多晶硅反倾销调查中，生产工艺差异成为重要的争议点。REC 太阳能级硅有限责任公司和 REC 先进硅材料有限责任公司提出：该公司采用流化床法工艺生产的颗粒状多晶硅产品（"流化床法颗粒状多晶硅"）在物理和化学特性、生产流程和工艺、用途和用户认知、销售价格等方面均不同于中国国内产业生产的产品。流化床法颗粒状多晶硅并非西门子法产品的替代物，前者只是后者的一种补充或添加产品。中国申请人提出：第一，该案只有一个被调查产品——太阳能级多晶硅，将太阳能级多晶硅按照生产工艺人为分割为西门子法多晶硅、硅烷法多晶硅、流化床法多晶硅，这种主张与多晶硅产业的实际情况不符。第二，申请书和立案公告中对被调查产品范围的描述均为"以氯硅烷为原料采用（改良）西门子法和硅烷法等工艺生产的棒状多晶硅、块状多晶硅、颗粒状多晶硅产品"，此范围包含了各种生产工艺和形状的多晶硅。所谓的"流化床法"，其实是硅烷法的一种类型。西门子法和硅烷法是两个平行的概念，均以硅粉和氢为主要原料，只是前者以三氯氢硅为中间产物，后者以硅烷为中间产物。不论是以三氯氢硅还是以硅烷为中间产物，都既可以通过还原炉分解沉积，也可以通过流化床分解沉积。REC 公司选择的是"硅烷+流化床"的组合，仍然属于硅烷法。第三，流化床法产品与中国国产西门子法产品的物理和化学特性、用途没有实质差异，只是铸锭时先将块状西门子法产品放在坩埚内，然后用颗粒状的流

　　❶ 《中华人民共和国商务部关于原产于美国和欧盟的进口乙二醇和二甘醇的单丁醚反倾销调查的最终裁定》，商务部公告 2013 年第 5 号。

化床法产品填充空隙，受热融合后形成硅锭，再用来生产硅片。

中国商务部了解到。第一，流化床法与西门子法的原料相同，均为硅粉和氢；第二，流化床法生产的颗粒状多晶硅产品与西门子法生产的多晶硅产品用途相同，均在熔化铸锭后再生产单晶硅和硅片；第三，流化床法生产的颗粒状多晶硅产品与西门子法生产的多晶硅产品适用的质量标准、考核指标相同；第四，流化床法只是在最终产品产出时使用的设备为流化床，产出物为颗粒状，它仍然属于硅烷法的一种，正如 REC 太阳能级硅有限责任公司和 REC 先进硅材料有限责任公司所承认的，其生产时使用硅烷的流化床法；第五，流化床法产品颗粒较小，与西门子法生产的多晶硅产品破碎后产生的硅料较为相近，二者基本可以相互替代。因此，中国调查机关认为，流化床法生产的颗粒状多晶硅产品与西门子法生产的多晶硅产品不存在实质性差异。❶

(二) 市场表现特征方面的差异

1. 不具备可替代性

可替代性是认定同类产品的市场表现特征的重要指标之一。在反倾销调查中，利害关系方在进口涉案产品与进口国国内产品在可替代性方面的争议也比较常见。

在对苯二甲酸反倾销调查中，泰国 TPT 石化大众有限公司认为其涉案产品与中国国内产品不可相互替代，但并未提供证明材料。❷

在光纤预制棒反倾销案中，美国康宁公司主张，不同工艺生产的光纤预制棒无法轻易替代；且使用不同工艺生产的光纤预制棒需要耗费巨资 "对其拉丝设备进行改造才能在运营中使用"。中国申请人认为，使用不同厂商的预制棒不需要对设备进行实质性改造；不同厂商预制棒之间存在可替换性。中国调查机关认为，康宁公司生产的被调查产品与其他被调查产品以及中国国

---

❶ 《中华人民共和国商务部对原产于美国和韩国的进口太阳能级多晶硅反倾销调查的最终裁定》，商务部公告 2014 年第 5 号。

❷ 《中华人民共和国商务部关于原产于韩国和泰国的进口对苯二甲酸反倾销调查的最终裁定》，商务部公告 2010 年第 47 号。

内生产的光纤预制棒，可以在一定条件下替换使用。且相关通信行业专家的证据表明，可以通过"调整简单切换"设备就可以使用不同来源的光纤预制棒进行"高效、高成品率、大规模的拉丝"。因此，康宁公司生产的被调查产品与中国国内生产的产品可以相互替换。❶

在合金无缝钢管反倾销案中，威曼高登锻造有限公司主张锅炉管和互连管之间的竞争条件有很大差异，没有实质性的竞争，并以其调查期内的客户范围不能与中国国内产业的客户重合为由，认为中国 P92 产品市场存在锅炉管和互联管两个独立的市场。中国调查机关认为，即便是其调查期内的客户范围不能与中国企业的客户重合，也并不能因此认定锅炉管和互连管市场是两个孤立的、相互排斥的市场。锅炉管和互连管作为 P92 产品统一市场的两个组成部分，没有证据和理由说明两者的价格互不影响，也不能排除二者的经营者存在竞争关系。❷

在 2011 年汽车反补贴案中，通用汽车有限公司和克莱斯勒集团有限公司提出，调查期内从美国进口的绝大多数被调查产品都是排气量在 2.5 升以上的小轿车和越野车，而中国国内企业生产的产品主要为 2.5 升以下的小轿车和越野车，认为被调查产品在中国市场的定位为高端消费市场，其价格远高于中国国内企业生产产品的价格，二者竞争重叠性小，不是同类产品。据此，中国调查机关将被调查产品范围调整为排气量在 2.5 升以上的小轿车和越野车，并依据调整后的被调查产品范围认定了中国国内同类产品。❸

2. 产品用途不同

产品用途也是判断同类产品的重要标准，因此利害关系方在产品用途方面也常常存在不同意见。

在己内酰胺反倾销案中，帝斯曼化学品北美公司、帝斯曼纤维中间体公

---

❶ 《中华人民共和国商务部对原产于日本和美国的进口光纤预制棒反倾销调查的最终裁定》，商务部公告 2015 年第 25 号。

❷ 《中华人民共和国商务部关于原产于欧盟、日本和美国的相关高温承压用合金钢无缝钢管反倾销调查的最终裁定》，商务部公告 2014 年第 34 号。

❸ 《中华人民共和国商务部关于原产于美国的部分进口汽车产品作出反倾销调查和反补贴调查的终裁决定》，商务部公告 2011 年第 20 号。

司和帝斯曼纤维中间体贸易（上海）有限公司（以下简称"帝斯曼"）向中国调查机关提出主张，认为帝斯曼生产的己内酰胺主要用于生产高速纺丝产品，中国申请人生产的己内酰胺则主要用于帘子布市场，二者之间不存在竞争关系，因此请求将用于民用高速纺生产用己内酰胺排除在调查范围以外。中国申请人则提出了不同意见。

中国调查机关对于被调查产品与中国国产己内酰胺在民用高速纺丝领域是否存在竞争关系和替代关系进行了调查。证据显示：调查期内，中国国产己内酰胺产品面向民用高速纺领域的销量占其己内酰胺产品总销量的比重较大，且比重逐年上升；部分下游企业既采购被调查产品生产高速纺民用丝，也采购国产己内酰胺生产高速纺民用丝；中国国内民用高速纺行业具代表性的相关下游用户出具的用户反馈报告表明，中国国产己内酰胺产品能够用于高端民用高速纺领域，与被调查产品质量相当，相互之间可以替代使用；该案部分应诉公司向中国调查机关提交的《国外生产者或出口商问卷》答卷及进口商答卷也显示，中国国产己内酰胺产品与被调查产品在特性、质量、用途上相当，可以替代使用；帝斯曼的《己内酰胺反倾销案无损害抗辩意见书》也显示部分下游企业在生产高速民用丝时混合使用被调查产品和中国国产己内酰胺。基于这些事实，中国调查机关在初裁中认定，中国国产己内酰胺与被调查产品在民用高速纺丝领域存在直接的竞争和替代关系，二者属于同类产品。❶

3. 市场价格差异

销售价格也是市场表现的特征之一。销售价格的差异，一定程度上反映了可替代性的不同。

在单丁醚反倾销案中，伊士曼化工公司提出了关于稳定2级二甘醇和Eastapure级二甘醇与普通二甘醇单丁醚产品是否存在销售价格差异问题。该公司主张稳定2级二甘醇和Eastapure级二甘醇与普通二甘醇单丁醚产品在销售平均价格上存在很大差别。

---

❶ 《中华人民共和国商务部关于原产于欧盟和美国的进口己内酰胺反倾销调查的最终裁定》，商务部公告2011年第68号。

中国调查机关发现该公司提供的这两种产品生产成本与其他二甘醇的生产成本相同。在生产成本相同的情况下，公司只单纯比较这两种产品与其他产品平均价格来说明这两种产品与其他产品存在价格差异理由不够充分。同时，中国调查机关发现，在调查期内存在其他二甘醇单丁醚的销售价格与稳定 2 级二甘醇和 Eastapure 级二甘醇销售价格基本相同的情况。❶

四、其他问题

（一）存在相同产品时不考虑相似产品

世贸组织《反倾销协定》第 2.6 条同类产品的定义，实际上规定了两个类别的同类产品，一个是完全相同产品，另一类是特性最为相似的产品。

在考虑进口国国内同类产品认定时，世贸组织成员调查机关先认定是否存在完全相同产品；如不存在完全相同产品，则进一步考察是否存在及哪些产品属于特性最为相似的产品。也就是说，如果存在完全相同产品，则调查机关不需要考虑最为相似产品是否构成同类产品的问题。

在白羽肉鸡反倾销案中，美国禽蛋品出口协会认为中国调查机关在确定同类产品时未能考虑中国商务部《反倾销产业损害调查规定》第 11 条规定的全部因素。中国调查机关认为，根据中国反倾销相关法律规定，同类产品应是与被调查产品相同的产品，只有在没有相同产品的情况下，才以与被调查产品特征最相似的产品为同类产品。中国《反倾销产业损害调查规定》第 11 条规定："在确定同类产品时，可以考虑以下因素：产品的物理特征、化学性能、生产设备和工艺、产品用途、产品可替代性、消费者和生产者的评价、销售渠道、价格等。"中国调查机关认为，上述法律规定的是"可以"考虑相关因素，而不是"必须"或者"应当"考察每个因素，因此美国禽蛋品出口协会提出应考虑上述全部因素的主张没有法律依据。❷

---

❶ 《中华人民共和国商务部关于原产于美国和欧盟的进口乙二醇和二甘醇的单丁醚反倾销调查的最终裁定》，商务部公告 2013 年第 5 号。

❷ 《中华人民共和国商务部关于原产于美国的进口白羽肉鸡产品反倾销调查的最终裁定》，商务部公告 2010 年第 51 号。

在此前乙醇胺反倾销案中，中国调查机关也表达了类似的观点。应诉企业美国陶氏化学公司和奥伯帝莫马来西亚化学公司提出，三乙醇胺也应与单乙醇胺和二乙醇胺是同类产品，如果包括三乙醇胺，该案的中国国内产业范围应当扩大，中国申请人将不具有提起本次反倾销调查的主体资格。中国调查机关认为，同类产品应是与倾销进口产品相同的产品，只有在没有相同产品的情况下，才以与倾销进口产品特性最相似的产品为同类产品，在本次反倾销调查中，与被调查产品（即原产于日本、美国、德国、伊朗、马来西亚、中国台湾地区和墨西哥的进口单乙醇胺、二乙醇胺）相同的是中国大陆生产的单乙醇胺和二乙醇胺产品；《中华人民共和国反倾销条例》与世贸组织《反倾销协定》都没有规定申请人在提起某种进口产品反倾销调查时，必须同时对与其有某种程度相似性的所有进口产品都提起反倾销调查。因此中国调查机关在初步裁定中没有接受美国陶氏化学公司和奥伯帝莫马来西亚化学公司的主张。初裁后，美国陶氏化学公司和奥伯帝莫马来西亚化学公司未提出异议，中国调查机关决定在终裁时维持初裁时的认定。[1]

（二）同类产品各型号之间不要求是同类产品

世贸组织《反倾销协定》规定的同类产品，是指被调查产品与进口国（或出口国）国内相同或最相类似产品。该规定不要求同类产品不同型号之间也必须是相同或特性最为类似的产品。

在聚酰胺-6,6 切片反倾销案中，英威达公司认为纺织/服装应用类聚酰胺-6,6 切片应按照单独的同类产品进行调查。中国化学纤维工业协会锦纶专业委员会认为聚酰胺-6,6 纤维和聚酰胺-6,6 工程塑料是两个完全不同的应用领域，其原料切片的黏度也有区别。如果实施反倾销措施，中国大陆聚酰胺-6,6 纤维产业链的平衡将会被打破，因此请求将黏度不同的纺丝级切片从反倾销的品种中提出来单独处理。中国调查机关注意到，利害关系方的主张实质在于要求中国调查机关分析同类产品细分类别之间的相似性，进而在产品细

---

[1] 《中华人民共和国商务部关于对原产于日本、美国、德国、伊朗、马来西亚、台湾地区和墨西哥的进口乙醇胺反倾销调查的终裁决定》，商务部公告 2004 年第 57 号。

分类别的基础上作出损害分析。中国调查机关认为，该主张没有法律依据。中国《反倾销条例》第 12 条和《反倾销产业损害调查规定》第 10 条规定："同类产品，是指与倾销进口产品相同的产品；没有相同产品的，以与倾销进口产品的特性最相似的产品为同类产品。"根据这两个条款，"同类产品"的认定结论是通过与"被调查产品"比较而得出的，这个结论不要求比较"同类产品"细分类别的相似性。从条款的文字上解读，中国调查机关不必比较同类产品细分类别之间的相似性，也不必依据细分类别来调查中国大陆产业损害。该案的被调查产品既包括工程塑料切片，也包括纺丝级切片；该案的同类产品也包括工程塑料切片和纺丝级切片。同时，该裁决作出之前的部分已经依据充分的证据和分析表明，无论就整体还是部分规格而言，中国大陆产业生产的聚酰胺-6,6 切片是被调查产品的同类产品，可以从整体上作为下一步分析产业损害的基础。中国调查机关认为，利害关系方的这个主张缺少法律依据，中国调查机关可以从整体上认定中国大陆同类产品，并进而分析中国大陆聚酰胺-6,6 切片产业遭受的损害。❶

（三）个别型号产品中国国内没有生产或产量很小

在实践中，出口商常以某型号或类别被调查产品，中国国内企业没有与之相对应的型号或类别产品的生产和经营为由，主张排除部分被调查产品。在调查这类情况时，中国调查机关着重考察中国国内企业是否有能力进行相应型号产品的生产和经营。

在高性能不锈钢管反倾销案中，住友金属工业株式会社主张中国国内企业无法生产超超临界电站锅炉过热器、再热器用相关高性能不锈钢无缝钢管。沙士基达曼内斯曼不锈钢管公司、沙士基达曼内斯曼不锈钢管德国公司、沙士基达曼内斯曼不锈钢管意大利公司主张，中国国内钢管生产商无法生产符合客户要求的 TP347HFG 产品、TP310HNbN 产品、超超临界钢管、喷丸钢管和符合德国 VdTÜV 认证标准的超临界钢管。欧盟驻中国和蒙古代表团贸易和

---

❶《中华人民共和国商务部关于原产于美国、意大利、英国、法国和台湾地区的进口聚酰胺-6,6 切片产品反倾销调查的最终裁定》，商务部公告 2009 年第 79 号。

投资处也提出类似主张。

中国调查机关认为，该案申请人提交的关于中国企业所获喷丸钢管的发明和实用新型专利证书、中国企业的喷丸机采购合同和下游企业的喷丸钢管采购合同均表明中国企业有能力生产符合客户要求的喷丸钢管。国家标准化委员会、全国锅炉压力容器标准化技术委员会的相关认证证明，中国企业能够生产符合中国国家标准、美国测试和材料协会（ASTM）标准的相关高性能不锈钢无缝钢管。❶

第三节　进口国国内产业

一、概述

确定了进口国国内同类产品，就可以据此确定进口国国内产业的范围。如果提供了国内产业状况信息的进口国国内同类产品生产者的合计产量达到了代表国内产业的要求，则这些国内生产者可以作为进口国国内产业，其数据可以反映进口国国内产业的状况。

世贸组织《反倾销协定》规定进口国国内产业是指同类产品的全部生产者，或合计产量占中国进口国总产量主要部分的生产者的集合。《补贴和反补贴协定》也有相同的规定。

中国《反倾销条例》第11条规定，国内产业，是指中华人民共和国国内同类产品的全部生产者，或者其总产量占国内同类产品全部总产量的主要部分的生产者；但是，中国国内生产者与出口经营者或者进口经营者有关联的，或者其本身为倾销进口产品的进口经营者的，可以排除在国内产业之外。在特殊情形下，中国国内一个区域市场中的生产者，在该市场中销售其全部或者几乎全部的同类产品，并且该市场中同类产品的需求主要不是由中国国内

---

❶ 《中华人民共和国商务部对原产于欧盟和日本的进口相关高性能不锈钢无缝钢管反倾销调查的最终裁定》，商务部公告 2012 年第 72 号。

其他地方的生产者供给的，可以视为一个单独产业。反补贴调查中的规定比较类似。

如何认定进口国的国内生产者，世贸组织协定没有具体的规定。通常可以的考虑的因素包括：（1）资本来源和构成；（2）技术和设备；（3）在进口国产品增值情况；（4）人员雇佣情况；（5）其他生产或经营活动等。有的世贸组织成员也采用原产地规则认定进口国的生产者地位。❶

二、代表性要求

代表性要求是指，进口国国内企业是否有资格代表进口国国内产业提出贸易救济调查申请，或者调查机关收集到的进口国国内企业的信息，能否反映进口国国内同类产品生产企业的状况。

（一）调查中的产业代表性

从世贸组织相关协定以及中国《反倾销条例》第11条规定可以看出，进口国国内同类产品生产者可以代表其国内产业，有两种情况。一是进口国内全部同类产品生产者都提交答卷的情况，另一类是提交答卷的进口国国内生产者其合计产量占其全国同类产品总产量的主要部分。

所有进口国国内同类产品生产者都填报答卷的情况比较少见。在这种情况下，全部进口国国内同类产品生产者自然就构成了进口国国内产业，其数据必然能代表进口国国内产业的状况。中国案例氯丁橡胶反倾销案❷和水合肼反倾销案❸中就是这类情况。

大部分案件中，填报答卷的进口国国内同类产品生产者的合计产量占全国总产量的主要部分。"主要部分"法律并没有规定，也没有统一的定量的标

---

❶ Judith Czako, Johann Human, Jorge Miranda, A Handbook on Anti‐dumping Investigations, 2003, P279.

❷ 《中华人民共和国商务部对原产于日本、美国和欧盟的进口氯丁橡胶反倾销调查的最终裁定》，商务部公告2005年第23号。

❸ 《中华人民共和国商务部对原产于日本、韩国、美国和法国的进口水合肼反倾销调查的最终裁定》，商务部公告2005年第36号。

准，需要在个案中予以考察。当产业分布比较集中时，产量的主要部分标准应当较高，这也才能更准确地反映进口国国内产业的状况；但是当行业分布比较分散时，较低比例产量的进口国国内生产者，其合计指标数据也能具备合法的代表性。例如，在己内酰胺反倾销案中，中国企业合计产量占全国总产量的比例达到95%以上；在环氧氯丙烷反倾销案中，中国企业合计产量的比例达到73%以上。而在碳钢紧固件反倾销案中，中国企业合计产量的比例则比较低，各年数据分别为 26.44%、29.51%、31.19% 和 30.94%。❶

（二）立案时的代表性

在世贸组织《反倾销协定》及《补贴和反补贴协定》中还有一处提及进口国国内产业代表性，即立案时的代表性。此处的代表性仅仅用于立案审查时考察进口国国内企业是否有资格提出反倾销或反补贴调查，与在反倾销或反补贴调查中的进口国国内产业代表性，是完全不同的两个概念。

中国商务部部门规章《反倾销立案暂行规则》对立案时中国国内产业代表性提出了略有差异的要求。该《反倾销立案暂行规则》第 5 条规定的中国国内产业是指：（1）全部生产者；（2）合计产量占全国总产量50%以上的生产者。可见在立案阶段，合计产量占全国总产量主要部分的要求，就体现在50%这一数字指标上。

这里，笔者认为有三个问题需要说明。

一是中国《反倾销立案暂行规则》标准要高于世贸组织《反倾销协定》的要求。如《反倾销协定》5.4 条规定立案时进口国国内企业合计产量至少要占全国总产量25%，而《反倾销立案暂行规则》要求比例则是50%。这一标准大大超过了《反倾销协定》的要求，是中国严格规范使用贸易救济措施的一个表现。

二是立案代表性和调查代表性是不同的概念，不可混为一谈。这种区别

---

❶ 《中华人民共和国商务部关于原产于欧盟的进口碳钢紧固件产品反倾销调查的最终裁定》，商务部公告 2010 年第 40 号。

根源于世贸组织《反倾销协定》❶ 第4.1条规定了进口国国内产业的定义，引入了"主要部分"的概念；在5.4条关于立案时进口国国内产业代表性的规定时，使用了不同的表述，更引入了50%和25%的数量标准。在多个专家组和上诉机构的裁决中，也多次能看到世贸组织争端解决机构对立案代表性和调查代表性是不同概念的裁决。

三是立案代表性不要求申请企业在立案前3~5年都具备"主要部分"的特征。如前所属，立案代表性与调查代表性是不同概念，不要求在立案前3~5年（即损害调查期）的合计产量都是全国总产量的主要部分。立案代表性强调在立案时是否有正当基础提出申请，避免滥诉、闹诉等扰乱市场、浪费行政资源情况的出现，因此在提出申请前1年（或12个月）申请人产量应当具备"主要部分"的特征。要求申请人在3~5年时间内都具备"主要部分"特征，实际上限制了申请人的诉权。

三、涉案出口商关联企业和进口商排除问题

按照世贸组织《反倾销协定》和中国《反倾销条例》第11条的规定，即使是进口国国内同类产品的生产者，若与被调查产品的外国出口商或生产商存在关联关系，或从事了被调查产品的进口贸易，可以被排除在进口国国内产业范围之外。在规定和调查实践方面，反倾销调查和反补贴调查对此的规定基本相同。

进口国国内产业排除表明的理由很好理解。进口商和外国出口商的关联生产者，其企业生产经营状况很可能受到进口贸易行为和关联关系的影响。因此，将这类企业纳入进口国国内产业状况的考察之中，有可能扭曲甚至掩盖了进口被调查产品对进口国经济的损害性影响。这类生产者排除的标准，中国商务部光纤预制棒反倾销案中进行了阐述：一是该类企业对待反倾销调查的态度；二是其进口行为和关联行为能否影响其作为进口国国内同类产品生产者的性质。

---

❶ 此处以世贸组织《反倾销协定》为例，《补贴和反补贴协定》规定与此类似。

康宁公司、住友电气工业株式会社、信越化学工业株式会社、株式会社藤仓和古河电气工业株式会社提出，该案中国国内答卷企业均进口过被调查产品，且部分答卷企业（江苏亨通和富通集团）与外国应诉公司之间存在关联关系，因此应将该三家企业排除在中国国内产业之外。上述三家中国答卷企业认为：首先，江苏亨通光电股份有限公司和富通集团有限公司本身没有进口被调查产品，而是由其关联企业进口；长飞光纤光缆有限公司进口过被调查产品，但其自身预制棒产量远远大于进口产品数量。其次，三家申请人企业的根本利益是立足于中国国内生产，而不是进口被调查产品，不应被排除在产业范围之外。最后，虽然部分答卷企业与被调查产品的外国生产者存在关联关系，但该三家企业均以自己的名义提出反倾销调查申请，充分地配合各项调查工作，维护中国国内产业利益。这也从另一方面进一步证明三家答卷企业的利益主要还是立足于中国国内生产。因此，该三家企业不应被排除在中国国内产业之外。在实地核查中，中国调查机关重点核实了中国国内答卷企业与该案国外生产者的关联关系及进口被调查产品的相关情况。经核实：第一，长飞光纤光缆有限公司与外国应诉企业并不存在关联关系。江苏亨通光电股份有限公司和富通集团有限公司与部分外国应诉公司之间存在关联关系，但该关联关系并未影响这两家中国国内答卷企业支持本次反倾销调查的立场。第二，江苏亨通光电股份有限公司和作为富通集团有限公司答卷数据来源的浙江富通光纤技术有限公司并未进口被调查产品。其关联公司作为该案下游用户进口过被调查产品，但并未在中国国内市场转售，属于正常生产的需要。长飞光纤光缆有限公司虽然进口了一定数量的被调查产品，但与其自身产量相比所占比例较低。

依据上述情况，中国调查机关认为，该案三家中国答卷企业对本次调查持支持态度；部分企业与外国应诉企业存在关联关系以及进口过被调查产品的情况，并未影响其作为中国国内光纤预制棒生产者的性质。因此，在初裁中，中国调查机关认为上述三家生产者可以代表中国国内光纤预制棒产业。❶

---

❶ 《中华人民共和国商务部对原产于日本和美国的进口光纤预制棒反倾销调查的最终裁定》，商务部公告 2015 年第 25 号。

在呋喃酚反倾销调查中，日本农药株式会社提出，由于申请企业湖南海利株洲精细化工有限公司母公司湖南海利化工股份有限公司在调查期内从被调查国日本和意大利进口过呋喃酚产品，应将申请企业排除在中国国内产业之外。中国调查机关注意到以下事实：第一，湖南海利株洲精细化工有限公司为中国的独立法人企业，从未进口过被调查产品，不是被调查产品的进口经营者，也没有参与被调查产品的倾销行为。第二，湖南海利化工股份有限公司进口被调查产品，全部直接用于本企业生产下游产品，从未再转售营利。进口被调查产品的目的是为了保证其生产下游产品的需要，并非是谋求从不公平贸易行为中获得利益。同时，该公司在提交给中国调查机关的问卷中明确表示，支持本次反倾销调查。第三，虽然湖南海利株洲精细化工有限公司同进口商湖南海利化工股份有限公司是关联方，但是湖南海利株洲精细化工有限公司的财务状况显示，这种关联关系并未使其避免被调查进口产品倾销的影响。第四，在调查期内，湖南海利株洲精细化工有限公司的呋喃酚产量占中国呋喃酚总产量的绝大部分，该企业的利益完全来自呋喃酚产品的生产经营，而不是经营进口被调查产品。该企业的状况体现了中国呋喃酚产业的客观情况。因此，中国调查机关认为，不应将湖南海利株洲精细化工有限公司排除在中国国内产业之外。❶

在未漂白牛皮箱纸板反倾销案中，中国调查机关重点对该案支持企业之一的东莞理文造纸厂有限公司（以下简称"理文造纸"）涉及的与中国大陆被调查产品进口商东莞理文纸品有限公司（以下简称"理文纸品"）之间的关联关系问题进行了调查。经核查，理文造纸是香港理文工业有限公司在中国境内投资的外商独资企业，与理文纸品有关联关系。但并没有证据表明，这种关联关系使得理文造纸的行为不同于其他无关联的生产者，且由于理文造纸和中国大陆其他牛皮箱纸板生产企业具有共同的利益，对该案有着共同的态度，不受理文纸品的影响，所以，中国调查机关认定理文造纸作为该案

---

❶ 《中华人民共和国商务部关于对原产于日本、欧盟和美国的进口呋喃酚反倾销调查的终裁决定》，商务部公告 2006 年第 7 号。

的支持企业之一，应当包括在中国大陆产业之内。❶

在对苯二甲酸反倾销案中，韩国 6 家企业提出，与进口商有特殊关联关系的中国国内生产者（如翔鹭石化和逸盛石化）以及与中国国外出口商具有特殊关联关系的中国国内生产者（如亚东石化等）应当排除在中国国内产业或者支持本次反倾销调查企业的范围之外。中国调查机关认为，调查期内，翔鹭石化、逸盛石化自身未进口被调查产品，与被调查产品生产者及出口经营者并无关联关系；其关联企业在调查期内进口过被调查产品，上述关联企业作为该案的下游用户，其进口被调查产品均自用或提供给关联企业使用，并未在中国国内市场转售，属于正常生产的需要；与亚东石化具有关联关系的中国台湾地区对苯二甲酸生产者未包括在该案调查范围内，不属于被调查产品出口经营者或进口经营者。根据《反倾销条例》第 11 条和《反倾销产业损害调查规定》第 13 条关于中国国内产业认定的规定，基于上述事实，中国调查机关认定，翔鹭石化、逸盛石化和亚东石化具备中国国内产业资格。❷

在干玉米酒糟反补贴案中，马奎斯能源有限责任公司主张，申请人中包括中粮生物化学（安徽）股份有限公司和中粮生化能源（肇东）有限责任公司，其母公司中粮集团有限公司（COFCO）是被调查产品的进口商之一，根据中国《反补贴条例》第 11 条规定，中粮集团有限公司及其关联公司不能作为中国国内产业的一部分。中国调查机关认为，根据《反补贴条例》第 11 条的规定，国内生产者与出口经营者或者进口经营者有关联的，或者其本身为补贴进口产品的进口经营者的，可以排除在中国国内产业之外。两家中粮公司虽然与进口商中粮集团有限公司存在关联，但并不必然被排除在国内产业范围之外。调查显示，两家中粮公司均提交了申请本次调查的确认书，目前无证据表明两家中粮公司的行为不同于无关联的生产者，因此，中国调查机关初步决定不把两家中粮公司排除在中国国内产业之外。中国调查机关进一步对两家中粮公司及其母公司中粮集团有限公司进口被调查产品的情况进行

---

❶ 《中华人民共和国商务部关于对原产于美国、泰国、韩国和台湾地区未漂白牛皮箱纸板产品反倾销调查的终裁决定》，商务部公告 2005 年第 60 号。

❷ 《中华人民共和国商务部关于原产于韩国和泰国的进口对苯二甲酸反倾销调查的最终裁定》，商务部公告 2010 年第 47 号。

了调查。调查显示，两家中粮公司本身没有进口过被调查产品，其母公司中粮集团有限公司虽然在调查期内进口被调查产品，利益是立足于国内生产，而非进口。两家中粮公司均明确表示支持调查，两家中粮公司产业损害指标的变化趋势与中国国内其他无关联的生产者趋势一致，无证据表明两家中粮公司的行为不同于无关联的生产者。因此，根据《反补贴条例》第 11 条的规定，中国调查机关最终决定不把两家中粮公司排除在中国国内产业之外。❶

当然，早期中国反倾销实践中也存在大量国内同类产品生产者被排除在中国国内产业之外的案例。在这些案例中，排除的理由大都语焉不详。

在 1,4-丁二醇反倾销案中，大连化工（江苏）有限公司向中国调查机关提交的答卷显示，该公司是该案利害关系方台湾大连化学工业股份有限公司的关联企业，根据《反倾销条例》第 11 条和《反倾销产业损害调查规定》第 13 条的规定，中国调查机关决定将该企业排除在中国大陆产业之外。❷

在氨纶反倾销调查中，调查证据表明，晓星氨纶（嘉兴）有限公司、晓星氨纶（广东）有限公司、连云港杜钟氨纶有限公司、浙江薛永兴氨纶有限公司、杭州旭化成氨纶有限公司、英威达纤维（上海）有限公司、东国氨纶（珠海）有限公司七家在中国大陆生产氨纶的企业与本次被调查国家（地区）的氨纶生产企业或出口经营者有关联。根据《反倾销条例》第 11 条规定，中国调查机关将与该案被调查国（地区）的氨纶生产企业、出口经营者有关联关系的以上七家企业排除在中国大陆产业范围之外。❸

在甲苯二异氰酸酯反倾销案中，申请人提出，中国国内甲苯二异氰酸酯生产企业上海巴斯夫聚氨酯有限公司、拜耳材料科技（中国）有限公司与该案欧盟出口经营者具有关联关系，应将上述两家企业排除在中国国内甲苯二异氰酸酯产业之外。中国调查机关认为，上海巴斯夫聚氨酯有限公司与欧盟

---

❶ 《中华人民共和国商务部关于原产于美国进口干玉米酒糟反补贴调查最终裁定》，商务部公告 2016 年第 80 号。

❷ 《中华人民共和国商务部关于对原产于沙特阿拉伯和台湾地区的进口 1,4-丁二醇反倾销调查的最终裁定》，商务部公告 2009 年第 106 号。

❸ 《中华人民共和国商务部关于对原产于日本、新加坡、韩国、台湾地区和美国的进口氨纶产品反倾销调查的终裁决定》，商务部公告 2006 年第 74 号。

出口经营者德国 BASF Schwarzheide GmbH 和比利时出口经营者 BASF Antwerpen N. V. 存在关联关系，拜耳材料科技（中国）有限公司与欧盟出口经营者德国拜耳材料科技公司（Bayer Material Science AG）存在关联关系。中国调查机关决定将与欧盟出口经营者存在关联关系的上海巴斯夫聚氨酯有限公司、拜耳材料科技（中国）有限公司排除在该案中国国内产业之外。❶

在美欧光纤反倾销案中，中国调查机关发现，深圳特发信息德拉克有限公司和长飞光纤光缆有限公司与被调查国家（地区）的非色散位移单模光纤生产企业或出口经营者有关联关系。中国调查机关对德拉克通信纤维有限公司和德拉克通信法国集团公司（以下简称"德拉克公司"）进行实地核查时发现，德拉克公司通过其在中国的关联公司深圳特发信息德拉克有限公司和长飞光纤光缆有限公司向中国出口被调查产品。德拉克公司在其向中国调查机关提交的《关于中华人民共和国商务部对原产于美国和欧盟进口非色散位移单模光纤反倾销调查的初步裁定的评论意见》也反映了这一事实。根据《反倾销条例》第 11 条的规定，中国调查机关认定，深圳特发信息德拉克有限公司和长飞光纤光缆有限公司应当排除在中国国内产业之外。❷

在磺胺甲噁唑反倾销案中，西南合成制药股份有限公司认为，在调查期内江苏昆山双鹤药业有限责任公司的母公司北京双鹤药业股份有限公司进口了原产于印度的被调查产品，应将其排除在中国国内产业之外。经调查，2005 年北京双鹤药业股份有限公司进口了原产于印度的被调查产品，进口数量占当年中国国内进口被调查产品总量的 15% 以上。北京双鹤药业股份有限公司将进口的被调查产品全部转给控股的江苏昆山双鹤药业有限责任公司。2005 年下半年，江苏昆山双鹤药业有限责任公司削减了同类产品的生产，以进口被调查产品维持企业该产品的正常经营。江苏昆山双鹤药业有限责任公司对本次反倾销调查未表态。根据《反倾销条例》第 11 条的相关规定："国内生产者与出口经营者或者进口经营者有关联的，或者其本身为倾销进口产

❶ 《中华人民共和国商务部关于原产于欧盟的进口甲苯二异氰酸酯（型号为 TDI8020）反倾销调查的最终裁定》，商务部公告 2013 年第 16 号。

❷ 《中华人民共和国商务部关于原产于美国和欧盟的进口非色散位移单模光纤反倾销调查的最终裁定》，商务部公告 2011 年第 17 号。

品的进口经营者的，可以排除在国内产业之外。"据此，中国调查机关将与被调查产品进口经营者存在关联关系的江苏昆山双鹤药业有限责任公司排除在中国国内产业之外。❶

在己内酰胺反倾销案中，申请人认为南京帝斯曼可以被排除在中国国内产业范围之外。中国调查机关认为，该案被调查产品的出口经营者，帝斯曼纤维中间体公司持有南京帝斯曼 60% 的股份，与南京帝斯曼存在关联关系。南京帝斯曼没有参加该案产业损害调查活动的登记，没有向中国调查机关提供调查问卷答卷，对本次反倾销调查也未表态。同时，鉴于其母公司帝斯曼纤维中间体公司主张南京帝斯曼同类产品的相关经营状况与中国国内非关联的同类产品生产企业存在实质性差异，在未能获得其他可供核实的相应证据的情况下，中国调查机关无法认定南京帝斯曼的经营状况是否因为与该案被调查产品的出口经营者有关联而受到影响。根据《反倾销条例》第 11 条的相关规定："国内生产者与出口经营者或者进口经营者有关联的，或者其本身为倾销进口产品的进口经营者的，可以排除在国内产业之外。"据此，为了客观考察中国国内产业的状况，中国调查机关在最终裁定中决定将与被调查产品出口经营者存在关联关系的南京帝斯曼排除在中国国内产业之外。❷

四、区域性产业

世贸组织《反倾销协定》及《补贴和反补贴协定》规定了区域性产业的概念。在特殊情形下，世贸成员调查机关可以单独对倾销或补贴进口对进口国国内区域性产业造成损害的情况进行调查和认定。区域性产业的含义是指，如果进口国国内市场中形成了局部独立的子市场，且该子市场的主要供应来源和消费去向都集中在该子市场内，则该子市场内的进口国国内同类产品生产企业可以构成区域性产业。一旦构成区域性产业，则该子市场内的进口国同类产品生产企业就可能具备区域性产业的代表性，从而就该区域性产业的

---

❶ 《中华人民共和国商务部关于原产于印度的进口磺胺甲噁唑反倾销调查的最终裁定》，商务部公告 2007 年第 48 号。
❷ 《中华人民共和国商务部关于原产于欧盟和美国的进口己内酰胺反倾销调查的最终裁定》，商务部公告 2011 年第 68 号。

产业损害进行调查。

在国际贸易救济历史上，关于区域性产业损害的调查实践很少。以中国为例，截至 2018 年，虽然有利害关系方在个案调查中提出过区域性产业的主张❶，但中国调查机关并未在实践中适用过区域性产业的条款。并且，以区域性产业损害为基础的损害调查，可能也存在一系列后续的困难。比如，如果出现因区域性产业受到倾销进口的损害而征收反倾销税的情况，则海关征收反倾销税和监管将更加复杂：仅对销售到该子市场的涉案进口征税，还是对涉案出口国别全部进口征税；如何监管申报为销售至子市场之外的涉案进口，不会转售至该子市场，等等。

第四节　进口国国内市场

在世贸组织成员调查机关看来，对进口国国内市场状况的调查是探究涉案进口与产业损害之间因果关系的重要桥梁。在这方面，美国国际贸易委员会的做法最为详尽。在近年来的案例中，中国调查机关开始对进口国国内市场以及同类产品与被调查产品在中国国内市场的竞争状况进行调查和分析。

在光纤预制棒反倾销案中，中国调查机关在第四部分以"（三）国内市场分析"为题对中国国内光纤预制棒市场供需情况、同类产品和被调查产品定价策略和竞争态势进行了分析。中国调查机关分析了中国光纤预制棒市场状况、涉案企业的定价策略等，认为被调查产品和国内同类产品在中国市场相互竞争，价格是影响光纤预制棒销售的重要因素，被调查产品的价格会影响中国国内同类产品的价格变化。❷

在聚氯乙烯反倾销日落复审案中，中国调查机关对中国大陆市场进行了分析，并通过采用"商品货物"的概念，解决同类产品和被调查产品竞争状

---

❶ 《中华人民共和国商务部关于对原产于美国、韩国、日本、俄罗斯和台湾地区的进口聚氯乙烯的反倾销调查的最终裁定》，商务部公告 2003 年第 48 号。

❷ 《中华人民共和国商务部关于对原产于日本和美国的进口光纤预制棒反倾销调查最终裁定》，商务部公告 2015 年第 25 号。

况，以及价格在市场竞争中的重要作用等问题。根据申请人提供的数据，中国调查机关认为，聚氯乙烯产品具有商品货物的特征。产品具有统一的标准，不同生产者的产品基本没有差异；销售方面的特征基本相同，不存在品牌等方面的明显差异；价格依据市场确定，且是消费者选购的主要因素。在损害调查期内及可预见的将来，中国大陆生产的聚氯乙烯与被调查产品之间存在着价格竞争。

首先，不同生产者的聚氯乙烯基本没有差异，都是生产线上连续生产的产品。由于聚氯乙烯生产历史较长、技术成熟，属于国民经济建设中的大宗商品；目前各国（地区）的发展水平基本相当。中国大陆具有统一的标准（《悬浮法通用型聚氯乙烯树脂》GB/T 5761—2006），在中国大陆销售的产品均符合或高于该产品标准。通过产品纯度、特性（包括物理特征和化学特性，产品外观、包装）及外观、密度、含氯量、溶解性等物理化学特性的对比，中国大陆生产的产品与进口产品在质量与品质方面基本没有差异。其次，中国大陆生产的产品与进口产品在销售方面基本相同，均没有其他任何突出的竞争优势。不同生产者的聚氯乙烯在品牌方面没有明显的差异；都是采用直销或通过中间商转销，销售渠道方面也基本相同。再次，在销售定价策略方面，各来源产品都是随行就市，以卖出为原则，采取灵活的定价方式，或每周定价或单笔交易定价。最后，在决定销售的因素方面，价格是主要的因素。消费者在采购不同来源的产品时，主要考虑的因素一是价格，二是质量（主要为纯度），三是考虑供货的及时、完善的售后服务以及是否提供运输等。其中，价格是消费者在采购时考虑的首要因素。[1]

在随后的聚酰胺-6,6切片反倾销日落复审调查[2]和己二酸反倾销日落复审调查[3]中，中国调查机关也采用了类似的处理方法，调查和分析了国内市场

---

[1] 《中华人民共和国商务部对原产于美国、韩国、日本、俄罗斯和台湾地区的进口聚氯乙烯所适用的反倾销措施期终复审裁定》，商务部公告 2015 年第 36 号。

[2] 《中华人民共和国商务部对原产于美国、意大利、英国、法国和台湾地区的进口聚酰胺-6,6切片所适用的反倾销措施的期终复审裁定》，商务部公告 2015 年第 37 号。

[3] 《中华人民共和国商务部关于对原产于美国、欧盟和韩国的进口己二酸反倾销措施期终复审裁定》，商务部公告 2015 年第 39 号。

供需情况、定价策略和价格在竞争中的作用等问题。

在干玉米酒糟反补贴案中，中国调查机关认为被调查产品与中国国内生产的干玉米酒糟在物理特性和技术指标、原材料、生产工艺流程、产品用途、销售渠道、客户群体基本相同，属于同类产品。中国国内干玉米酒糟消费市场是一个竞争开放的市场，被调查产品与中国同类产品在中国内市场相互竞争，价格是影响产品销售的重要因素。中国调查机关在实地核查过程中收集到的中国生产者经营分析会议纪要、下游用户议价记录和定价报告等证据显示，在下游用户采购被调查产品和中国产业同类产品时，价格是其采购时考虑的重要因素。中国产业密切关注海关统计的被调查产品的进口价格数据，并以此作为调整价格的重要参考。被调查产品与中国产业同类产品均主要通过直接销售、代理销售等方式同时在中国市场进行销售，并存在共同的客户群体。被调查产品和中国产业同类产品的销售，没有明显的时间和地域偏好，二者产品在中国南方市场和北方市场均有销售。被调查产品与中国国内产业同类产品之间存在直接的竞争关系。❶

在邻氯对硝基苯胺反补贴案中，中国调查机关指出，首先，中国国内产业主张，随着全球有机中间体及精细化工产业逐渐由欧美等国家和地区向亚洲转移，目前已经形成了以中国和印度为核心的生产和贸易中心，印度和中国成为国际中间体市场上的主要竞争对手。邻氯对硝基苯胺是一个市场容量较小的中间体产品，生产该产品的公司仅为中国国内产业申请人、阿迪公司等数家公司。考虑到各公司的产能和中国的供需结构，各公司在市场中能够发挥较大的影响力，都是市场竞争中具有主导地位的竞争者。其次，中国邻氯对硝基苯胺消费市场是一个竞争开放的市场，中国同类产品与被调查产品可以替代使用，不同产品在中国国内市场相互竞争。价格对下游用户的采购选择有重要的影响。中国调查机关在走访下游用户时了解到，下游用户的产成品销售价格随市场竞争波动，化工行业产品的市场价格公开透明，整个行业的经营利润率维持在一定水平，下游用户在采购原材料时，关注价格的变

---

❶ 《中华人民共和国商务部关于原产于美国进口干玉米酒糟反补贴调查最终裁定》，商务部公告 2016 年第 80 号。

化。中国调查机关考虑到化工产业这种竞争模式，导致下游用户对被调查产品的价格非常敏感。被调查产品在中国国内的下游用户与中国同类产品的下游用户存在交叉，很多下游用户既购买被调查产品也购买中国国产的产品。中国调查机关考虑到，这种情况下，下游用户对价格的敏感程度会直接决定对采购不同产品的选择。❶

---

❶ 《中华人民共和国商务部关于原产于印度的进口邻氯对硝基苯胺反补贴调查最终裁定》，商务部公告 2018 年第 18 号。

第四章　累积评估

第一节　累积评估概述

在实践中，由于数量影响以及后续的价格影响、进口国国内产业状况分析和因果关系分析都可能需要对倾销进口产品的影响进行合并、累积评估，因此在产业损害调查结论的开始阶段，需要对是否以及能否对不同来源的倾销进口产品进行累积评估做分析和认定。

世贸组织《反倾销协定》第3条及《补贴和反补贴协定》第15条都规定了，在一定条件下，可以对来自不同进口来源的被调查产品所造成的损害性影响，进行累积、合并考察。

中国《反倾销条例》第9条规定，倾销进口产品来自两个以上国家（地区），并且同时满足下列条件的，可以就倾销进口产品对中国国内产业造成的影响进行累积评估。进行累积评估的条件主要是：倾销幅度不是微量，进口产品数量不属于可忽略不计，以及不同来源的产品之间的竞争条件。在此方面，反倾销调查和反补贴调查的规定基本一致。

一、倾销幅度和补贴幅度

倾销进口产品的倾销幅度不是微量（即不小于2%），受补贴进口的产品的补贴幅度不是微量（即不小于1%），即可以对该进口来源（国家或地区）的倾销进口产品进行累积评估。

根据世贸组织《反倾销协定》的规定，倾销幅度是以出口商、生产商为基础和标的进行调查后确定的。而累积评估中强调的倾销幅度是以国家或地区为基础的。这意味着如果一个国家的倾销进口产品的倾销幅度小于2%，则该国（或地区）所有出口商、生产商的倾销幅度均小于2%。反补贴的情况基本类似。

在中国丁苯橡胶反倾销案中，中国调查机关认为除1家公司的倾销幅度小于2%外，来自被诉国家的被调查产品的倾销幅度在7%~38%之间，不属于可忽略不计的范围。根据《反倾销条例》第9条的规定，中国调查机关认为，对来自被诉国的被调查产品对中国国内同类产品产业造成的影响进行累积评估是适当的。❶

在中国浆粕反倾销案中，中国调查机关认为，虽然加拿大纽西尔特种纤维有限公司倾销幅度小于2%，但来自除加拿大纽西尔特种纤维有限公司外的其他加拿大公司的进口浆粕仍然存在倾销行为，且倾销幅度在2%以上。中国调查机关认定，就来自美国、加拿大和巴西的倾销进口产品对中国国内产业造成的影响进行累积评估是适当的。❷

截至2018年，中国还没有出现补贴幅度属于微量的情况。

二、倾销（或补贴）进口数量

在讨论涉案进口产品数量作为累积评估标准问题时，世贸组织协定和中国法规均要求，涉案进口产品数量不应属于可忽略不计的数量。进口产品数量是否可忽略不计，有以下几个标准：单一国家（或地区）进口产品数量占中国进口产品总数量的比例，应不超过3%；多个国家（或地区）合计的进口产品数量，应不足总进口产品量的7%。此外，还应当注意到，这里的进口产品量仅指倾销进口产品数量，不应当包括未以倾销价格销售的进口被调查产品的数量。

在中国浆粕反倾销案中，中国调查机关认为，虽然加拿大纽西尔特种纤

❶ 《中华人民共和国商务部关于对原产于俄罗斯、韩国和日本的进口初级形状未作任何加工的丁苯橡胶、初级形状充油丁苯橡胶、其他未列名初级形状丁苯橡胶及羧基丁苯橡胶反倾销调查的最终裁定》，商务部公告2003年第49号。

❷ 《中华人民共和国商务部关于原产于美国、加拿大和巴西的进口浆粕反倾销调查的最终裁定》，商务部公告2014年第18号。

维有限公司倾销幅度小于2%，但根据中国海关统计数据，排除加拿大纽西尔特种纤维有限公司进口产品数量后来自加拿大的进口浆粕数量占中国国内总进口产品量的比例仍然超过3%，也不属于微量或可忽略不计的范围。中国调查机关认定，就来自美国、加拿大和巴西的倾销进口产品对中国国内产业造成的影响进行累积评估是适当的。❶

在乙醇胺反倾销案中，德国巴斯夫公司提出在公告确定的调查期内，中国大陆自德国进口的被控倾销产品占中国大陆同期该同类产品进口总量的比例属"可忽略不计"，原产于德国的进口乙醇胺不应列入反倾销范围。中国调查机关对调查期德国有关进口数据进行了核实，经过进一步调查，调查机关认定，中国调查期内自德国进口的被调查产品数量占同期中国大陆乙醇胺总进口量的比例低于3%，同时低于3%的国家（地区）的总进口量并未超过同类产品总进口量的7%，根据《反倾销条例》第9条及第27条的规定，中国调查机关认定该数量属可忽略不计。

由于德国的乙醇胺进口量属于可忽略不计范围，并终止了对德国进口产品的调查，中国调查机关决定将原产于德国的被调查产品排除在累积评估范围之外。❷

在铜版纸反倾销案中，中国调查机关对芬兰和美国海关统计的被调查产品的出口数据与中国海关统计的进口数据进行了核实。中国调查机关认定，自芬兰和美国出口至中国的铜版纸占同期中国铜版纸总进口量的比例低于3%，根据《反倾销条例》第9条及第27条的规定，中国调查机关认定，该出口数量属可忽略不计，终裁时维持初裁决定，终止对原产于芬兰和美国的进口铜版纸产品反倾销调查。❸

在1,4-丁二醇反倾销案中，沙特阿拉伯国际丁醇公司（IDC 公司）主张，

---

❶ 《中华人民共和国商务部关于原产于美国、加拿大和巴西的进口浆粕反倾销调查的最终裁定》，商务部公告 2014 年第 18 号。

❷ 《中华人民共和国商务部关于对原产于日本、美国、德国、伊朗、马来西亚、台湾地区和墨西哥的进口乙醇胺反倾销调查的终裁决定》，商务部公告 2004 年第 57 号。

❸ 《中华人民共和国商务部关于对原产于韩国、日本、美国和芬兰的进口铜版纸反倾销调查的最终裁定》，商务部公告 2003 年第 35 号。

由于其在 2005 年对中国大陆并无销售，因此，将其与中国台湾地区的进口进行累积评估也不适当。中国大陆申请人认为，沙特阿拉伯 IDC 公司的上述主张涉及认定可忽略不计进口数量应考虑的时间段问题。根据世贸组织反倾销措施委员会的相关建议以及中国大陆的相关对外通报，在考察累积评估时，相关被调查产品的进口数量并不需要在整个损害调查期内均满足可忽略不计的相关规定。对于该案而言，沙特阿拉伯 IDC 公司以其 2005 年对中国大陆并无销售为由主张将其与中国台湾地区的进口进行累积评估不适当的观点明显与世贸组织反倾销措施委员会的相关建议以及中国大陆的相关对外通报不符，其主张不能成立。根据该案现有证据，中国调查机关认为，2006 年以来，沙特阿拉伯和中国台湾地区向中国大陆出口被调查产品的数量占中国大陆同类产品总进口量的比例均超过 3%，沙特阿拉伯被调查产品进口数量完全符合上述相关法律规定的累积评估的要求。❶

三、竞争条件

累积评估中的竞争条件并不是进口国国内市场状况分析中所作的对各类同类产品（包括进口国国内和其他非涉案进口产品来源）和被调查产品之间在进口国国内市场的竞争情况的分析。累积评估中的竞争条件，侧重于对进口国国内同类产品和被调查产品，以及不同来源的被调查产品之间能否以及是否会在进口国国内市场出现竞争的情况进行分析。

这既可能是一种现实情况的反映，也可以是对潜在的、尚未发生的产品间竞争状态的分析和推理。因为，累积评估重点在于，把不同来源的涉案产品的经济影响进行合并的考虑，其条件之一应是不同来源的产品及其经济影响可以做类比和累加的考虑。在这种情况下，有条件和有能力在市场上出现竞争，才是累积评估中竞争条件分析的重点。

在 1,4-丁二醇反倾销案中，沙特阿拉伯 IDC 主张，由于其主要是通过代理销售的方式进入中国大陆市场，仅有少量直接销售到中国大陆市场。因此

---

❶ 《中华人民共和国商务部关于对原产于沙特阿拉伯和台湾地区的进口 1,4-丁二醇反倾销调查的最终裁定》，商务部公告 2009 年第 106 号。

沙特阿拉伯 IDC 公司认为，沙特阿拉伯进口产品和中国台湾地区进口产品及中国大陆同类产品的竞争几乎可以忽略不计。因此，将沙特阿拉伯和中国台湾地区的被调查产品进行累积评估是不适当的。中国调查机关认为，沙特阿拉伯 IDC 进口产品、中国台湾地区进口产品以及中国大陆同类产品均存在类似的销售的方式。就该案而言，无论其通过代理销售或其他销售方式，其下游最终客户群体基本相同，很多客户完全重合，存在直接的竞争关系。❶

同样在该案中，沙特阿拉伯 IDC 主张，其向中国大陆出口产品是根据市场公布价格与代理商确定合同价格。由于该定价机制与中国台湾地区进口产品及中国大陆产品定价机制的不同，因此，竞争条件不同，将其与中国台湾地区的进口进行累积评估也不适当。中国调查机关认为，沙特阿拉伯与中国台湾地区的被调查产品及中国大陆同类产品在中国大陆市场上的定价机制不存在实质性差别，产品可以相互替代，最终客户群体基本相同，而且很多客户也是完全重合的，在中国大陆市场上直接竞争。❷

同理，在产品的竞争条件方面，与同类产品认定中的竞争性分析略有不同，累积评估中产品竞争条件是对产品之间在商业上的可替换性进行考虑，更加类似保障措施调查中"直接竞争产品"的概念。

在己内酰胺反倾销案中，霍尼韦尔树脂和化学有限责任公司主张，欧盟被调查产品与美国被调查产品的竞争条件具有显著差别。首先，从欧盟进口的被调查产品无论绝对数量还是相对市场份额都在大幅增加，而从美国进口的被调查产品却在减少；其次美国进口产品的价格与欧盟进口产品的价格具有显著差异。因此该案适用累积评估是不适当的。

中国调查机关认为，第一，美国霍尼韦尔树脂和化学品责任有限公司对被调查产品之间在物理和化学特性、原材料、生产工艺、产品用途和销售渠道等方面的竞争条件基本相同的初裁决定中的相关认定没有提出任何评论和异议；第二，该案证据表明，欧盟和美国被调查产品无论是在进口数量、市

---

❶ 《中华人民共和国商务部关于对原产于沙特阿拉伯和台湾地区的进口 1,4-丁二醇反倾销调查的最终裁定》，商务部公告 2009 年第 106 号。

❷ 同❶。

场份额，还是在进口价格等方面的变化趋势都基本相同。在整个调查期内，两地进口产品绝对数量及所占中国市场份额总体均呈上升趋势，价格均呈下降趋势。因此，中国调查机关维持初裁决定中的认定，将两地向中国出口的被调查产品造成中国国内产业的损害进行累积评估是适当的。❶

在氨纶反倾销案中，中国调查机关认定倾销进口被调查产品之间以及被调查产品和中国国内同类产品之间存在相互竞争关系，且竞争条件基本相同。依据之一是倾销进口被调查产品之间以及被调查产品与同类产品之间物理化学特性相同、用途基本相同且可以互相替代。❷

在未漂白牛皮箱纸板反倾销案中，被调查产品之间以及被调查产品与中国大陆同类产品之间在物理特性、生产工艺、原材料构成、质量指标和用途基本相同，可以相互替代。❸

在美日韩光纤反倾销案中，美国和日本应诉公司提出：调查期间内，来自美国和日本的被调查产品的进口数量和市场份额变动情况以及产品的价格均与来自其他国家的被调查产品以及中国国内同类产品的趋势不同，其竞争条件与来自其他国家的被调查产品以及中国国内同类产品的竞争条件不同，因此不应对其进行累积评估。中国调查机关认为，来自美国和日本的被调查产品和来自其他国家的被调查产品之间以及与中国国内同类产品之间在物理化学性能、原材料构成、生产设备和工艺、产品用途、销售渠道、销售价格变化趋势等方面的竞争条件基本相同，在中国国内市场上基本同时出现，产品质量相当，具有可替代性。因此，中国调查机关认定，对来自美国和日本的被调查产品和来自其他国家的被调查产品给中国国内产业造成的影响进行累积评估是适当的。❹

---

❶ 《中华人民共和国商务部关于对原产于沙特阿拉伯和台湾地区的进口1,4-丁二醇反倾销调查的最终裁定》，商务部公告2011年第68号。

❷ 《中华人民共和国商务部关于对原产于日本、新加坡、韩国、台湾地区和美国的进口氨纶反倾销调查的最终裁定》，商务部公告2006年第74号。

❸ 《中华人民共和国商务部关于对原产于美国、泰国、韩国和台湾地区的进口未漂白牛皮箱纸板反倾销调查的最终裁定》，商务部公告2005年第60号。

❹ 《中华人民共和国商务部关于对原产于美国、日本、韩国的进口非色散位移单模光纤反倾销调查的最终裁定》，商务部公告2004年第96号。

在冷轧板卷反倾销案中，韩国应诉企业株式会社 POSCO 提出，韩国被调查产品同俄罗斯、哈萨克斯坦、乌克兰被调查产品存在较大的品质及价格差异，不具备共同竞争条件，应排除在累积评估之外。中国调查机关认为，根据中华人民共和国海关的有关统计数据和国外（地区）生产者调查问卷答卷了解，来自不同被诉国家和地区的被调查产品在调查期内进口数量一直维持在较高的水平和持续的增长，来自不同被诉国家和地区的冷轧板卷生产能力和出口能力均较大，来自不同被诉国家和地区的被调查产品对中国大陆进口数量增长的可能性较大，2001 年每一被诉国家和地区的出口量均超过 100 万吨，有的甚至在 300 万吨以上，每一被诉国家和地区应诉企业合计对中国大陆出口量占其总出口量的比例均在 25% 以上，有的甚至超过 60%；来自不同被诉国家和地区被调查产品以及与中国大陆同类产品用途相同或近似，具有可替代性，这一点中国调查机关在同类产品认定时已经作了说明；根据中国大陆生产者调查问卷、国外（地区）生产者调查问卷和国内进口商调查问卷答卷了解，来自不同被诉国家和地区的被调查产品和中国大陆同类产品存在着通过代理商销售或者直接销售给用户的情况，均存在着中国大陆进口商同时代理进口来自不同被诉国家和地区的被调查产品的情况，销售渠道相似，并且在调查期内在中国大陆市场上同时出现；关于价格的差异问题，中国调查机关认为冷轧板卷品种较多，不同品种、规格和型号冷轧板卷的价格存在一定差异是正常的，但它们均属于冷轧板卷的范围。综合以上情况，中国调查机关认为对来自韩国被调查产品不应排除在累积评估之外。❶

在取向性硅电钢反倾销案中，俄罗斯生产商新利佩茨克钢铁股份无限公司、维兹钢铁有限责任公司和瑞士出口商诺维克斯贸易（瑞十）有限公司主张，该案不符合累积评估的适用标准，从产品替代性的角度而言，原产于美国的取向性硅电钢产品和原产于俄罗斯的产品不具有替代性。中国调查机关认为：来自俄罗斯和美国的进口取向性硅电钢产品虽然在具体的生产装置及工艺上略有差异，但两者物理特性基本一致，最终产品的电磁性能基本相同，

---

❶ 《中华人民共和国商务部关于对原产于俄罗斯、韩国、乌克兰、哈萨克斯坦等四国和台湾地区的进口冷轧板卷反倾销调查的最终裁定》，商务部公告 2003 年第 50 号。

相互具有可替代性。从调查数据来看，该案调查期内来自于俄罗斯的被调查产品进口数量远高于美国，并采取低于中国国内同类产品定价销售的策略，对中国国内产业影响较大；俄罗斯生产企业具有较大的生产能力和出口能力，且对中国的出口占其出口总量比例较大，对中国国内市场依存程度较高，各个牌号的产品均有继续大量对华出口的可能性。俄罗斯企业所主张的"俄罗斯企业不可能也没有能力继续或扩大对中国的出口"的说法不成立。来自俄罗斯的进口被调查产品具有对中国国内产业造成损害的持续性和可能性。经调查，中国调查机关认定，来自俄罗斯的进口被调查产品与来自美国的进口被调查产品具有可替代性，两者均具有对中国国内产业造成损害的持续性和可能性。❶

第二节　交叉累积评估

一、概述

交叉累积评估（cross cumulation）是指，在同时存在针对同一进口国国内产业的反倾销和反补贴产业损害调查时，中国调查机关对倾销进口和补贴进口对进口国国内产业造成的损害进行累积评估。

交叉累积评估是世贸组织成员调查机关在处理"双反"（反倾销和反补贴）调查时通常采用的方法。但是在 2014 年世贸组织争端解决上诉机构对美国碳钢案（US-Carbon Steel）中裁定，美国交叉累积评估法规违反了世贸组织《补贴和反补贴协定》的相关规定❷。根据这个裁决，中国调查机关如果再对倾销进口和补贴进口造成的进口国国内产业损害情况进行累积评估，则会违反世贸组织《反倾销协定》和《补贴和反补贴协定》。

---

❶ 《中华人民共和国商务部关于原产于美国和俄罗斯的进口取向性硅电钢反倾销调查及原产于美国的进口取向性硅电钢反补贴调查的最终裁定》，商务部公告 2010 年第 21 号。

❷ Report of the Appellate Body, UNITED STATES-COUNTERVAILING MEASURES ON CERTAIN HOT-ROLLED CARBON STEEL FLAT PRODUCTS FROM INDIA, 4. 600.

交叉累计做法的本质在于，将被调查进口产品的倾销和享受补贴对进口国国内产业造成的整体损害作为裁定对该被调查产品采用反倾销与反补贴措施的共同条件。但是，同一产品倾销和享受补贴产生的损害是否完全同一，这一点尚未得到明确。于是，交叉累计可能产生这样的影响：被调查产品倾销或享受补贴所造成的影响并不是完全同一的，且分别造成的影响均无法达到足以使调查主管机构认定进口国国内产业受到实质性损害或实质性损害威胁的程度，以至于对被调查进口产品采取反倾销措施或反补贴措施。在这种情况下，"双反"调查中对损害进行交叉累计的做法将直接扩大损害的范围，增加调查主管机构对损害作出肯定性裁决的可能性，具有贸易保护主义的倾向。❶

二、中国实践

（一）以往实践

在取向性硅电钢反补贴等案件中，中国调查机关也使用了交叉累积评估的方法，评估倾销进口产品和补贴进口产品对中国国内产业造成的影响。

在取向性硅电钢"双反"案中，调查机关认为，根据《反倾销条例》第9条、《反补贴条例》第9条和《反倾销产业损害调查规定》第15条、第16条、《反补贴产业损害调查规定》第15条、第16条的规定，中国调查机关在考察了相关证据材料后认为：来自美国和俄罗斯的低于正常价值在中国国内销售的进口被调查产品的倾销幅度不小于2%，来自美国的受到美国政府补贴支持的被调查产品的补贴金额不属于微量补贴，并且来自美国和俄罗斯的进口被调查产品数量均不属于可忽略不计的范围；根据来自美国和俄罗斯的被调查产品之间以及被调查产品与中国国内同类产品之间的竞争条件，进行累积评估是适当的。❷

但是在白羽肉鸡"双反"案、汽车"双反"案、马铃薯淀粉"双反"案

---

❶ 单一. WTO 框架下补贴与反补贴法律制度与实务［M］. 北京：法律出版社，2009：271.
❷《中华人民共和国商务部关于原产于美国和俄罗斯的进口取向性硅电钢反倾销调查及原产于美国的进口取向性硅电钢反补贴调查的最终裁定》，商务部公告 2010 年第 21 号。

以及对美、对欧两起多晶硅"双反"案中，中国调查机关并没有对倾销进口和补贴进口对中国国内产业的损害进行交叉累积评估。

（二）当前实践

在 2014 年后进行的"双反"案中，中国调查机关已经放弃了交叉累积评估的做法。在干玉米酒糟反补贴案和邻氯对硝基苯胺反补贴案中，做法也略有不同。

在干玉米酒糟反补贴案中，由于反补贴调查仅针对美国进口的被调查产品，因此在最终裁定中既没有累积评估的内容，也没有交叉累积评估的内容。此外，在因果关系调查部分中，也没有提及同时进行的针对同一被调查产品的反倾销调查确定的倾销进口对中国国内产业造成损害这一中国调查机关已知因素的影响。[1]

在邻氯对硝基苯胺反补贴案中，由于反补贴调查仅涉及印度涉案进口产品，因此中国调查机关也没有进行累积评估。并且与干玉米酒糟反补贴案相同，中国调查机关也没有采用交叉累积评估的调查方法。与干玉米酒糟反补贴案不同的是，在因果关系调查部分，中国调查机关指出，"认定来自印度的倾销进口邻氯对硝基苯胺与国内产业受到的实质损害之间存在联系，但也不能否定补贴进口产品与国内产业受到实质损害之间的因果关系。"[2] 作为非归因调查的一部分，中国调查机关考虑了倾销进口产品对中国国内产业状况的影响。在措辞上，中国调查机关使用了倾销进口产品与中国国内产业之间"存在联系"，似乎意指经过分别考虑涉案进口产品中的倾销因素和补贴因素，补贴因素所导致的中国国内产业实质损害因果关系似为更加主要的因素。

三、美国执行世贸组织争端解决裁决的做法

在世贸组织争端解决上诉机构对美国碳钢案（US-Carbon Steel）作出裁

---

[1] 《中华人民共和国商务部对原产于美国进口干玉米酒糟反补贴调查的最终裁定》，商务部公告 2016 年第 80 号。

[2] 《中华人民共和国商务部关于原产于印度的进口邻氯对硝基苯胺反补贴调查的最终裁定》，商务部公告 2018 年第 18 号。

决之后，美国和印度商定了 15 个月的合理执行期，以便美国修改法律并调整涉诉裁决。

美国国际贸易委员会于 2016 年 3 月 7 日发布了对印度热轧钢反补贴案美国国内产业损害部分重新调查的裁决。美国商务部随后也发布了相应的补贴调查结果和反补贴税率的计算情况。美国认为，已经完全地执行了上诉机构的裁决。

在美国重新发布的损害裁决中，美国调查机关对反补贴调查涉及的五个来源的涉案进口进行了累积评估，并未继续使用交叉累积评估的做法。其后在非归因分析部分，美国调查机关也没有分析倾销进口因素对美国国内产业损害的影响。❶

但印度于 2017 年 6 月向世贸组织争端解决机构提出了关于世贸组织《争端解决规则和程序的谅解》第 21.5 条项下的磋商请求。印度认为美方没有完全执行上诉机构的裁决，在多个问题上仍然违背了上诉机构的裁决和世贸组织的协定。与交叉累积评估相关的主张是，美方因果关系的分析是错误的（faulty causal link analysis）。❷

由于美国碳钢世贸争端仍未最终结束，美国国际贸易委员会当前的做法是否符合上诉机构的裁决仍未有定论。如何在符合世贸组织上诉机构裁决的情况下，进行"双反"案产业损害调查仍需进一步探索。

---

❶ Hot-Rolled Steel Products from India, Investigation No. 701-TA-405 (Section 129 Consistency Determination).

❷ Request for Consultations, Recourse to Article 21.5 Of the DSU By India, United States-Countervailing Measures on Certain Hot-Rolled Carbon Steel Flat Products From India. WT/DS436/17.

第五章　实质损害

第一节　产业损害定义及其主要分类

一、概述

世贸组织《反倾销协定》及《补贴和反补贴协定》对损害的概念以及如何开展损害调查进行了详细的规定。世贸成员应当严格按照协定要求进行反倾销调查或反补贴调查。根据中国《反倾销条例》和《反补贴条例》规定，损害是指倾销对已经建立的中国国内产业造成实质损害或者产生实质损害威胁，或者对建立中国国内产业造成实质阻碍。因此，世贸组织协定和中国法规规定了产业损害的三种主要类别，第一类是实质损害，即对已经建立的进口国国内产业造成了实质损害；第二类是实质损害威胁，即对已经建立的进口国国内产业产生了实质损害威胁；第三类是实质阻碍，即对正在建立中的进口国国内产业造成了实质阻碍。

在实践中，实质损害类型最为常见；实质损害威胁可以理解为将发而未发的实质损害，其出现概率较低；实质阻碍案例最少，尤其是在目前中国实践中尚未有实质阻碍的案件。本章中，将以实质损害为重点介绍损害调查中几个关键环节；进而说明实质损害威胁的特别之处，以及调查中的不同重点。

二、产业损害调查的主要内容

世贸组织《反倾销协定》及《补贴和反补贴协定》非常重视损害调查的规范性和严格性。世贸组织争端解决众多案例中也多次强调了损害调查的内容和纪律。

中国《反倾销条例》和世贸组织《补贴和反补贴协定》也规定了产业损害调查的主要内容：一是进口国国内同类产品和其国内产业认定；二是倾销进口产品数量对进口国国内同类产品价格的影响；三是倾销进口产品价格对进口国国内同类产品价格的影响；四是进口国国内产业状况分析。涉及实质损害威胁的调查，还应当对倾销进口产品数量和价格的变化，是否会在很短时间内确定地造成进口国国内产业实质损害进行调查和认定。

前文已经介绍了进口国国内同类产品及其国内产业等内容。在本章随后的几节中，将重点介绍涉案进口产品数量和价格对进口产品国国内同类产品价格的影响，以及涉案进口产品对该中国国内产业状况的影响。

三、产业损害的证据要求

世贸组织协定为了强调损害调查的公正性和客观性，特别要求各调查机关应当依据肯定性的客观证据，确定进口被调查产品是否存在损害性的影响。如世界贸易组织《反倾销协定》第 3.1 条要求各成员调查机关，"就《1994年关税和贸易总协定》第 6 条而言，对损害的确定应依据肯定性证据，并应包括对下述内容的客观审查"。在世贸组织争端解决美国热轧钢案中，上诉机构指出"肯定性证据"是指证据应当可信，具有真实性、客观性和可验证性等特点❶。除了肯定性证据要求之外，还要求调查机关进行"客观审查"（objective examination）❷。

中国《反倾销条例》第 8 条和《反补贴条例》第 8 条也有类似规定，要求"在确定倾销（或补贴）对国内产业造成的损害时，应当依据肯定性证据"，"对实质损害威胁的确定，应当依据事实，不得仅依据指控、推测或者极小的可能性"。

---

❶ Appellate Body Report, US—Hot-Rolled Steel, para. 192. "the word 'positive' means, to us, that the evidence must be of an affirmative, objective and verifiable character, and that it must be credible."

❷ 从世界贸易组织争端解决案例分析可以看出，有关反倾销、反补贴争端案件中产业损害调查部分的争议，绝大部分都包括"肯定性证据"和"客观审查"这两方面的内容。

四、实质损害的标准

世贸组织有关协定和中国《反倾销条例》和《反补贴条例》要求调查机关确定涉案进口产品造成了进口国国内产业的实质损害（Material Injury），才能采取相应的救济措施。可是何为实质损害，世贸组织协定和中国法规并没有给出明确具体的定义和标准。

美国《1930 年关税法》对实质损害的定义是损害不是无足轻重的（inconsequential）、不实质的（immaterial）或者不重要（unimportant）的损害。虽然这个定义有点循环论证的意味，但也说明了实质损害还是一个比较高的标准。被调查产品对进口国国内同类产品价格影响明显，且进口国国内产业状况因涉案进口产品影响而发生实质性的变化，才可能构成实质损害或实质损害威胁。

第二节　涉案进口产品数量的影响

一、概述

世贸组织反倾销和反补贴规则要求调查机关考虑进口国市场内涉案进口产品是否存在大量增加的情况，包括是否存在绝对数量的增加以及相对于进口国国内产量和消费量相对数量的增加。

相应的，中国《反倾销条例》第 8 条和《反补贴条例》第 8 条要求调查机关考虑，倾销进口产品的数量，包括倾销进口产品的绝对数量或者相对于中国国内同类产品生产或者消费的数量是否大量增加。

进口产品数量大量增加是进行后续价格影响分析和进口国国内产业状况分析的前提条件之一。没有倾销进口产品数量大量增加，则很难实质性地推导出明显的涉案进口产品造成的负面的价格影响。可以说，缺乏涉案进口产品数量造成的势能，仅仅靠涉案进口产品与进口国国内产品之间的价格差，很难令人信服地证明涉案进口产品有能力、有条件严重损害进口国国内产业。

在不能确立涉案进口产品数量影响的案件中，中国调查机关和有关利害关系方需要更多证据、更多分析说明倾销进口产品确实造成了进口国国内产业的实质损害。

世贸组织《反倾销协定》《补贴和反补贴协定》和中国《反倾销条例》《反补贴条例》都仅仅强调了倾销进口产品或补贴进口产品绝对数量和相对数量大量增加的要件。美国《1930年关税法》还要求考察被调查产品是否在进口国市场上"实质性的大量存在"（significant presence）；中国调查机关在实践中有时候也把涉案进口产品的"实质性大量存在"作为继续进行产业损害调查的条件。

二、绝对数量或相对数量的大幅增加

在实践中，世贸组织成员调查机关对涉案进口产品的绝对数量或相对数量两个指标之一进行调查和分析。如果绝对数量或相对数量中有一个存在大量增加的现象，即满足了法定要求，而不要求两个指标都存在大量增加的现象。

在中国对苯二甲酸反倾销案中，韩国6家企业提出，调查期内，被调查产品的绝对数量没有"大量增加"的情形，每年9%的增长只能称为稳定的增长而非大量增长，尤其是2007年开始，被调查产品进口增幅呈现下降趋势。同时，被调查产品的进口产品数量相对于中国国内表观消费量及同类产品生产也没有"大量增加"的情形，与中国国内同类产品占国内市场份额不断上升相比，被调查产品占有的中国国内市场份额则没有变化。因此不存在由于进口产品数量"绝对或相对大量增加"造成中国国内产业实质损害的事实。中国调查机关认为，韩国6家企业有关被调查产品"每年9%的增长"的主张与事实不符。证据显示，调查期内，被调查产品的进口数量，2005年为227.26万吨，2006年为297.59万吨，比2005年增加70.33万吨，同比增长30.95%；2007年达到327.70万吨，比2006年增加30.11万吨，增长10.12%；2005—2007年平均增幅达到20.00%。2008年1—9月进口数量为226.28万吨，比上年同期减少32.70万吨，但仍接近于2005年全年的进口

量，处于较高的水平。因此，中国调查机关认定，调查期内被调查产品进口数量总体呈大幅增长趋势。❶

在多晶硅反倾销案中，瓦克化学股份有限公司提出，在审查被调查产品的进口数量时，不能仅看进口产品的绝对数量，更应看重进口产品的相对数量。调查期内，与被调查产品的进口量相比，中国国内同类产品的产量和中国国内表观消费量的上升趋势更为明显，被调查产品进口量的增幅明显低于中国国内同类产品产量和中国国内表观消费量的增幅。在调查期内，中国国内同类产品的市场份额迅速上升，而被调查产品的市场份额呈明显下降趋势。因此，相对于中国国内同类产品生产或消费数量，被调查产品相对进口量没有大量增加反而呈下降趋势。因此，不存在由于进口产品数量相对增加造成中国国内产业实质损害的事实。中国调查机关认为，中国商务部《反倾销产业损害调查规定》规定，中国调查机关对倾销进口产品数量的审查，包括倾销进口产品的绝对数量是否大量增加，或相对于中国国内同类产品生产或消费数量是否大量增加。该案中，中国调查机关已对倾销进口产品绝对数量和相对数量是否增长进行了考查，倾销进口产品进口绝对数量大幅增长是客观的事实，中国调查机关据此判断损害是否存在符合法律的规定。❷

在对美国取向性硅电钢反补贴案中，中国调查机关认为根据中华人民共和国海关统计数据，2006年、2007年、2008年和2009年一季度来自于美国和俄罗斯的被调查产品进口数量分别为83836.87吨、84600.39吨、135900.00吨和19400.00吨。2007年比2006年增长0.91%；2008年比2007年增长60.64%，增长幅度比2007年上升59.73个百分点；2009年一季度被调查产品进口数量继续大幅增长，比上年同期增长23.57%。调查期内，被调查产品进口量呈逐年大幅上升趋势。❸

---

❶ 《中华人民共和国商务部关于原产于韩国和泰国的进口对苯二甲酸反倾销调查的最终裁定》，商务部公告2010年第47号。

❷ 《中华人民共和国商务部对原产于欧盟的进口太阳能级多晶硅反倾销调查的最终裁定》，商务部公告2014年第25号。

❸ 《中华人民共和国商务部关于原产于美国和俄罗斯的进口取向性硅电钢反倾销调查及原产于美国的进口取向性硅电钢反补贴调查的最终裁定》，商务部公告2010年第21号。

在邻氯对硝基苯胺反补贴案中，中国调查机关认为2013—2015年，自印度进口的邻氯对硝基苯胺数量分别为1607吨、2282吨、2231吨，2014年比2013年增长了42%，2015年比2014年下降了2.23%，2016年1—9月进口数量为1918吨，比上年同期增长了23.03%。损害调查期内，原产于印度的进口邻氯对硝基苯胺进口数量大幅增加。2013—2015年累积增加624吨，增长38.83%。❶

三、相对进口数量的确定

世贸组织《反倾销协定》及《补贴和反补贴协定》规定了考察相对进口数量的两种方法，即考察涉案进口相对于进口国产量的相对增长情况，以及相对于进口国消费的相对增长情况。

类似的，中国《反倾销条例》第8条第1款和《反补贴条例》第8条第2款规定，相对进口数量的确定，应当以倾销或补贴进口产品数量相对于中国国内同类产品生产或者消费的数量来确定。

（一）相对于进口国国内同类产品消费的数量比例

在实践中，中国调查机关通常考虑被调查产品进口数量相对于进口国国内同类产品消费数量的变化，以确定被调查产品是否存在大量增加的情况。中国商务部有时也考虑涉案进口产品在中国市场的市场份额，用于佐证相对进口增长的分析。

表观消费量=国内总产量+进口总量−出口总量。通常在无法直接取得市场消费数量时，中国调查机关会把表观消费量作为市场消费数量的一个替代性指标。

在丙烯酸酯反倾销案中，中国调查机关认为调查期内，韩国、马来西亚、新加坡和印度尼西亚四国向中国国内出口丙烯酸酯数量呈大幅上升趋势。据中国海关统计，1998年、1999年、2000年和2001年上半年，四国向中国国

---

❶ 《中华人民共和国商务部关于原产于印度的进口邻氯对硝基苯胺反补贴调查最终裁定》，商务部公告2018年第18号。

内出口丙烯酸酯合计数量分别为 10722.04 吨、37182.84 吨、67671.95 吨和 53218.18 吨。1999 年、2000 年和 2001 年上半年分别比上年同期增长 246.79%、82% 和 93.95%；被调查产品的进口增长幅度比同期中国国内丙烯酸酯的表观消费量增长幅度分别高 209.94、56.9 和 64.37 个百分点。❶

在己内酰胺反倾销案中，中国调查机关认为调查期内，随着进口产品数量的增长，被调查产品所占中国国内市场份额不断上升。2007 年、2008 年和 2009 年分别为 18.15%、21.19% 和 26.18%。2008 年和 2009 年市场份额分别比上年增加 3.05 和 4.99 个百分点。被调查产品的绝对进口数量由 2007 年的 14.09 万吨增至 2009 年的 24.60 万吨，年平均增长率达 32.14%，高于中国国内表观需求量的增幅；所占中国市场份额由 2007 年的 18.15% 提高到 2009 年的 26.18%，累计增长了 8.03 个百分点。❷

在未漂白牛皮箱纸板反倾销案中，中国调查机关发现 2001 年、2002 年和 2003 年被调查国家（地区）向中国大陆出口的被调查产品数量不断增加，但由于调查期内表观消费量增长更快，因此被调查产品占中国大陆市场份额有所减少。❸

在干玉米酒糟反补贴案中，中国调查机关认为中国干玉米酒糟的表观消费量在损害调查期内保持增长，2012 年、2013 年、2014 年和 2015 年 1—9 月分别为 572.57 万吨、744.71 万吨、872.98 万吨和 751.46 万吨。2013 年比 2012 年增长 30.07%，2014 年比 2013 年增长 17.22%，2015 年 1—9 月比上年同期增长 0.92%。损害调查期内，中国干玉米酒糟的表观消费量呈逐年上升趋势，且被调查产品进口数量的增幅远远超过表观消费量的增长。❹

---

❶ 《中华人民共和国关于对原产于韩国、马来西亚、新加坡和印度尼西亚的进口丙烯酸酯反倾销调查的终裁决定》，商务部公告 2003 年第 3 号。

❷ 《中华人民共和国商务部关于对原产于欧盟和美国的进口己内酰胺反倾销调查的最终裁定》，商务部公告 2011 年第 68 号。

❸ 《中华人民共和国商务部关于对原产于美国、泰国、韩国和台湾地区的进口未漂白牛皮箱纸板反倾销调查的最终裁定》，商务部公告 2005 年第 60 号。

❹ 《中华人民共和国商务部对原产于美国的进口干玉米酒糟反补贴调查的最终裁定》，商务部公告 2016 年第 80 号。

（二）市场份额

中国商务部常常会结合被调查产品在中国市场中市场份额、涉案进口产品占总产品进口量比例的变化，论证涉案进口产品数量大量增长的情况。涉案进口产品在中国国内市场份额，或许可以近似理解为涉案进口产品相对于中国国内消费数量的比例。

在己二酸反倾销案中，中国调查机关发现，据中华人民共和国海关统计，调查期内，来自美国、欧盟和韩国的进口己二酸数量呈增长态势。2005 年为 9.19 万吨；2006 年为 11.88 万吨，比 2005 年增长了 29.27%；2007 年为 19.18 万吨，比 2006 年增长了 61.48%；2008 年上半年比上年同期微降了 0.58%，但仍处于较高水平，2008 年上半年的进口数量超过了 2005 年全年的进口数量，占中国己二酸进口总量的比例也比上年同期明显增长，达到了 83.89%。自 2005 年以来，被调查产品进口数量在中国己二酸进口总量中一直占据很高的比例，并且呈现持续上升趋势。调查期内，三国（地区）进口所占中国己二酸进口总量的比例 2005 年为 64.42%；2006 年为 65.14%，2007 年达到 69%，2008 年上半年更大幅上升至 83.89%。调查期内，被调查产品占中国国内市场份额呈持续上升趋势。2005 年为 26.42%，2006 年为 30.94%，比 2005 年增加了 4.52 个百分点；2007 年为 39.92%，比 2006 年增加了 8.98 个百分点；2008 年上半年为 37.63%，比 2007 年上半年增加了 0.29 个百分点。被调查产品在中国市场所占份额处于较高水平。❶

在 X 射线安检设备反倾销案中，中国调查机关发现，调查期内，被调查产品的进口数量呈持续快速增长趋势。据中国海关统计，2006 年、2007 年和 2008 年被调查产品进口数量分别为 179 台、271 台和 336 台，2007 年比 2006 年增长 51.40%，2008 年比 2007 年增长 23.99%。调查期内，被调查产品进口数量占中国国内 X 射线安全检查设备总进口数量的比例呈持续上升趋势。2006 年、2007 年和 2008 年分别为 40.41%、41.76% 和 44.39%，2007 年比

---

❶ 《中华人民共和国商务部关于原产于欧盟、美国和韩国的进口己二酸反倾销调查的最终裁定》，商务部公告 2009 年第 78 号。

2006 年上升 1.35 个百分点，2008 年比 2007 年上升 2.63 个百分点。调查期内，被调查产品占中国国内市场份额呈逐年上升趋势。2006 年、2007 年和 2008 年分别为 10.72%、14.66% 和 15.92%，2007 年比 2006 年上升 3.94 个百分点，2008 年比 2007 年上升 1.26 个百分点。❶

在白羽肉鸡反倾销和反补贴案中，中国调查机关发现，根据中华人民共和国海关统计数据，2006 年、2007 年、2008 年和 2009 年上半年被调查产品进口数量分别为 39.69 万吨、52.02 万吨、58.43 万吨和 30.56 万吨。2007 年和 2008 年分别比上年增长了 31.06% 和 12.34%，2009 年上半年比上年同期进一步增长了 6.54%。调查期内，被调查产品进口数量呈持续增长趋势。调查期内，被调查产品进口数量所占中国同类产品总进口数量的比例总体呈上升趋势，并且处于较高水平。2006 年、2007 年、2008 年和 2009 年上半年分别为 68.64%、66.21%、73.09% 和 89.24%。2007 年有所下滑，2008 年起开始反弹，2009 年上半年占据了中国国内主要进口市场。调查期内，随着进口数量的持续增长，被调查产品所占中国国内市场份额在不断提高。2006 年、2007 年、2008 年和 2009 年上半年分别为 7.04%、8.42%、8.87%、10.96%。2009 年上半年的市场份额比 2006 年提高了 3.92 个百分点。❷

就市场份额的分析而言，其并非国际规则和中国法规规定的调查项目。并且考虑到市场库存等因素的存在，产品销售数量并不能等同于进口国的消费数量。因此就笔者看来，市场份额的分析适合作为辅助性的考察内容，并不适合单独作为涉案产品进口数量分析的调查内容和结论。

（三）相对于进口国国内同类产品的产量比例

有时，在损害调查期内进口国国内同类产品的产量也呈快速增长的态势。因此，倾销进口产品绝对数量的大量增长，已经符合法定要求，通常不再对倾销进口产品数量相对于进口国国内同类产品的产量是否存在大量增长进行

---

❶ 《中华人民共和国商务部关于原产于欧盟的进口 X 射线安全检查设备反倾销调查的最终裁定》，商务部公告 2011 年第 1 号。

❷ 《中华人民共和国商务部关于原产于美国的进口白羽肉鸡产品反倾销调查的最终裁定》，商务部公告 2010 年第 51 号。

分析和考虑。例如前述对欧盟多晶硅反倾销案中，虽然倾销进口产品的绝对数量大量增长，但是进口国国内同类产品产量和国内表观消费量的上升趋势更为明显，而被调查产品进口数量增幅明显低于进口国国内同类产品产量和进口国国内表观消费量的增幅。

四、排除未以倾销或补贴价格销售的进口

世贸组织协定要求，在讨论进口产品数量对进口国国内同类产品价格的影响以及进一步对进口国国内产业状况的影响时，各调查机关应当仅仅考虑倾销或补贴进口产品的数量，即需要排除未以倾销或补贴价格销售的进口产品数量。

在氨纶反倾销案中，日本旭化成纺织有限公司、日本 OPELONTEX 公司、美国旭化成氨纶公司提出，中国调查机关在产业损害终裁中，应把倾销幅度裁定为零的国外（地区）生产商或出口商的进口产品排除在倾销进口产品之外。根据调查结果，按照《反倾销条例》第 8 条的规定，中国调查机关决定采纳利害关系方的有关意见，在该案产业损害调查的终裁中，在确定倾销对中国大陆产业损害时，倾销进口被调查产品的进口量、市场份额和进口价格等相关数据中已不包含倾销幅度裁定为零的国外（地区）生产商或出口商的进口数据。❶

另一个值得讨论的是，如果在抽样调查选取的样本企业出现微量倾销幅度的情况下，如何确定所有企业中倾销或补贴进口数量的问题。在欧盟对原产于挪威的进口三文鱼反倾销调查中，欧盟调查机关在裁定了部分被抽样的涉案企业不存在倾销，但并未处理抽样样本中其他未被单独审查的涉案应诉企业的倾销进口数量。因此在涉案进口数量认定方面被世贸组织争端解决专家组认定为非法。目前，在中国实践中尚未出现此类案例❷。

---

❶ 《中华人民共和国商务部关于原产于日本、新加坡、韩国、台湾地区和美国的进口氨纶反倾销调查的终裁决定》，商务部公告 2006 年第 74 号。

❷ 在世贸组织争端解决案例中已有类似裁决。

五、确定涉案进口数量的几种特殊方法

在有些案件中，被调查产品仅仅是其归属的海关税号中的一部分，甚至是较小的部分。这时，就很难通过税则号利用海关统计获得相关的涉案进口产品数量。在中国实践中，中国调查机关认可了相关利害关系方提出的一些特殊方法，用以统计或估计被调查产品的进口数量。

（一）价格区间估算法

在日本、韩国核苷酸类食品添加剂反倾销案中，被调查产品仅仅是其所属海关税则号中的一小部分产品。由于该税则号内部产品较多，价格差异明显。因此，中国申请企业提出用价格区间的方法估算倾销进口的被调查产品数量。他们根据中国海关相关税则号下的逐笔交易资料，按照日本、韩国核苷酸食品添加剂出口到中国的价格进行筛选的方法，推算出被调查产品进口数量。

该案日本和韩国部分生产商和出口商，对申请人推算的被调查产品进口数量提出异议。中国调查机关对应诉方提供的信息予以了充分考虑。但应诉方并没有与中国调查机关充分合作。虽经调查机关敦促，最终只有韩国大象株式会社回答调查机关的问卷。由于应诉方提供的信息不完整，以致中国调查机关不能从应诉方获得进口被调查产品完整准确的信息来判断其所提供进口数量的准确性。中国调查机关在与日本驻华使馆的两次约见中，均指出被诉企业不合作的影响，但没有得到日方的积极回应。

来自核苷酸类食品添加剂用户企业的信息表明，其所提供的进口数量与中国国内产业提供的数据非常接近；中国调查机关同时注意到日本和韩国承认出口到中国的被调查产品占中国进口的绝大部分，综合以上信息印证了中国国内产业提供的被调查产品进口量的准确性。因此，中国调查机关认为申请人提供的进口数量数据是依据中国权威的海关统计推算的；结论符合中国下游产业的消费能力。❶

---

❶ 《中华人民共和国商务部关于对原产于日本、韩国的进口核苷酸类食品添加剂反倾销调查的最终裁定》，商务部公告 2006 年第 24 号。

（二）数量扣减法

在有机硅反倾销案中，被调查产品进口分别属于中国进出口税则三个税则号，但都仅仅是三个相关税则号中的一部分。由于没有被调查产品的专门税则号，中国调查机关无法直接从中国海关的统计中得到被调查产品的进口数据。调查过程中，中国国内产业提出采用中国国内市场需求量减去国内同类产品在国内的销售量得出被调查产品进口数量的方法。中国调查机关对中国氟硅有机材料工业协会提供的调查期内中国国内同类产品市场需求量进行了考证，并向部分下游企业发放了专门针对消费量的调查问卷。经核实，企业答卷与中国氟硅有机材料工业协会提供的数据基本吻合。中国调查机关还向其他相关企业和组织进行了调查，进一步印证了中国氟硅有机材料工业协会提供数据的准确性。通过以上调查，中国调查机关对中国氟硅有机材料工业协会提供的市场需求量的数据予以采信。❶

在 PBT 树脂反倾销案中，中国调查机关发现，PBT 树脂列在《中华人民共和国海关进出口税则》39079900 税则号项下，该税则号项下不仅包括 PBT 树脂，还包括各种改性 PBT 树脂及其他初级形状的饱和聚酯。该案申请调查进口产品为该税则号项下的 PBT 树脂，但不包括该税则号项下的各种改性 PBT 树脂及其他初级形状的饱和聚酯。中国调查机关无法直接从海关统计中得到被调查产品的进口数据。该案申请人在申请书中提出，采用中国大陆市场需求量减去中国大陆同类产品产量，再加上中国大陆同类产品出口量，得出被调查产品进口数量。在该案初裁前和初裁后的调查中，没有利害关系方对这种方法提出异议。因此，中国调查机关接受申请人关于被调查产品进口数量计算方法的意见。❷

---

❶ 《中华人民共和国商务部关于对原产于日本、美国、英国和德国的进口初级形态二甲基环体硅氧烷反倾销调查的最终裁定》，商务部公告 2005 年 123 号。

❷ 《中华人民共和国商务部关于对原产于日本和台湾地区的进口 PBT 树脂反倾销调查的最终裁定》，商务部公告 2006 年 42 号。

（三）答卷数据合计法

在浆粕反倾销案中，该案被调查产品范围归在中国海关 47020000、47061000 和 47063000 三个税则号项下，该税则号项下的进口数据包括被调查产品和非被调查产品，中国调查机关无法从海关数据中直接获得被调查产品进口数据。

因此，中国调查机关向国内醋酸纤维浆粕进口商发放了《醋酸纤维浆粕补充调查问卷》，分别收集了以上税则号项下的醋酸纤维浆粕进口数据。共有 3 家进口商递交了补充调查问卷答卷，中国调查机关向醋酸纤维浆粕国外生产者和国内进口商了解到，已知的中国国内醋酸纤维浆粕进口商仅为上述 3 家公司，因此中国调查机关采用此 3 家公司的数据代表中国国内醋酸纤维浆粕产品的进口数据。

根据《醋酸纤维浆粕补充调查问卷》答卷的回收数据，中国调查机关计算出调查期内中国国内醋酸纤维浆粕的进口数据。调查期内，中国国内醋酸纤维浆粕总进口量 2010 年为 11.42 万吨，2011 年为 12.20 万吨，2012 年为 12.45 万吨。

中国调查机关发放了《国外（地区）生产者/出口商第二次补充调查问卷》。共有 8 家国外生产者递交了答卷。根据《国外（地区）生产者/出口商第二次补充调查问卷》答卷的回收数据，中国调查机关计算得到税则号 47020000、47061000 和 47063000 项下的非被调查产品进口数据。❶

（四）海关交易核算法

在 2018 年邻氯对硝基苯胺反补贴案中，中国调查机关发现，立案公告列举的税则号 29214200 中包括被调查产品及其他产品。中国调查机关查询该税则号下的海关进口数据，并与中国邻氯对硝基苯胺产品的消费情况进行比较。中国调查机关发现，整个税则号下的进口产品数量比较大，除包括被调查产

---

❶ 《中华人民共和国商务部关于原产于美国、加拿大和巴西的进口浆粕反倾销调查的最终裁定》，商务部公告 2014 年 18 号。

品外，还包括其他产品，且总进口量远高于中国邻氯对硝基苯胺产品的需求量。申请人向中国调查机关提交了被调查产品的进口数据，数据基础为29214200 税则号下所有海关数据，通过按产品名称检索筛选，获得逐笔进口的数量和价格数据。在初裁中，中国调查机关审核了申请人进口数据的来源和筛选办法，并参考在调查中获得的应诉公司对中国出口数据。中国调查机关认为，税则号 29214200 的进口数量远高于中国邻氯对硝基苯胺产品的需求量，不能体现进口被调查产品的真实情况。同时，应诉公司仅是中国自印度进口的多家公司中的一家，其出口量与中国自印度总进口量相差较大。在初裁中，中国调查机关认为，申请人提交的进口数据比较真实地反映了被调查产品的进口情况，是调查中可获得的最佳信息。❶

六、其他相关问题

（一）加工贸易问题

加工贸易是中国外贸政策之一，其特点是在境内关外设置加工保税区进行进料或来料加工然后出口的贸易行为。在贸易救济实践中，常常涉及进口被调查产品用于加工贸易的问题。

在间苯二酚反倾销调查中，住友化学株式会社提出，一般贸易之外的其他贸易方式进口的目的在于再出口，并未进入中国商业，与中国国内同类产品不构成竞争，不应计入被调查产品的进口数量。申请人评论意见认为：第一，根据中国法律法规规定，除一般贸易外的其他贸易方式的进口产品均属"进口货物"范畴。第二，世界贸易组织规则和中国相关法律法规规定的反倾销调查审查对象为"倾销进口产品"，并未明确要求排除一般贸易以外的其他进口。第三，通过加工贸易等方式进口的被调查产品与中国国内产业同类产品存在竞争关系，同样会对中国国内产业造成影响和冲击，不应从被调查产品进口数量中排除。

---

❶ 《中华人民共和国商务部关于原产于印度的进口邻氯对硝基苯胺反补贴调查的最终裁定》，商务部公告 2018 年第 18 号。

中国调查机关认为：第一，根据《反倾销条例》第 8 条和《反倾销产业损害调查规定》第 5 条、第 6 条，中国调查机关在确定倾销对中国国内产业造成的损害时，应当对倾销进口产品的数量进行审查。无论以何种贸易方式进口的被调查产品，只要存在倾销，均属于倾销进口产品。第二，中国海关统计数据显示，调查期内以非一般贸易方式进口的被调查产品绝大部分通过加工贸易方式进口，即被中国国内下游企业用作生产原料。以非一般贸易方式进口的被调查产品已经进入中国国内市场，与市场上存在的其他间苯二酚产品存在竞争，并非住友化学株式会社所主张的"未进入中国商业"。第三，中国国内下游企业可以自行选择通过各种方式采购所需的间苯二酚。各方产业损害调查问卷答卷和下游用户使用意见反馈报告等证据显示，部分下游生产企业同时通过一般贸易方式、非一般贸易方式进口被调查产品或购买中国国内同类产品。因此，以非一般贸易方式进口的被调查产品与中国国内同类产品在中国国内间苯二酚市场上存在竞争。中国调查机关认定，住友化学株式会社关于以非一般贸易方式进口的被调查产品不应计入进口数量的主张缺乏事实和法律依据。中国调查机关决定仍基于全部倾销进口产品的数量进行评估。❶

在单丁醚反倾销案中，伊士曼化工公司提出，一般贸易并不占被调查产品进口数量的主要部分，占全部进口数量的比例大多低于 50%，因此，被调查产品进口数量的增长，实质上是其他贸易方式进口的增长，没有必要对仅占有较小比例的一般贸易进口征收反倾销税。伊士曼化工公司还提出，被调查产品在绝对数量上增长并不大，不存在世贸组织《反倾销协定》第 3.2 条中所定义的"大幅"增长。

中国调查机关认为，以一般贸易或加工贸易形式进口的被调查产品，数量均应包含在被调查产品进口量之内，不能排除不同贸易形式的被调查产品与中国国内生产的乙二醇和二甘醇的单丁醚之间的竞争关系。该案调查期内，期末跟期初相比，被调查产品进口量增长 10.51%，份额上升 7.3 个百分点，

---

❶ 《中华人民共和国商务部关于原产于日本和美国的进口间苯二酚反倾销调查的最终裁定》，商务部公告 2013 年 13 号。

伊士曼化工公司的主张不能接受。❶

（二）涉案产品进口数量无增长

在有些案件中，进口被调查产品的绝对数量和相对数量都没有增长。在这种情况下，世贸成员调查机关的做法不尽相同。美国国际贸易委员会会考察被调查产品在美国市场的销售情况，如果能确定被调查产品实质性地占有了一部分美国市场，则也可以继续认定损害的情况。中国实践中，有些案例也很有特点。

在高性能不锈钢无缝钢管反倾销案中，住友金属工业株式会社和神钢特殊钢管株式会社主张，调查期内被调查产品绝对数量或相对数量均没有增加，因此被调查产品不可能对中国国内产业造成实质损害。欧盟驻中国和蒙古代表团贸易和投资处主张，中国调查机关需考虑是否有倾销进口产品的绝对或相对显著的增加，并认为初裁前的调查未考虑此情况。中国调查机关认为，中国调查机关对倾销进口产品的绝对数量或相对于进口成员中生产或消费的数量是否大幅增加进行了客观审查。但是这些因素中的一个或多个均未必能够给予决定性的指导。中国调查机关对于倾销进口导致的中国国内产业损害的认定，是基于中国国内产业的特点，在全面分析被调查产品进口数量和进口价格，及影响中国国内产业状况的所有相关经济因素和指标的评估的基础上作出的。❷

在间苯二酚反倾销案中，住友化学株式会社主张，2011年1—9月，被调查产品进口绝对数量和占中国国内市场份额均出现下降，不满足世界贸易组织《反倾销协定》第3.2条"大幅增长"的规定，不能据此认定实质损害。住友化学株式会社初裁评论意见还提出，中国调查机关在初裁中未对被调查产品进口数量是否"大幅增长"得出结论。日本经济产业省及日本驻华大使馆称，自日本进口被调查产品的绝对数量和与中国国内消费量相比的相对量

---

❶ 《中华人民共和国商务部关于原产于美国和欧盟进口乙二醇和二甘醇的单丁醚反倾销调查的最终裁定》，商务部公告2013年5号。

❷ 《中华人民共和国商务部关于原产于欧盟和日本的进口相关高性能不锈钢无缝钢管反倾销调查的最终裁定》，商务部公告2012年72号。

均无明显增加。

调查证据显示，2010 年，被调查产品进口绝对数量和相对数量同比均上升；2011 年 1—9 月，被调查产品进口数量在 2010 年上升 16.62% 的基础上有所下降，但较 2009 年同期上升了 7.53%，仍占据中国市场 50% 以上的市场份额。根据《反倾销条例》第 8 条和《反倾销产业损害调查规定》第 5 条、第 6 条的规定，中国调查机关在对规则要求考虑的全部因素进行综合评估的基础上，得出被调查产品进口对中国国内同类产品价格产生抑制作用，进而对中国国内产业造成实质损害的结论，符合中国法律法规的有关规定。❶

在四氯乙烯反倾销案中，欧盟代表团和陶氏德国设施公司提出，2010—2013 年进口被调查产品数量下降，不可能造成中国国内产业损害。中国调查机关认为，中国海关统计数据表明，调查期内，倾销进口产品数量在 2010 年出现激增，此后虽有下降，但一直高于 2009 年水平，且在 2013 年 1—3 月比上年同期再次激增。调查期初的 2009 年和 2010 年，倾销进口产品占据一半以上的中国国内市场份额，且份额有所上升。此后其市场份额降至 2012 年的20.33%，但调查期末的 2013 年 1—3 月回升至 30% 以上。中国调查机关认为，调查期内，倾销进口产品数量总体大量增加，且一直保持 20% 以上的市场份额，足以对中国国内产业造成损害。❷

（三）涉案进口产品在进口国市场的实质存在问题

在部分案件中，在倾销进口产品的绝对数量或相对数量并未出现大幅增长的情况下，中国调查机关会使用"仍保持较高水平""维持高位"等表述论证。但在中国法规中，没有类似美国反倾销法中规定的"实在性存在"（Significant Presence）的概念。

在铜版纸反倾销案中，中国调查机关认为，韩国、日本向中国出口的铜版纸 1999 年、2000 年、2001 年分别为 710854.72 吨、479183.74 吨和 483148.60

---

❶ 《中华人民共和国商务部关于原产于日本和美国的进口间苯二酚反倾销调查的最终裁定》，商务部公告 2013 年 13 号。

❷ 《中华人民共和国商务部关于原产于欧盟和美国的进口四氯乙烯反倾销调查的最终裁定》，商务部公告 2014 年 32 号。

吨，分别比上年增长 25.86%、下降 32.59%、增长 0.83%，年平均下降 5.07%。进口量虽波动幅度较大，但 2001 年比 2000 年略有增长。中国从上述两国进口的铜版纸在中国国内市场上所占的份额 1999 年、2000 年、2001 年分别为 41.36%、25.92%、23.78%，分别比上年下降 13.96、15.44 和 2.14 个百分点，年平均下降 10.51 个百分点。2001 年比 2000 年略有下降，但降幅较小。虽然两国被调查产品在中国国内市场的占有率呈下降趋势，但其所占的市场份额总体仍然很大。❶

在世贸组织《反倾销协定》《补贴和反补贴协定》和中国《反倾销条例》《反补贴条例》中，并没有规定涉案产品进口在进口国市场大量存在可以作为涉案产品进口对进口国国内同类产品价格造成不利影响的因素，要求进口国调查机关予以考察。在裁决中讨论分析涉案产品进口是否有实质性大量存在，进口国调查机关似无法定要求一定要进行。

（四）笔者的几个考虑

考究相关世贸组织协定和中国法规对涉案进口数量的规定，笔者认为其原意应当是根据微观经济学供求价格规律，如果出现涉案进口数量大量增加，将导致进口国市场供应数量的大量增加，原有市场供求均衡被打破，均衡价格将向下调整，故而涉案产品进口的大量增加会导致进口国国内同类产品价格的不利变化。并且通过考察世贸组织协定和中国法规对相对数量仅针对进口国国内同类产品产量和进口国消费数量两种情形的规定，也可以验证笔者上述观点，即涉案进口的增长应当足以改变市场供求均衡和均衡价格。

或许有观点认为，相关协定和法规仅仅要求调查机关考察涉案进口"是否"存在大量增加的情况。中国调查机关确认不存在涉案进口大量增加的现状，也能符合相关国际条约和法规的规定。但是如果这样理解，就很难得出涉案产品进口数量对进口国国内同类产品价格造成了明显的不利影响的结论。在不存在倾销进口绝对数量和相对数量大量增加的情况下，这就要求调查机

---

❶ 《中华人民共和国商务部关于原产于日本和美国的进口间苯二酚反倾销调查的最终裁定》，商务部公告 2003 年 35 号。

关在涉案产品价格造成对进口国国内同类产品价格的明显的不利影响部分，提供其他更有利的证据和更有说服力的分析，以确认倾销进口产品数量虽然不足，但仍能够对进口国国内同类产品价格造成明显的负面影响。此时，还可以考虑一些因素，诸如进口国国内产业是否是幼稚产业，进口国国内产业是否采取低价保量的销售策略等。

总之，涉案产品数量（绝对或相对）出现大量增加的情况，将有助于调查机关完成涉案进口对进口国国内同类产品价格影响的调查工作。如果不存在进口数量的大量增加，则需要进一步的调查和分析，构建涉案进口造成进口国国内产业实质损害的因果关系。

第三节　涉案进口产品的价格影响

一、概述

世贸组织《反倾销协定》和《补贴和反补贴协定》均要求调查机关考察涉案产品进口对进口国同类产品价格造成的影响。这种影响应当是明显的负面的影响。价格影响分析是整个损害调查的重点和难点问题。

调查机关在审查倾销或补贴进口产品对进口国国内同类产品价格的影响时，将考察与该国国内同类产品价格相比，涉案产品进口是否大幅削价销售，或者涉案产品进口是否大幅压低该国国内同类产品价格，或在很大程度上抑制该国国内同类产品本应发生的价格增长，即通常说的三种价格影响：价格削减、价格压低和价格抑制。

在实践中，中国调查机关首先会确定进口国国内同类产品的价格，被调查产品的价格，以及相应的时间区间。如果涉及价格削减的分析，还可能会涉及进口国国内同类产品价格和被调查产品价格的可比性的问题。在分析价格压低和价格抑制时，中国调查机关也会就"解释力"作出说明❶。

---

❶　有关案例参见世贸组织争端解决上诉机构报告，美国诉中国趋向性硅电钢案，DS414。

在理论上，倾销进口产品的价格影响可以是三种价格影响之一，也可以是几种同时出现，甚至可以是调查期内时间跨度上的不同价格影响的组合。此外，虽然中国《反倾销条例》和《反补贴条例》并未具体强调价格影响的程度，但是世贸组织《反倾销协定》和《补贴和反补贴协定》要求价格影响应当是明显的（significant）。

二、价格影响评估的方法

世贸组织《反倾销协定》和《补贴和反补贴协定》均没有规定对进口产品对进口国产品价格的影响进行调查分析的具体方法。中国《反倾销条例》《反补贴条例》及部门规章《反倾销产业损害调查规定》《反补贴产业损害调查规定》也没有限定调查机关进行价格影响所使用的具体方法。

在中国单丁醚反倾销案中，陶氏化学公司提出，乙二醇单丁醚和二甘醇单丁醚不是一样的产品，定价方式也不同，将乙二醇单丁醚和二甘醇单丁醚的价格以平均单价来计算不具合理性。申请人主张，陶氏化学公司的主张所涉及的实质法律问题主要包括，一是被调查产品的范围是否可以包括具有差异性的子类别产品；二是当被调查产品中的各子类别产品具有差异性时，中国调查机关在进行损害评估时的义务和方法。第二个问题，中国调查机关的审查义务仍是《反倾销协定》第 3.1 条所规定的"对肯定性结论的客观审查"，并未限制调查机关在评估损害时所应采取的具体方法。

中国调查机关分析后认为，乙二醇单丁醚与二甘醇单丁醚的物理、化学特征以及外观、用途基本相同，由同一生产装置相同的生产工艺同时产出。另外，根据申请人在《乙二醇和二甘醇的单丁醚反倾销案国内生产者调查问卷补充材料》提供的证据显示，调查期内，二者的中国国内市场销售价格很接近，且互有高低，最大差距不超过 5%，中国调查机关在实地核查中未发现乙二醇单丁醚和二甘醇单丁醚存在定价方式不同，因此调查机关认为，将乙二醇单丁醚和二甘醇单丁醚合并计算，符合实际情况。初裁后，各利害关系

方未就此提出异议，中国调查机关决定维持初裁的意见。❶

在间苯二酚反倾销案中，日本政府听证会发言材料要求中国调查机关披露价格调整方法；住友听证会发言材料要求调查机关披露调整后申请人原材料采购价格和销售成本上升比例等数据。中国调查机关认为，中国调查机关对中国申请人原材料关联采购和中国同类产品关联销售的调整方法在认定部分已进行充分说明和披露。申请人明确提出，关联交易系申请人和关联公司的母公司浙江龙盛集团股份有限公司（以下简称"龙盛集团"）内部经营性安排，属于企业核心商业敏感信息，披露相关数据可能对龙盛集团、申请人和关联公司造成严重实质性不利影响。中国调查机关经审查决定认可申请人的保密申请。❷

在高性能不锈钢管反倾销案中，欧盟驻华代表团贸易和投资处提出，初裁未披露三种产品价格削低的计算方法和计算所用到的相关价格。因而要求中国调查机关解释价格削低的计算方法，并充分公开所使用的数据来源。中国调查机关认为，首先，该案初步裁定中已明确应在同一贸易水平上对不同牌号被调查产品进口价格和中国国内同类产品价格进行比较。中国调查机关认定，中国国内同类产品出厂价格与被调查产品中国国内进口商出货价格基本属于同一贸易水平。其次，初步裁定已明确披露中国国内同类产品国内销售价格为不包含增值税、运输费用、保险费、次级销售渠道费用和其他税费的出厂价，且为加权平均价；且其数据来源于申请人补充证据资料清单第27、28、37、38、43、48、52、56、59项证据（可在中国商务部贸易救济公开信息查阅室查阅）。关于中国国内同类产品在中国销售价格的绝对数值，由于其数据来源于两家提交调查问卷答卷的中国国内生产者，考虑到利害关系方的保密请求，中国调查机关仅公开其年度加权平均价格的相对变化情况。再者，初步裁定也已披露中国调查机关是在被调查产品国外生产者提供的被调查产品价格（CIF价）的基础上，进一步考虑关税、港杂费、报关费、商检费等

---

❶　《中华人民共和国商务部关于原产于美国和欧盟的进口乙二醇和二甘醇的单丁醚反倾销调查的最终裁定》，商务部公告2013年5号。

❷　《中华人民共和国商务部对原产于日本和美国的进口间苯二酚反倾销调查的最终裁定》，商务部公告2013年第13号。

成本费用，以及中国国内进口商的代理费或佣金等合理利润，以上述 CIF 价格和其他税费的总和调整推算被调查产品中国国内进口商出货价格，以此作为与中国国内产业同类产品出厂价格可比的被调查产品进口价格。其中，被调查产品价格（CIF 价）来源于《国外生产者调查问卷答卷》，其绝对数值已在前文完全公开；关税、港杂费、报关费、商检费等成本费用具体计算费率详见申请人补充证据资料清单第 59 项证据（可在中国商务部贸易救济公开信息查阅室查阅）；中国调查机关根据提交《国内进口商问卷答卷》的所有进口商（其进口量约占被调查产品进口量的三分之二）提供的佣金和代理费率和进口金额信息，计算出被调查产品中国国内进口商的加权平均代理费或佣金费率。最后，关于价格削低的计算方法，中国调查机关在上述数据来源的基础上，使用以下计算公式：同牌号被调查产品进口价格低于同期同牌号国内产业同类产品国内销售价格的幅度＝（同期同牌号国内产业同类产品国内销售价格–同期同牌号被调查产品进口价格）/同期国内产业同类产品国内销售价格×100%。❶

在马铃薯淀粉反补贴案中，欧盟提出，中国调查机关的价格分析存在缺陷，应当将被调查产品对应的关税、反倾销税等计算在内，按此测算被调查产品进口价格已明显高于中国国内同类产品价格。中国调查机关认为：首先，该案中关于被调查产品对中国国内同类产品价格影响的分析，并不是就二者价格高低进行简单的比较，而是基于二者价格变化趋势及被调查产品进口数量的影响进行综合分析，得出被调查产品进口压低和抑制了中国国内同类产品价格的结论。其次，依据《国外生产者调查问卷答卷》中提供的价格数据测算，调查期内包含关税和反倾销税的被调查产品进口价格逐年下降，其变化趋势支持调查机关关于价格影响的结论。❷

---

❶ 《中华人民共和国商务部关于原产于欧盟和日本的进口相关高性能不锈钢无缝钢管反倾销调查的最终裁定》，商务部公告 2012 年 72 号。

❷ 《中华人民共和国商务部关于原产于欧盟的进口马铃薯淀粉反补贴调查的最终裁定》，商务部公告 2011 年 54 号。

三、价格削减

价格削减，从字面意义上来说是被调查产品在进口国市场的售价低于进口国国内同类产品的市场售价。在案件中，除了对被调查产品价格和进口国国内同类产品价格进行比较之外，世贸组织协定还要求调查机关考虑被调查产品价格如何影响进口国国内同类产品价格的问题，即对"解释力"进行说明。

（一）典型案例

1. 解释价格影响作用能力

调查机关阐述被调查产品价格如何影响进口国国内同类产品价格，即被调查产品在影响进口国国内市场价格方面的作用。

在特丁基对苯二酚反倾销案中，产业损害调查期内，倾销进口产品价格与中国国内产业同类产品价格变化趋势总体均呈现上升趋势，倾销进口产品在中国国内市场销售价格始终低于中国国内产业同类产品的价格，2010 年、2011 年、2012 年和 2013 年 1—3 月，倾销进口产品价格分别为 70.64 元/公斤、80.46 元/公斤、77.48 元/公斤和 71.18 元/公斤，而同期中国国内产业同类产品价格均在 110 元/公斤以上。因此，中国调查机关认定，产业损害调查期内，倾销进口产品价格对中国国内产业同类产品造成价格削减。[1]

根据中国海关的统计数据，产业损害调查期内，倾销进口产品数量呈持续上升趋势，2011 年比 2010 年增长 396.52%，2012 年比 2011 年增长 60.56%，2013 年 1—3 月比上年同期增长 52.65%。产业损害调查期内，倾销进口产品所占中国国内市场份额呈持续上升趋势。2010 年、2011 年、2012 年和 2013 年 1—3 月，倾销进口产品所占中国国内市场份额分别为 13.38%、56.47%、73.28%、76.84%。2011 年比 2010 年增长 43.09 个百分点，2012 年比 2011 年增长 16.81 个百分点，2013 年 1—3 月比上年同期增长 11.48 个百分点。倾销进口产品挤占了中国国内产业同类产品的市场份额。此外，广州

---

[1] 《中华人民共和国商务部关于原产于印度的进口特丁基对苯二酚反倾销调查的最终裁定》，商务部公告 2014 年 57 号。

泰邦食品科技有限公司内部价格报告等证据显示，倾销进口产品在中国国内市场销售价格低于中国国内同类产品，对中国国内产业生产经营造成了影响。因此，综合考虑上述调查期内倾销进口产品数量和价格因素，中国调查机关认定，产业损害调查期内，倾销进口产品能够对中国国内同类产品价格等产生影响。❶

在四氯乙烯反倾销案中，中国调查机关也提及了价格影响可能产生的途径。"调查机关在实地核查中收集到的部分国内生产企业与下游用户的供货协议显示，进口产品价格是国内产业同类产品定价的参照因素。"❷

在邻氯对硝基苯胺反补贴案中，中国调查机关认为，被调查产品属于需求量有限的中间体产品，国内用户群体和需求基本稳定，化工行业的竞争模式，如价格透明，交易便利、低毛利、进入门槛低等，导致下游用户选购产品时，对价格异常敏感。调查期内，除2013年外，2014年至损害调查期末被调查产品价格比中国国内产业同类产品价格每吨低3.45%～14.44%。与化工行业利润率相比，该价差足以影响下游客户的采购选择。中国调查机关注意到，中国国内产业的调价报告中指出，用户要求中国国内产业根据被调查产品报价降低同类产品的售价。❸

2. 分型号认定价格影响

在高性能不锈钢管反倾销案中，中国调查机关在同一贸易水平上对被调查产品价格和中国国内同类产品价格进行了分牌号考察。TP347HFG牌号被调查产品仅在2008年有少量进口，无法对该牌号被调查产品的进口量进行年度间变化率的比较分析。尽管该牌号被调查产品进口价格高于同期中国同类产品在中国国内销售的价格，但与同牌号中国同类产品的中国国内销量相比，被调查产品的进口量极少。因此，TP347HFG牌号被调查产品进口对中国国内同类产品国内销售价格的实质影响有限。与同牌号被调查产品相比，

---

❶ 《中华人民共和国商务部关于原产于印度的进口特丁基对苯二酚反倾销调查的最终裁定》，商务部公告2014年57号。

❷ 《中华人民共和国商务部关于原产于欧盟和美国的进口四氯乙烯反倾销调查的最终裁定》，商务部公告2014年32号。

❸ 《中华人民共和国商务部关于原产于印度的进口邻氯对硝基苯胺反补贴调查的最终裁定》，商务部公告2018年第18号。

TP310HNbN 牌号中国国内同类产品仅在 2009 年和 2010 年有少量销售。因此，价格对比应考虑被调查产品进口与中国同类产品销售之间的数量差异。中国调查机关注意到，2009 年和 2010 年，该牌号被调查产品进口数量和中国同类产品销售量均存在相似的数量差异因素。调查表明，2009 年，该牌号被调查产品所占中国国内市场份额在 99% 以上；同牌号被调查产品进口数量远大于中国同类产业国内销售量；同期该牌号被调查产品进口价格高于中国同类产品中国国内销售价格 10% 以上。而 2010 年，被调查产品进口量大幅下降，当年该牌号被调查产品中国国内市场份额仍维持在 99% 以上；同牌号被调查产品进口数量仍远大于中国同类产业国内销售量；而当年被调查产品进口价格也大幅下降，但降至低于中国同类产品国内销售价格 50% 以上的水平。综上，与 2009 年相比，2010 年该牌号被调查产品进口数量和中国同类产品销售量均存在前述相似的数量差异因素，而当年该牌号的被调查产品进口价格却大幅下降，远低于中国同类产品国内销售价格。因此，中国调查机关认定，2010 年，TP310HNbN 牌号被调查产品的大量低价销售对中国国内产业同类产品国内销售价格有较明显的削减作用。

调查期内各年度，S30432 牌号被调查产品进口量占各牌号被调查产品进口总量的比例在 70% 以上，占同牌号产品中国国内市场份额接近或超过 90%，且该牌号被调查产品进口价格均低于同期中国同类产品国内销售价格，2008—2010 年，该牌号被调查产品进口价格低于同期中国同类产品国内销售价格的幅度在 3%～28% 之间。2011 年 1—6 月，该牌号被调查产品进口价格低于同期中国国内产业同类产品国内销售价格的幅度 15% 以上。因此，中国调查机关认定，调查期内，S30432 牌号被调查产品进口对中国同类产品国内销售价格产生较明显的削减作用。综合考虑上述因素，中国调查机关认为，调查期内，整体而言，被调查产品占中国国内市场份额处于较高水平，被调查产品进口对中国同类产品的销售价格具有较大的影响力。被调查产品进口对中国同类产品价格产生了较明显的削减作用。❶

---

❶ 《中华人民共和国商务部关于原产于欧盟和日本的进口相关高性能不锈钢无缝钢管反倾销调查的最终裁定》，商务部公告 2012 年 72 号。

3. 分时段认定价格影响

在甲苯胺反倾销案中，中国调查机关认为倾销进口产品与中国同类产品价格上存在竞争，调查期内，倾销进口产品进口数量总体大幅增加，2010—2011年，倾销进口产品价格低于中国同类产品价格。据此，中国调查机关认定，倾销进口产品对中国国内产业同类产品价格产生了削减作用。❶

在四氯乙烯反倾销案中，中国调查机关认为调查期内，倾销进口产品价格与中国同类产品价格波动明显且变化趋势一致，2009—2011年均大幅上升，2012年及2013年1—3月均大幅下降。2009年，倾销进口产品价格和中国同类产品价格水平基本相当，倾销进口产品占据了50%以上的中国国内市场份额。2010年，倾销进口产品价格低于中国同类产品，对中国同类产品造成价格削减。2011年，倾销进口产品价格大大高于中国同类产品，未对中国同类产品价格造成价格削减，也未压低或抑制中国国内产业同类产品价格。2012年，倾销进口产品数量减少，市场份额降低，价格为5989.52元/吨，比2011年大幅下降59.15%。中国国内产业同类产品价格为4947.25元/吨，比2011年下降47.31%。中国调查机关注意到，倾销进口产品数量虽然有所减少，但仍维持20.33%的市场份额。其价格虽仍高于中国同类产品，但二者价差与2011年相比大幅收窄。

中国调查机关注意到，阿科玛大金公司和欧盟驻华代表团对2012年倾销进口产品价格对中国国内产业同类产品价格的作用提出了不同意见。为此，中国调查机关在初步裁定后进一步收集了倾销进口产品和中国国内产业同类产品价格的季度数据，并重点针对与倾销调查期重合的2012年4月至2013年3月共4个季度中的价格影响进行了分析。事实表明，2012年4月至2013年3月，倾销进口产品价格总体大幅下降，并在调查期的最后两个季度对中国同类产品造成价格削减。

2012年至2013年3月倾销进口产品的大幅降价和削价行为对中国国内市场造成了严重冲击，并对中国同类产品价格产生了直接作用和影响。中国国

---

❶ 《中华人民共和国商务部关于原产于欧盟的进口甲苯胺反倾销调查的最终裁定》，商务部公告2013年44号。

内产业为减少和避免产能闲置损失，减轻库存压力，实现一定水平的开工率和销售量，被迫降低中国同类产品价格。中国调查机关在实地核查中收集到的部分中国生产企业与下游用户的供货协议显示，进口产品价格是中国同类产品定价的参照因素。❶

（二）价格可比性

由于在价格削减的影响分析中，涉及被调查产品价格和进口国国内同类产品价格的直接比较，有时更需要进行数学运算，因此调查机关注重对二者能否直接比较等可比性的分析。在世贸组织争端解决裁决，多次强调了在认定价格削减的调查中，中国调查机关应当确保被调查产品和进口国同类产品的价格可比性❷。

在前述高性能不锈钢管反倾销案中，为保证可比性，中国调查机关分牌号对被调查产品和中国国内同类产品的价格进行了比较。同时，还考虑了贸易环节和贸易水平、销售数量差异等影响价格可比性的因素。

在甲苯胺反倾销案中，中国调查机关认为，中国调查机关认定的倾销进口产品价格和中国国内产业同类产品价格均为在中国国内市场上首次销售给非关联客户的价格，具有可比性。❸

在特丁基对苯二酚反倾销案中，中国调查机关认为调整后的倾销进口产品价格和中国同类产品出厂价格基本属于同一贸易水平，具有可比性。因此，中国调查机关决定采用调整后的倾销进口产品价格和中国同类产品价格进行价格影响分析。❹

在干玉米酒糟反补贴案中，中国调查机关指出进行价格比较时，为确保两者具有可比性，应在同一贸易水平上对补贴进口价格和中国同类产品价格

---

❶ 《中华人民共和国商务部关于原产于欧盟和美国的进口四氯乙烯反倾销调查的最终裁定》，商务部公告 2014 年 32 号。

❷ 世贸组织争端解决上诉机构报告，中国取向性硅电钢案，DS414 等。

❸ 《中华人民共和国商务部关于原产于欧盟的进口甲苯胺反倾销调查的最终裁定》，商务部公告 2013 年 44 号。

❹ 《中华人民共和国商务部关于原产于印度的进口特丁基对苯二酚反倾销调查的最终裁定》，商务部公告 2014 年 57 号。

进行比较。中国调查机关认定，补贴进口产品中国国内进口清关价和中国同类产品出厂价格基本属于同一贸易水平，二者均不包含增值税、内陆运输费用、保险费用和次级销售渠道费用等费用。中国调查机关在中国海关提供的被调查产品 CIF 价的基础上，进一步考虑了调查期内汇率和关税税率，对被调查产品进口价格进行了调整。将调整后的被调查产品进口价格作为补贴进口价格。汇率根据中国人民银行公布的当年各月度平均汇率算术平均得出。❶

在邻氯对硝基苯胺反补贴案中，中国调查机关认为，调查机关在采用申请人提供的海关价格数据时，考虑了各年度平均汇率、海关关税等因素，与中国同类产品的加权平均国内出厂销售价格进行比较，上述两类价格贸易水平相当，二者具有可比性。❷

（三）涉案进口价格高于进口国同类产品价格时的价格削减的分析

由于中国经济发展阶段落后于世界主要经济体的现状，市场上比较常见的是进口产品价格由于品牌、渠道和质量等优势，销售价格往往高于中国国内同类产品的销售价格。在损害调查进行价格影响分析时，常常出现涉案进口产品价格高于中国国内同类产品市场价格，从而导致不能有效认定存在价格削减影响的情况。

在这种情况下，美国国际贸易委员会的有关实践，可以为我们提供一种解决涉案进口产品价格高于中国国内同类产品价格时价格削减影响问题的方案。在实践中，如果存在进口产品价格较高的情况，美国国际贸易委员会将会通过下游用户问卷等方法，确定进口产品相较国产产品的"溢价"（premium）水平。在进行价格削减影响分析时，涉案进口产品的价格将首先扣除"溢价"，去掉固定的"溢价"水平后再与中国国内同类产品价格进行比较，确定是否存在价格削减及其水平。有关案例可以参见美国国际贸易委员会对

---

❶ 《中华人民共和国商务部关于原产于美国进口干玉米酒糟反补贴调查最终裁定》，商务部公告 2016 年第 80 号。

❷ 《中华人民共和国商务部关于原产于印度的进口邻氯对硝基苯胺反补贴调查最终裁定》，商务部公告 2018 年第 18 号。

油井钢管案的裁决❶。

四、价格压低

价格压低是指被调查产品价格的下降带领或引发进口国国内同类产品价格的下降。在价格压低和价格抑制的分析中，被调查产品价格和进口国国内同类产品价格之间的作用关系，是调查机关分析的重点。

在美国、韩国多晶硅反倾销案中，中国调查机关对倾销进口产品价格和中国同类产品价格的变化趋势进行了比较，二者均呈下降趋势。中国调查机关认为，调查期内，倾销进口产品进口数量持续上升，且占有较高的中国国内市场份额，其价格变化对中国同类产品的销售价格等指标具有影响。调查期内，倾销进口产品价格呈快速下降趋势，2009 年比 2008 年下降 62.69%，倾销进口产品数量快速上升，2009 年比 2008 年增长 53.49%，在倾销进口产品价格和数量的双重压力下，中国同类产品销售价格下降至 47.67 万元/吨，下降幅度达 75.22%，低于同期倾销进口产品价格。2010 年、2011 年，倾销进口产品价格继续下降，下降幅度分别为 21.30%、1.99%，倾销进口产品数量继续上升，上升幅度分别为 163.37%、31.55%。在倾销进口产品持续降价、数量持续上升的压力下，中国国内产业被迫继续降低价格，2010 年、2011 年，中国同类产品价格下降幅度分别为 8.24%、26.77%。2012 年 1—6 月，倾销进口产品价格进一步大幅下降，幅度达 66.81%，进口量上升幅度为 55.85%，市场份额增加了 11.17 个百分点，对中国同类产品产生了明显影响，为此，2012 年 1—6 月份，中国同类产品价格大幅下降至 14.56 万元/吨，同比下降 64.48%。中国调查机关收集到的申请人经营分析会纪要等证据显示，申请人在对中国同类产品定价时，受到了倾销进口产品价格下降的影响。此外，调查期内，中国同类产品销售价格下降幅度和下降的绝对数也大于单位销售成本下降幅度和下降的绝对数。中国调查机关认定，调查期内，中国同

---

❶ Certain Oil Country Tubular Goods from India, Korea, the Philippines, Taiwan, Thailand, Turkey, Ukraine, and Vietnam. Investigation Nos. 701 – TA – 499 – 500 and 731 – TA – 1215 – 1217 and 1219 – 1223 (Final). Publication 4489 September 2014，第 37 页。

类产品受到了价格压低影响。❶

在浆粕反倾销案中，中国调查机关认为，调查期内，倾销进口产品数量呈总体上升趋势，占有一定的中国国内市场份额，且该份额呈总体上升趋势，倾销进口产品对中国同类产品价格存在一定的影响。

中国调查机关对比发现，调查期内，倾销进口产品价格与中国同类产品价格均先升后降，变化趋势保持一致。2010 年上半年至 2011 年上半年，倾销进口产品数量总体下降，且占据一定中国国内市场份额，中国产业同类产品价格与倾销进口产品价格均呈现相同的上升趋势。2011 年下半年至 2012 年下半年，在倾销进口产品数量持续上升，市场份额较 2011 年上半年持续上升的情况下，倾销进口产品价格持续下滑，中国国内产业同类产品价格也出现下滑，由 2011 年下半年的 9534.11 元/吨，下降至 2012 年上半年的 7202.34 元/吨，2012 年下半年下降至调查期内的最低水平，仅为 6192.68 元/吨。

中国调查机关在实地核查过程还了解到，为了满足不断增长的中国需求量，2011 年下半年开始，中国国内产业同类产品产量获得一定幅度的提升，引起中国国内产业同类产品销量的上升，使 2011 年下半年中国国内产业同类产品市场份额较 2011 年上半年上升 1.10 个百分点。然而，同期倾销进口产品为了获得更多市场份额，开始降低价格，2011 年下半年较 2011 年上半年倾销进口产品价格下降 5.58%，进而使 2011 年下半年倾销进口产品市场份额较 2011 年上半年上升 1.89 个百分点。虽然 2011 年下半年至 2012 年下半年中国国内产业同类产品供给量远低于中国国内需求量，但是受倾销进口产品数量上升和价格下降的影响，中国国内产业同类产品被迫持续降低价格。中国调查机关在实地核查过程中收集到的多家国内生产者经营分析会议纪要和定价报告等证据显示，2011 年下半年以来，国外溶解浆进口价格下降导致中国国内产业同类产品市场成交困难，迫使中国国内产业同类产品下调价格。由此可见，中国国内生产者在对国内产业同类产品定价时，受到倾销进口产品价格下降的影响。尤其是 2012 年下半年，倾销进口产品挤占了中国国内产业同

---

❶ 《中华人民共和国商务部对原产于美国和韩国的进口太阳能级多晶硅反倾销调查的最终裁定》，商务部公告 2014 年第 5 号。

类产品的市场份额，中国国内产业同类产品市场份额由 26.71% 下降至
25.73%，丧失的 0.98 个百分点市场份额全部被倾销进口产品占据。为避免市
场份额的进一步下降，2012 年下半年，在倾销进口产品价格较 2012 年上半年
又下降 853.72 元/吨的情况下，中国国内产业更大幅度地调低同类产品价格，
下降程度达到 1009.66 元/吨。

　　综合考虑上述因素，中国调查机关认为，由于倾销进口产品与中国同类
产品在产品性能、产品质量、市场区域和客户群体等方面基本相同，两者之
间具备竞争性和可替代性，倾销进口产品价格与中国同类产品价格之间具有
一定的关联性。2011 年下半年至 2012 年下半年，倾销进口产品价格持续下
降，进口数量快速增加，迫使中国国内产业不得不在价格上与其竞争，导致
中国国内产业同类产品价格持续快速下降。据此，中国调查机关认定，倾销
进口产品对中国同类产品价格产生了压低作用。❶

　　在马铃薯淀粉反补贴案中，中国调查机关认为 2007 年、2008 年和 2009
年来自于欧盟的被调查产品进口价格（CIF 价）分别为 5296.02 元/吨、
5298.90 元/吨和 3158.70 元/吨。2008 年比 2007 年上升 0.05%，但从 2008 年
6 月起持续下降，2008 年 12 月进口价格较同年 6 月下降 26.04%；2009 年比
2008 年下降 40.39%。中国国内同类产品销售价格 2007 年为 4644.98 元/吨；
2008 年为 4553.45 元/吨，比 2007 年下降了 1.97%；2009 年为 4197.36 元/
吨，比 2008 年下降了 7.82%。调查期内，被调查产品进口价格与中国国内同
类产品价格的变化趋势基本一致，调查期内均总体呈下降趋势。调查期内，
来自于欧盟的被调查产品进口数量呈逐年增长趋势，价格总体下降，所占中
国国内市场份额上升，对中国国内同类产品的销售价格产生了抑制和压低
作用。❷

　　价格压低的分析中有一点需要注意。如果被调查产品和同类产品中包括
了很多品种或型号，并且不同品种或型号销售数量的比例在调查期内会发生

---

　　❶ 《中华人民共和国商务部关于原产于美国、加拿大和巴西的进口浆粕反倾销调查的最终裁
定》，商务部公告 2014 年第 18 号。
　　❷ 《中华人民共和国商务部关于原产于欧盟的进口马铃薯淀粉反补贴调查的最终裁定》，商务部
公告 2011 年第 54 号。

明显的变化，这种变化可能导致改变产品价格走势。在这种情况下进行价格压低的分析就要更加谨慎。

五、价格抑制

价格抑制是指进口国国内同类产品价格在本应当上涨或者应当上涨一定增幅的情况下，由于被调查产品价格的影响，未能实现上涨或应有涨幅。在判断上涨及其幅度时，中国调查机关通常会考虑成本上涨的情况。同价格压低的分析一样，如果能发现存在价格削减的影响，则在认定价格抑制影响作用过程时，更加具有说服力。

在单丁醚反倾销案中，中国调查机关发现调查期内，被调查产品进口量呈先降后升趋势，其占中国国内市场份额呈稳定上升趋势，市场份额维持在60%左右。实地核查中获得的申请人销售公司市场报告等证据显示，中国国内同类产品定价受到了进口产品的影响，由于被调查产品市场份额较大，在市场中占据主导地位，中国国内同类产品在定价时受被调查产品价格影响较大。尽管中国国内市场对乙二醇和二甘醇的单丁醚需求旺盛，由于被调查产品对中国国内同类产品价格产生了削减作用，2010 年 1—6 月相比 2009 年 7—12 月，中国同类产品单位销售成本上升了 27.29%，而销售价格仅上升了15.78%，单位毛利润由正变负；2010 年 7—12 月相比 2010 年 1—6 月，中国同类产品单位销售成本上升了 4.40%，而销售价格却下降了 0.23%，单位毛利润继续下降，下降幅度 91.23%。被调查产品对中国同类产品价格产生了抑制作用。[1]

在聚酰胺-6,6 切片产品反倾销案中，中国调查机关认为被调查产品和中国大陆同类产品价格的总体走势比较平稳，呈现出小幅波动的趋势，因此有必要参照市场变化客观评估价格走势，如原材料价格变化等因素。中国调查机关注意到，2005—2007 年，聚酰胺-6,6 切片原材料聚酰胺-6,6 盐的价格不断上涨；原材料己二腈从 2005 年的 1300 美元/吨上升至调查期末的 2400 美

---

[1] 《中华人民共和国商务部关于原产于美国和欧盟的进口乙二醇和二甘醇的单丁醚反倾销调查的最终裁定》，商务部公告 2013 年第 5 号。

元/吨；原材料纯苯从 2005 年的 600 美元/吨上升至调查期末的 1250 美元/吨，呈大幅上升趋势。但如前所述，被调查产品价格在调查期内的趋势基本稳定，略有下降。这种原材料价格和制成品价格走势的背离，实际上反映了被调查产品"应该上涨，但没有上涨"的价格走势。基于以上证据，中国调查机关不能否认，由于原材料价格的变化（上涨），被调查产品价格本应该发生变化（上涨），但是其出口至中国大陆市场的价格没有变化（上涨）至相应的幅度，甚至略有下降。伴随着被调查产品的市场份额大幅增加的客观结果，被调查产品在中国大陆市场的这种定价行为，抑制了中国大陆同类产品的销售及价格走势，使中国大陆同类产品本应该发生的价格增长没有发生。中国调查机关认为，在调查期内，来自美国、意大利、法国、英国和中国台湾地区的被调查产品价格对中国大陆同类产品价格造成了价格抑制影响。❶

在马铃薯淀粉反倾销案中，中国调查机关，认为由于原材料、燃料和动力、制造费用等成本的上涨，2003 年、2004 年和 2005 年，中国同类产品的单位销售成本分别比上年增加 6.92%、7.38% 和 10.05%，而中国国内同类产品的销售价格 2003 年不升反降了 1.71%，2004 年和 2005 年中国国内同类产品的价格与上年同期相比仅上升了 1.18% 和 3.91%，远低于中国国内同类产品的单位销售成本的上涨幅度，导致中国国内同类产品的销售价格与单位销售成本的差额即单位毛利逐年减少，2003 年比 2002 年同期相比减少了 27.36%，2004 年比 2003 年减少了 25.93%，2005 年比 2004 年减少了 34.99%，与 2002 年和 2003 年相比则下降幅度更分别高达 65% 和 52%，到 2005 年中国国内产业同类产品的销售价格虽有所上升却已经接近单位销售成本，并没有达到合理的价格水平。因此认为调查期内，由于被调查产品的进口数量呈现快速增长趋势，被调查产品的价格呈现下降趋势，对中国国内同类产品的价格产生了明显的抑制作用。❷

---

❶ 《中华人民共和国商务部关于原产于美国、意大利、英国、法国和台湾地区的进口聚酰胺-6,6 切片产品反倾销调查的最终裁定》，商务部公告 2009 年第 79 号。

❷ 《中华人民共和国商务部关于原产于欧盟的进口马铃薯淀粉反倾销调查的最终裁定》，商务部公告 2007 年第 8 号。

在 X 射线安检设备反倾销案中，中国调查机关认为虽然 2008 年被调查产品进口价格高于中国国内同类产品价格，但仍处于较低水平，而 2008 年中国国内同类产品的销售价格比 2007 年下降 46.75%，中国国内同类产品的销售价格接近单位销售成本，单位毛利率处于较低水平。另有证据显示，中国国内同类产品 2008 年的单位生产成本比 2006 年降低 53.67%，同期中国国内同类产品的销售价格下降 72.68%，销售价格下降幅度高出单位生产成本下降幅度 19.01 个百分点，表明中国国内同类产品的销售价格受到被调查产品进口价格的抑制，未能达到合理水平。❶

在磺胺甲噁唑反倾销案中，中国调查机关认为调查期内，由于印度出口到中国的被调查产品数量不断增长，所占中国市场份额较大，而且市场份额逐年增长，被调查产品的低价倾销，主导和影响了中国国内市场价格，使中国国内同类产品价格一直在低价位徘徊。调查后期，由于国际市场原油价格上涨，导致国内外磺胺甲噁唑原材料价格上涨，使进口被调查产品和中国国内同类产品价格有所上扬，但中国国内同类产品仍未能达到合理的价格水平。中国调查机关把进口的被调查产品与中国同类产品置于同一贸易水平进行比较，即在中国销售环节下进行对比后得出，在调查期内，中国进口的被调查产品加权平均销售价格比中国同类产品加权平均销售价格低 10%~21%。调查表明，被调查产品的大量进口，并在中国削低价格销售，抑制了中国同类产品的销售价格。❷

六、两种以上形式的价格影响并存

(一) 概述

价格削减、价格压低和价格抑制是世贸组织协定规定的三种具体的价格影响的表现形式。从理论和实践上，三种价格影响在时间关系上相互独立，

---

❶ 《中华人民共和国商务部关于原产于欧盟的进口 X 射线安全检查设备反倾销调查的最终裁定》，商务部公告 2011 年第 1 号。

❷ 《中华人民共和国商务部关于原产于印度的进口磺胺甲噁唑反倾销调查的最终裁定》，商务部公告 2007 年第 48 号。

可以单独出现，也可能同时出现和交替出现。

（二）同时存在

在 X 射线安检设备反倾销案中，调查期内，被调查产品进口价格虽呈增长趋势，但幅度较小，而中国国内同类产品价格则呈大幅下降趋势，2008 年中国国内同类产品价格比 2006 年下降 72.68%。2006 年和 2007 年被调查产品进口价格大幅低于中国国内同类产品价格，严重削减了中国国内同类产品价格，导致同期中国国内同类产品的销售价格低于单位销售成本，税前利润亏损严重。虽然 2008 年被调查产品进口价格高于中国国内同类产品价格，但仍处于较低水平，而 2008 年中国国内同类产品的销售价格比 2007 年下降46.75%，中国国内同类产品的销售价格接近单位销售成本，单位毛利率处于较低水平。另有证据显示，中国国内同类产品 2008 年的单位生产成本比 2006年降低 53.67%，同期中国国内同类产品的销售价格下降 72.68%，销售价格下降幅度高出单位生产成本下降幅度 19.01 个百分点，表明中国国内同类产品的销售价格受到被调查产品进口价格的抑制，未能达到合理水平。因此，被调查产品进口价格对中国国内同类产品价格产生了明显的削减和抑制作用。[1]

在白羽肉鸡反倾销案中，中国调查机关认为，调查期内中国国内产业同类产品的平均销售价格与被调查产品进口价格变化趋势相同。2006—2008 年均呈上升趋势，并在 2009 年上半年开始出现明显下降。中国国内产业同类产品的销售价格与被调查产品的进口价格具有关联性。2006 年、2007 年、2008年和 2009 年上半年，被调查产品的人民币价格分别为 6623.90 元/吨、9343.02 元/吨、9823.12 元/吨和 8601.25 元/吨。上述数据显示，被调查产品的人民币价格走势并未发生实质性改变，而且与中国国内产业同类产品的销售价格走势完全一致。调查期内，被调查产品的人民币价格始终低于中国国内产业同类产品的平均销售价格，2006 年、2007 年、2008 年和 2009 年上半

---

[1] 《中华人民共和国商务部关于原产于欧盟的进口 X 射线安全检查设备反倾销调查的最终裁定》，商务部公告 2011 年第 1 号。

年分别低于中国国内产业同类产品平均售价 569.51 元/吨、54.64 元/吨、515.57 元/吨和 232.79 元/吨。被调查产品对中国国内产业同类产品造成了明显的价格削减。被调查产品的低价销售策略还对中国国内产业同类产品销售价格产生了抑制作用。调查证据显示，调查期内，除 2007 年外，中国国内产业同类产品销售价格与销售成本长期倒挂，2007 年中国国内产业同类产品的销售毛利率也处于较低水平，中国国内产业同类产品长期处于亏损状态。特别是 2008 年以来，由于被调查产品的进一步价格削减，导致中国国内产业同类产品出现亏损。综上所述，被调查产品所占中国市场份额的不断扩大与其持续大量低价对中国出口存在着紧密的联系，其在中国市场大量低价销售不仅对中国国内产业同类产品价格产生了明显的削减作用，同时导致中国国内产业同类产品盈利水平下降。❶

在邻氯对硝基苯胺反补贴案中，中国调查机关考虑到，在损害调查期内，仅 2013 年被调查产品价格略高于中国国内同类产品价格，从 2014 年开始至损害调查期末，被调查产品价格均维持在比中国国内产业产品价格低的水平。在下游用户相对集中和交叉的情况下，通过下游客户的议价压力，补贴进口产品不断对中国国内产业同类产品的价格造成影响。中国国内产业为了保持开工率和市场份额，在下游客户的议价影响下，不断调整同类产品价格，但补贴进口产品的价格在 2014 年至调查期末均维持低于同类产品价格的水平，且在调查期末价格下降明显。中国调查机关考虑到，在需求和下游用户基本稳定的情况下，中国国内产业至少可以保持稳定的价格水平，以实现盈亏平衡，但在损害调查期内，中国国内产业不仅不能盈利，反而长年亏损。中国调查机关在初裁中认为，补贴进口产品对中国国内同类产品造成价格削减和压低。❷

---

❶《中华人民共和国商务部关于原产于美国的进口白羽肉鸡产品反倾销调查的最终裁定》，商务部公告 2010 年第 51 号。

❷《中华人民共和国商务部关于原产于印度的进口邻氯对硝基苯胺反补贴调查最终裁定》，商务部公告 2018 年第 18 号。

（三）前后相继

在对欧 TDI 反倾销案中，中国调查机关认为，调查期内，被调查产品进口数量总体上升，且占有一定的中国国内市场份额，其价格变化对中国国内产业同类产品的销售价格等指标具有一定影响。2009 年，被调查产品进口价格大幅下降，比 2008 年下降 51.11%，比同期中国国内产业同类产品价格低 3051.90 元/吨，与中国国内产业同类产品价格相差 15.57%。中国调查机关在计算被调查产品进口价格时，已经考虑了年度平均汇率和关税税率等因素，并对被调查产品进口价格进行了调整。中国调查机关注意到，中国国内产业同类产品价格与被调查产品进口价格均不包含增值税、内陆运输费用、保险费和次级销售渠道费用。中国调查机关同时考虑到被调查产品进口港杂费、报关费、商检费等其他费用，上述费用远小于被调查产品与中国国内产业同类产品间的价差。据此，中国调查机关认定，2009 年被调查产品进口价格与中国国内产业同类产品相比，存在明显价格削减。

2009 年，被调查产品进口价格大幅下降，与中国国内产业同类产品价格相比，存在明显价格削减，同期被调查产品进口数量大幅增长，2009 年比 2008 年增长 57.36%，被调查产品对中国甲苯二异氰酸酯市场造成严重冲击，中国国内产业同类产品价格 2009 年比 2008 年下降 29.25%。被调查产品进口价格 2010 年为 20385.68 元/吨，比 2009 年提高 23.17%。中国调查机关注意到，被调查产品进口价格 2010 年与 2009 年相比虽然出现一定增长，但其是在 2009 年比 2008 年下降 51.11% 的基础上的恢复性增长。2010 年，被调查产品进口量在 2009 年比 2008 年增长 57.36% 的基础上继续增长 13.78%。在被调查产品进口价格和进口数量双重推动作用下，中国国内产业为维持生存和发展的空间，将销售价格降至 19004.71 元/吨，略低于被调查产品进口价格。2011 年，被调查产品进口价格再次下降，比 2010 年下降 14.45%。面临被调查产品再次降价的压力，中国国内产业为消化库存，实现一定规模的销售量，被迫继续降低价格，中国国内产业同类产品价格 2011 年比 2010 年下降 16.57%。综合考虑上述因素，中国调查机关认为，2010 年和 2011 年，被调

查产品进口对中国国内产业同类产品价格产生了压低作用。❶

七、影响分析还是事实分析？❷

（一）价格影响分析是对影响的分析

涉案进口产品对进口国国内同类产品价格影响的调查，应当达到何种标准才算合适？要回答这个问题，笔者认为关键是理解价格影响究竟是影响（effects）还是事实（facts）。

价格影响分析的法律依据是世贸组织《反倾销协定》第 3.1 条和 3.2 条以及《补贴和反补贴协定》的第 15.1 条和 15.2 条。从世贸组织协定文本意思理解，价格影响应当是"effects"，而不仅仅是"facts"。也就是说价格影响分析的关键，是涉案进口产品的价格如何影响了进口国国内同类产品的价格。这是个因果关系分析的过程，仅仅列举事实（facts）是不能满足协定对价格影响分析的要求的。

在分析价格影响时，不论是比较计算还是数据分析都是为了建立倾销进口对进口国国内同类产品价格影响的因果联系，而不仅仅是对相关事实的描述。ADA 3.1 条是关于损害调查的总的规定，要求分析倾销进口（产品的数量和价格）对进口国国内同类产品价格的影响（effects）。价格影响分析的目的正是发现并证明这种影响，也就是 effects 的存在。根据牛津词典，effect 有两个相关的解释：一是 consequence，result，也就是说 effect 是个结果和后果；第二个解释是 change caused by an event，是由于某种原因导致产生了变化。因此，从 effect 概念看，价格影响是一种因果联系的分析，也需要从某种变化的角度看待价格影响。

（二）应当怎样调查价格削减

价格削减是一种因果关系的分析，而不能仅仅理解为一种事实。字面上

---

❶ 《中华人民共和国商务部关于原产于欧盟的进口甲苯二异氰酸酯（型号为 TDI80/20）反倾销调查的最终裁定》，商务部公告 2013 年第 16 号。

❷ 根据笔者 2015 年一份发言稿整理而成。该部分均以反倾销调查为例，反补贴调查情况与之类似。北京博恒律师事务所郭东平律师对此提供了宝贵意见。

看，价格削减（undercutting）首先是个数学计算，好像做好数学计算就完成了任务。但是从世贸组织《反倾销协定》及《补贴和反补贴协定》第 3.1 条对价格影响分析总括的规定可以看出，作为价格影响的具体形式之一，价格削减也应当是影响（effects）的分析，也是要分析因果分析，确定价格的变化及其原因。

从这一点来看，仅仅数学计算，仅仅比较涉案进口产品价格和进口国国内同类产品价格，不能完成因果关系分析（effects）的任务。原因有二：首先，数学计算只能是个事实（facts），并不是影响（effects）。数学比较并不能提供原因和结果的分析。其次，笔者认为数学比较只是调查机关和利害关系方为了考虑这两个价格而人为建立的拟制的联系。在没有其他事实和因素的情况，比较这两个价格不能说明其因果联系。

第二个问题随之而来，要怎么做价格削减的数学比较计算才符合法律要求。由于价格削减的数学计算的目的并不是为了计算涉案进口产品价格与进口国国内同类产品价格的差额，其真正目的是为了发现并证明价格影响（effects）存在与否和大小。数学比较只是其中的一个中间步骤。因此，数学计算就不能仅仅是一个或者一组计算，应当是以统计的方式找出价格或定价的模式，从而找出价格影响发生的原因或者影响方式、途径。这也可以通过《反倾销协定》第 3.2 条关于价格削减的措辞进行佐证。该条款要求调查机关考虑是否存在一种明显的价格削减（a significant price undercutting），说明可能存在不止一种价格削减，存在不止一种因果关系的解释和价格变化发展的方式。

最后一步则应当是找出因果联系完成价格影响（effects）的分析。

（三）价格压低和价格抑制

从《反倾销协定》第 3.2 条明确表示价格压低和价格抑制的性质是影响（effects）。价格压低（depression）和价格抑制（suppression）的措辞与价格削减（undercutting）不同。第 3.2 条明确要求倾销进口的影响（effect）导致了价格压低（depression）和价格抑制（suppression）。此外，该条款里还有个

"否则"（otherwise）的表述，清楚地表明《反倾销协定》还希望调查机关体现影响（effect）的另一个含义——change，也就是构造进口国国内价格发生的变化，或者展示本应当出现而未出现的情形。综合这两点，在进行价格压低和价格抑制分析时，要找到一个上游源头的原因，并进而展示出由于这个上游原因所导致的进口国国内同类产品价格发生的变化。通常这个源头应当由价格削减完成，这也是美国损害调查中先确定价格削减影响存在，然后才有价格压低和价格抑制影响存在的原因。

（四）价格影响分析是一个逻辑过程

借用上诉机构的话来说，价格影响分析是一个逻辑过程。首先，起点是商业上可替换性的证据，再通过证明价格在竞争中的作用，完成价格影响分析的前提。根据个案情况，比对三种价格影响类型中的一种或几种的认定标准，确定是否存在价格影响。在发现的价格影响是显著的情况下，即可以得出存在不利价格影响的结论。这几个步骤层层递进，构成了一个逻辑演进的整体。

第四节　进口国国内产业状况分析

一、概述

世贸组织《反倾销协定》及《补贴和反补贴协定》中详细规定了调查机关考察和分析进口国国内产业状况的调查方法：一方面，规定调查机关应分别分析四个方面十多个经济指标；另一方面又规定了全面和系统考察的调查方法，强调分析应当是一个整体性的过程，反对一个或几个经济指标的分析就得出的结论。

中国《反倾销条例》和《反补贴条例》要求对倾销或补贴进口对中国国内产业状况的影响进行分析。涉案进口通过其进口产品的数量和价格对中国国内同类产品价格的影响，进而影响中国国内同类产品生产者的生产经营状况，从而得出倾销或补贴进口是否对中国国内产业造成了实质的损害。

世贸组织《反倾销协定》和《补贴和反补贴协定》列举了调查机关应当考察的与中国国内产业状况相关的若干经济指标和因素。在实践中，各成员调查机关描述中国国内产业指标的方式主要有两种，一是列举式，将相关经济指标和因素的具体情况、变化趋势等分项列明再加以分析，以欧盟等成员为代表；另一种是列表式，在调查结论正文中仅做分析表述，相关经济指标以列表的形式提供在裁决附件中，以美国为代表。

二、分析方法

（一）单个或多个指标非决定性

倾销或补贴进口对进口国国内产业状况的影响是一个整体的分析过程，单个或多个经济指标不是决定性因素。

在白羽肉鸡反倾销案中，中国调查机关说明在评估中国国内产业损害时，任何一个或多个经济指标都不应当是决定性的。各个经济指标不是分开来单独审查的，每个指标都必须能够表明损害成立。而是要结合中国国内产业的特定市场状况，将各个经济指标结合在一起，从它们之间的总体变化和相互关系来考虑。这样做出的结论才是公正、客观的，才能真正反映被调查产品对中国国内产业造成的影响情况。❶

在浆粕反倾销案、己内酰胺反倾销案等案件中，中国调查机关也表达了类似的观点。

（二）分析方法

通常，中国调查机关会从进口国国内同类产品价格受涉案进口产品价格的影响入手，逐个分析所有经济指标和因素随之变化的情况。在实践中，也

---

❶ 《中华人民共和国商务部关于原产于美国的进口白羽肉鸡产品反倾销调查的最终裁定》，商务部公告 2010 年第 51 号。

有的案件是将积极、向好的指标归在一起论述，而将消极、不利的因素归集在一起做对比表述。

在己内酰胺反倾销案中，中国调查机关认为在中国国内产业在市场供不应求的情况下，2008 年与 2007 年相比，尽管中国国内产业同类产品的产量、开工率、销量、销售收入、市场份额等生产经营性指标均有不同程度的改善或提高，但是由于销售价格受到抑制，并降至生产成本水平以下，无法获得合理的利润空间，国内产业亏损严重，税前利润率和投资收益率大幅下降，经营活动的现金流量也由 2007 年的净流入转变为净流出状态，严重影响到中国国内产业正常的投融资活动。2009 年，在中国国内需求量比 2008 年大幅增长 28.18%的情况下，中国国内产业与生产经营状况有关的经济指标却开始出现恶化，产能增长受到抑制，产量、开工率、销量、市场份额、就业人数等指标均出现不同程度的下滑，且开工率、市场份额处于整个调查期内的最低水平。同时，2009 年由于中国国内产业同类产品的价格受到进一步的削减，同类产品无法摆脱价格与成本倒挂的局面，导致同类产品的销售价格和销售收入大幅下降。受此影响，2009 年，中国国内产业同类产品继续大幅亏损，且亏损额远远超过 2007 年，税前利润率、投资收益率均进一步下降至调查期内的最低水平，与经营活动有关的现金净流出量也在不断扩大，中国国内产业的投融资能力受到进一步影响，中国国内产业同类产品的相关扩产计划被迫延迟，产业发展受到阻碍。综上所述，中国调查机关认定，中国国内己内酰胺产业受到了实质损害。❶

在汽车反倾销案中，中国调查机关认为，调查期内，2006—2008 年，中国排气量在 2.5 升以上的小轿车和越野车表观消费量持续增长，为中国国内产业的发展创造了条件，国内产业保持了产能的稳定增长，国内同类产品销售价格也稳步提高，中国国内产业销售收入、税前利润、投资收益率总体增长，就业人数、人均年工资也实现了同步增长。2009 年 1—9 月，虽然中国国内市场表观消费量有所下降，中国国内产业通过不断提高生产经营水平和产

---

❶ 《中华人民共和国商务部关于原产于欧盟和美国的进口己内酰胺反倾销调查的最终裁定》，商务部公告 2011 年第 68 号。

品竞争力，仍然保持了产量、销量的增长，市场份额也有所上升。但由于中国国内同类产品销售价格下降，国内产业销售收入的增长幅度大幅下滑，产品税前利润、投资收益率大幅下降，国内产业盈利能力受到严重影响，部分国内生产者的投资计划和新建项目被迫搁置、延缓或取消。综上，中国调查机关认定中国国内产业受到实质损害。[1]

（三）其他问题

1. 最小产品组

世贸组织《反倾销协定》及《补贴和反补贴协定》规定了最小产品组的概念，用以解决进口国国内产业相关经济指标涵盖范围大于涉案产品范围的情况。如果由于涉案产品范围过小，进口国国内产业没有仅针对该产品的统计和会计记录，则进口国调查机关应考察包含该涉案产品在内的最小产品组的经济指标和因素，用以作为涉案产品进口国国内产业状况的反映。

中国《反倾销条例》第 10 条和《反补贴条例》第 10 条规定，在分析倾销（或补贴）进口影响时，不能针对中国国内同类产品单独进行的，应当对包括国内同类产品在内的最窄产品组或范围进行。如果涉案产品范围较小，中国国内产业没有针对同类产品本身的经济指标和因素的统计，则可以将对中国国内产业状况的考察范围适当扩大至包括同类产品在内的可以获得可靠经济指标和因素统计的最小产品组。

在间苯二酚反倾销案中，住友化学株式会社主张，申请人母公司龙盛集团的年度报告、《重大资产重组暨关联交易报告书》等公开材料证明，申请人的经营状况良好，利润水平较高，且未来能保持可观的回报。申请人在申请人评论意见中回应称：第一，申请人母公司年度报告中披露的是申请人整个公司的净利润数据，不能代表同类产品的利润情况；第二，年度报告中申请人整个公司的利润虽有所上升，但净利润率代表的获利能力则出现下降；第三，中国国内产业相关经济指标中的一个或多个未必能够给予决定性的指导，

---

[1] 《中华人民共和国商务部关于美国的部分进口汽车产品反倾销调查的最终裁定》，商务部公告 2011 年第 20 号。

仅凭单个指标无法否定中国国内产业存在损害。

中国调查机关认为：第一，住友化学株式会社对龙盛集团 2012 年 6 月《重大资产重组暨关联交易报告书》的引用有误，根据上下文，实际应为"公司在（间苯二胺）成本控制方面的优势……"，与中国国内同类产品无关。第二，龙盛集团 2009 年年度报告仅对未来收益情况进行了预测，而调查机关损害分析的基础是实际发生、可供核实的数据。第三，龙盛集团 2008—2011 年年度报告中披露的是申请人整体净利润情况。根据《反倾销条例》第 10 条和《反倾销产业损害调查规定》第 12 条，在认定倾销进口产品对中国国内产业的影响时，应当根据对中国国内同类产品生产的单独界定进行评估。中国调查机关已经按照要求对中国国内产业同类产品的利润情况进行了详细评估。❶

在不锈钢冷轧薄板反倾销案中，日本和韩国相关利害关系方引用了申请人专门从事不锈钢产品生产的子公司（均为上市公司）的财务数据，指出中国的不锈钢冷轧薄板产业的利润在急剧上升，中国国内产业未受到实质损害。中国国家经济贸易委员会注意到，申请人之一的太原钢铁（集团）有限公司下属的从事不锈钢生产的子公司——太钢不锈钢铁股份有限公司的主营业务中，1998 年，不锈钢冷轧薄板的销售收入仅占太钢不锈钢股份有限公司总销售收入的 17.42%。另外两个申请人下属的子公司的主营业务也不仅仅是冷轧不锈钢薄板。1998 年陕西精密金属（集团）有限责任公司和上海浦东钢铁（集团）有限公司的下属专门从事不锈钢生产的子公司的不锈钢冷轧薄板的销售收入分别占子公司主营业务收入的比例为 2% 和 5.2%。日本和韩国相关利害关系方引用的申请人下属子公司的主营业务利润不代表其不锈钢冷轧薄板的经济效益。❷

2. 超出产业损害调查期间的数据

在美日韩光纤反倾销案中，美国康宁公司认为，中国商务部仅仅考察了

---

❶ 《中华人民共和国商务部对原产于日本和美国的进口间苯二酚反倾销调查的最终裁定》，商务部公告 2013 年第 13 号。

❷ 《中华人民共和国对外贸易经济合作部对原产于日本和韩国的进口不锈钢冷轧薄板反倾销调查的最终裁定》，对外贸易经济合作部公告 2000 年第 15 号。

调查期内的中国国内产业的相关情况，这种做法使得所采用的数据和信息是陈旧和过时的。根据《反倾销产业损害调查规定》第 18 条的规定："反倾销案件的产业损害调查期通常为立案调查开始前的三至五年。"在该案立案公告、应诉登记和问卷调查中，中国调查机关均明确说明该案的产业损害调查期为 2000 年 1 月 1 日至 2003 年 3 月 31 日。在反倾销调查中，中国调查机关通常主要考虑产业损害调查期内的信息和资料。中国调查机关对该案产业损害调查的信息采用符合有关法律规定，不存在信息陈旧和过时的问题。中国调查机关认定，美国康宁公司提出的运用信息过时并要求中国调查机关考察调查期以外信息的主张不符合有关法律的规定。❶

在印尼和泰国核苷酸类食品添加剂反倾销案中，味之素（泰国）股份有限公司提出，根据广东肇庆星湖生物科技股份有限公司 2009 年第一季度的报告和 2009 年半年度报告，其生产经营状况已经好转，且产品销售毛利额增加，在该案进行调查的期间内中国国内没有发生损害，没有必要实施临时措施。中国调查机关仅根据申请书的情况考察设定的调查期间的数据，而不考虑调查时的情况，是不合适的。

中国调查机关认为，该案立案公告中明确该案产业损害调查期为 2005 年 1 月 1 日至 2008 年 9 月 30 日，各利害关系方并未对此提出异议。产业损害调查过程中认定相关证据和事实的期间应该是一段有限制和特定的时间，如果不能将产业损害调查限制在一个特定的参考期间，将可能导致无限期的调查。只有将产业损害调查期规定为一个限定的期限，且这个期限不应受到调查进程的影响，才能为调查机关的裁定提供客观和公正的依据。味之素（泰国）股份有限公司提出的广东肇庆星湖生物科技股份有限公司 2009 年有关情况不在该案产业损害调查期内。该案中，中国调查机关根据产业损害调查期内的事实和证据作出裁决，符合《反倾销条例》有关规定。

中国调查机关注意到，味之素（泰国）股份有限公司虽然根据广东肇庆星湖生物科技股份有限公司 2009 年第一季度的报告和 2009 年半年度报告，

---

❶ 《中华人民共和国商务部关于对原产于美国、日本、韩国的进口非色散位移单模光纤反倾销调查的最终裁定》，商务部公告 2004 年第 96 号。

提出其生产经营状况已经好转，且产品销售毛利额增加，但并未向调查机关提供客观的、充分的、可供核实的证据证明此情况是无可置疑的、持续不断的，并且是非人为的行为，更不是由于利害关系方故意的行为所造成的。中国调查机关认为，不能基于此得出在该案进行调查的期间内中国国内没有发生损害，没有必要实施临时措施的结论，也不能表明中国调查机关根据该案产业损害调查期内的事实和证据作出的裁定是不合适的。❶

在马铃薯淀粉反补贴案中，欧盟驻华代表团在其提交的欧盟评论意见中提出，中国调查机关应考虑 2007 年前欧盟马铃薯淀粉的进口情况及中国国内产业状况；欧盟评论意见同时引用了 2005 年欧盟马铃薯淀粉向中国出口数量、价格和占中国国内市场份额数据，主张 2009 年自欧盟进口未对中国国内产业造成实质性损害。中国调查机关认为，该案立案公告明确该案产业损害调查期为 2007 年 1 月 1 日至 2009 年 12 月 31 日，欧盟驻华代表团提出的 2005 年有关数据不在该案产业损害调查期之内。❷

3. 损害调查的指标基准

在马铃薯淀粉反补贴案中，荷兰艾维贝公司和德国艾维贝马铃薯淀粉工厂主张，鉴于马铃薯淀粉生产具有季节性的特点，依据产季划分产业损害分析期较之以日历年度进行分析更加客观、合理。中国调查机关认为，证据显示，中国国内马铃薯淀粉生产者与欧盟生产者、欧盟内部不同生产者之间的产季时间均存在差异，无法确定一个适用于所有生产者的产季作为分析基础。在此情况下，日历年度是一个通用且较为客观的分析基础。实地核查过程中，荷兰艾维贝公司明确表示认同以日历年度确定产业损害调查期。

欧盟提出"不可否认的是，不管中国商务部用自然年或销售年来衡量有关产品，销售年更合适"。中国调查机关认为，初裁中中国调查机关已就为何选取日历年度作为分析基础进行了充分的说明，相关欧盟生产者也明确表示

---

❶ 《中华人民共和国商务部关于原产于印度尼西亚和泰国的进口核苷酸类食品添加剂反倾销案调查的最终裁定》，商务部公告 2010 年第 56 号。

❷ 《中华人民共和国商务部关于原产于欧盟的进口马铃薯淀粉反补贴调查的最终裁定》，商务部公告 2011 年第 54 号。

认同以日历年度确定产业损害调查期。欧盟初裁评论意见中并未对中国调查机关选取日历年度的理由提出异议，也未提供支持其主张的证据和理由，其"销售年更合适"的主张不能成立。❶

第五节　实质损害威胁

一、概述

实质损害威胁是世贸组织《反倾销协定》和《补贴和反补贴协定》列明的进口国国内产业遭受到损害的一种形式。它是指倾销（或补贴）进口尚未造成国内产业的实质损害，但涉案进口对进口国国内产业在可预见的将来即将造成实质损害。在实质损害威胁案件中，涉案产品的大量进口是迫近的，除非采取保护性措施，否则实质损害必将会发生。

纵观各国贸易救济法律实践，实质性损害威胁裁决都不多。如果在出现损害威胁存在时不能及时采取措施，那么往往实质性损害威胁就成了现实的实质损害。如果申请人能在有限的时间里提出申请，中国调查机关进行了调查，才有可能成立实质损害威胁，否则将出现实质损害的情况。由此可见，由于实质损害威胁存在的窗口期有限，如果相关调查未能在该窗口期内进行，则进口国国内产业所遭受的损害将由实质损害威胁发展为实质损害。

由于实质损害威胁是尚未发生的实质损害，其推理论证所依据的证据很可能是在现有情况基础上对未来情况的估计。因此，在实质损害威胁案例中，世贸组织《反倾销协定》和《补贴和反补贴协定》的证据要求较高。中国《反倾销条例》和《反补贴条例》也有明确规定，在进行实质损害威胁调查和认定时，应当"对实质损害威胁的确定，应当依据事实，不得仅依据指控、推测或者极小的可能性"❷。并且《反倾销协定》第 3.8 条和《补贴和反补贴

---

❶　《中华人民共和国商务部关于原产于欧盟的进口马铃薯淀粉反补贴调查的最终裁定》，商务部公告 2011 年第 54 号。

❷　《反倾销条例》第 8 条和《反补贴条例》第 8 条。

协定》第 15.8 条强调，对于倾销（或补贴）进口产品造成损害威胁的案件，实施贸易救济措施的考虑和决定应特别慎重，从而再次说明了实质损害案件证据要求更高、推理论证更严格的特点。

目前，中国反倾销调查中已经出现了几个实质损害威胁的案例。反补贴调查中尚未有相关实践。

二、贸易条件的变化必将造成实质损害的发生

（一）概述

世贸组织《反倾销协定》第 3.7 条和《补贴和反补贴协定》第 15.7 条规定了实质损害威胁调查的重点：倾销（或补贴）将造成损害发生的情形变化必须是能够明显预见且迫近的。同时，以脚注的形式强调了实质损害发生的必然性：具备使人信服的理由，相信在不久的将来，该产品以倾销价格的进口将会实质增加。世贸组织争端解决案，埃及钢筋案（Egypt-Steel Rebar）的专家组也指出，实质损害威胁调查的核心问题是，是否存在"贸易形势的变化"导致倾销进口开始造成进口国国内产业的损害。❶

在分析实质损害威胁方面，应当特别关注涉案进口产品数量和价格的影响，以及随之而来的贸易条件的变化造成实质损害的情况。其背后的原理是，正是由于贸易条件发生的变化，涉案进口将导致进口国国内产业状况从积极、健康发展转向实质损害情况的发生；如果没有贸易条件的变化，实质损害也将无从谈起。这正是实质损害威胁是进口国国内产业从正常状态向实质损害状态过渡阶段特征的体现。

（二）倾销进口数量变化

世贸组织协定要求，在分析倾销进口产品数量未来发展时，应当从两个角度四个方面进行。一是从进口角度分析在可预见的未来，涉案进口是否会实质增加，主要是从过去倾销进口数量变化趋势预测和判断短期未来倾销进

---

❶ 世贸组织争端解决埃及钢筋案（Egypt—Steel Rebar）专家组报告，第 7.91 节。

口数量变化；二是外国出口角度分析倾销出口实质增加的必然性，包括产能变化情况、贸易转移情况和库存变化情况。

1. 历史进口情况预估未来进口数量

在美欧光纤反倾销案中，中国调查机关认为调查期内，被调查产品的进口数量总体呈增长趋势。2006 年、2007 年、2008 年和 2009 年被调查产品进口数量分别为 162.54 万芯公里、159.33 万芯公里、406.23 万芯公里和 1977.35 万芯公里。2007 年比 2006 年下降 1.97%，2008 年比 2007 年增长 154.95%，2009 年比 2008 年增长 386.76%。被调查产品所占中国国内市场份额总体也呈上升趋势。2006 年、2007 年、2008 年和 2009 年分别为 5.58%、4.48%、8.44% 和 22.36%。2007 年比 2006 下降 1.1 个百分点，2008 年比 2007 年增长 3.96 个百分点，2009 年比 2008 年增长 13.92 个百分点。调查期内，美国和欧盟低价向中国出口被调查产品，被调查产品价格大幅下降，2009 年被调查产品价格比 2008 年下降 6.27%，导致 2009 年被调查产品进口数量比 2008 年大幅增长 386.76%，被调查产品所占市场份额 2009 年也比 2008 年大幅增长 13.92 个百分点。

中国调查机关认为，在未来可预见的期间内，中国国内非色散位移单模光纤市场需求仍然较大，吸引力较强，美国和欧盟会继续向中国大量出口被调查产品。因此，美国和欧盟向中国出口非色散位移单模光纤产品的数量发生实质性增长是明显可预见且迫近的。❶

在印度光纤反倾销案中，中国调查机关发现调查期内，倾销产品的进口数量总体呈增长趋势2010 年比 2009 年减少了 1.27%，2011 年比 2010 年增加了 24.90%，2012 年比 2011 年增加了 50.16%，2013 年一季度比 2012 年一季度增加了 49.96%。调查期内，倾销进口产品数量占中国总进口数量的比例总体也呈上升趋势。2010 年比 2009 年增加了 6.06 个百分点，2011 年比 2010 年增加了 4.28 个百分点，2012 年比 2011 年下降了 0.3 个百分点，2013 年一季度比 2012 年一季度上升了 6.12 个百分点。调查期内，倾销进口产品占中国

---

❶　《中华人民共和国商务部对原产于美国和欧盟的进口非色散位移单模光纤反倾销调查的最终裁定》，商务部公告 2011 年第 17 号。

国内市场份额呈小幅上升趋势。2010 年比 2009 年下降 0.23 个百分点；2011 年比 2010 年上升 0.07 个百分点；2012 年比 2011 年上升 0.94 个百分点；2013 年一季度比 2012 年一季度上升 2.07 个百分点。

调查期内，印度低价向中国出口被调查产品，倾销进口产品价格总体呈大幅下降趋势。2012 年倾销进口产品价格比 2009 年下降了 5.45%，进口数量大幅增加了 85.17%；2013 年一季度倾销进口产品价格比 2012 年一季度下降了 7.80%，进口数量大幅增加了 49.96%。倾销进口产品呈现量增价跌态势。在未来可预见的期间内，中国国内单模光纤市场需求仍然较大，吸引力较强，印度会继续向中国大量出口被调查产品。❶

在光纤预制棒反倾销案中，中国调查机关认为损害调查期内，倾销进口产品的进口数量存在大幅增长，且始终维持 41% 以上较高的市场份额，表明了进口实质增加的可能性。❷

2. 从出口能力角度证明未来进口数量变化

在美欧光纤反倾销案中，中国调查机关发现调查期内，美国和欧盟仍然存在较大的可充分自由使用的非色散位移单模光纤产能，对国际市场依赖度较高。美国和欧盟对中国出口非色散位移单模光纤数量占其总出口数量的比例呈增长趋势，由 2006 年的 12.03% 增长到 2009 年的 54.23%，增长了 42.2 个百分点，向其他国家（地区）出口非色散位移单模光纤数量占其总出口数量的比例下降，中国是美国和欧盟非色散位移单模光纤的最大或主要出口国。在未来可预见的期间内，美国和欧盟仍然存在较大的可充分自由使用的非色散位移单模光纤产能，对国际市场依赖度依然较高，中国仍然是美国和欧盟非色散位移单模光纤的最大或主要出口国。❸

在印度光纤反倾销案中，中国调查机关发现调查期内，印度存在较大的

---

❶ 《中华人民共和国商务部对原产于印度的进口单模光纤反倾销调查的最终裁定》，商务部公告 2014 年第 56 号。

❷ 《中华人民共和国商务部关于原产于日本和美国的进口光纤预制棒反倾销调查的最终裁定》，商务部公告 2015 年第 25 号。

❸ 《中华人民共和国商务部对原产于美国和欧盟的进口非色散位移单模光纤反倾销调查的最终裁定》，商务部公告 2011 年第 17 号。

可充分自由使用的单模光纤产能，对国际市场依赖度很高。印度对中国出口单模光纤数量占其总出口数量的比例很高且呈增长趋势，向其他国家（地区）出口单模光纤数量占其总出口数量的比例相应下降，中国是印度单模光纤的最大出口国。在未来可预见的期间内，印度仍然存在较大的可充分自由使用的单模光纤产能，对国际市场依赖度依然较高，中国仍然是印度单模光纤的最大或主要出口国。❶

在光纤预制棒反倾销案中，中国调查机关发现损害调查期间日本、美国的光纤预制棒产能呈逐年增加的趋势，2013 年两国合计产能较 2010 年增长了32%。与此同时，损害调查期日本、美国企业对中国出口量保持在其总出口量的 74% 以上，这表明中国是日本、美国企业重要的出口市场。中国调查机关认为基于损害调查期日本、美国企业产能的增长情况，而中国又是日本、美国企业重要的出口市场，未来中国市场需求的增长极有可能吸引日本、美国企业扩大产能。根据上述调查结果，初裁中，中国调查机关认为，日本、美国光纤预制棒企业可充分自由使用的生产能力呈增长趋势，同时存在即将实质增加的生产能力，这表明了被调查产品进口数量大量增加的可能性。❷

3. 贸易转移对倾销进口数量变化的影响

在印度光纤反倾销案中，康宁技术印度有限公司认为，没有证据表明在可预见的未来，印度被调查产品进口量会大幅提升，并在其评论意见中提出了印度将在电信基础领域进行重大投资等。中国调查机关认为，通过调查机关对前述倾销进口产品情况、印度可充分自由使用的产能以及出口情况、被调查产品进口价格对中国国内产业同类产品价格的进一步影响以及被调查产品库存情况的审查，已经能够充分说明印度对国外市场特别是中国市场的依赖程度，利害关系方提出的印度进行通信领域进行重大投资等情况并未在调查程序中向调查机关提供相应的证据材料。而根据中国调查机关的实地核查

---

❶ 《中华人民共和国商务部对原产于印度的进口单模光纤反倾销调查的最终裁定》，商务部公告 2014 年第 56 号。

❷ 《中华人民共和国商务部关于原产于日本和美国的进口光纤预制棒反倾销调查的最终裁定》，商务部公告 2015 年第 25 号。

了解情况，利害关系方提出的拟在电信基础领域进行重大投资等项目的情况，并不能表明印度被调查产品进口数量不会大幅提升。❶

在光纤预制棒反倾销案中，中国调查机关对中国以外的市场吸收额外出口的可能性进行了审查分析。根据日本、美国应诉企业答卷，损害调查期内，日本、美国企业总出口量保持在其产量的 38% 以上，对中国的出口量则保持在其产量的 29% 以上、出口量的 74% 以上。与此同时，两国国内市场消耗的光纤预制棒在损害调查期间均不超过总产量的 58%。中国调查机关认为，上述数据表明，在损害调查期，日本、美国的光纤预制棒市场处于供大于求的状态，中国是两国主要的光纤预制棒出口市场。申请人提供的证据显示，根据英国国际商品研究所（CRU）报告的数据推算，2014—2016 年，全球光纤预制棒的需求 99% 将集中在中国、美国、日本、欧洲、印度、韩国和巴西。其中，中国将是全球最大的光纤预制棒消费市场，需求量占全球需求量 49% 以上。而预计欧洲的光纤预制棒市场仍将供大于求，印度、韩国和巴西合计需求量约 1201 吨。2015 年和 2016 年国际市场预计将维持上述情况。株式会社藤仓和信越化学株式会社提交的数据也表明，2014—2015 年日本光纤预制棒的需求量将呈逐年下降的趋势。各利害关系方未对上述证据表示异议。中国调查机关认为，上述数据表明，可预见的未来中国以外其他市场吸收日本、美国光纤预制棒额外出口的能力有限，中国仍是日本、美国主要的光纤预制棒出口市场。株式会社藤仓和信越化学株式会社提出，"根据调查公司的报告，……印度和中东正取代中国成为全球增长最快的光纤光缆市场。……相比即将饱和的中国市场而言，新兴出现的印度和中东市场显然对日本出口商更加具有吸引力，因此，中国市场并不是未来日本光纤预制棒生产商的唯一依赖"。对此，申请人认为，根据英国国际商品研究所（CRU）报告的数据，"2014—2016 年期间，印度预制棒需求量占全球比例稳定在 7% 左右，……中东目前只有阿曼有 30 万芯公里的光纤产能，只能消耗不足 10 吨的预制棒，……而且 2013 年以来阿曼的光纤产量已经为零，根本不具有任何吸收过

---

❶ 《中华人民共和国商务部对原产于印度的进口单模光纤反倾销调查的最终裁定》，商务部公告 2014 年第 56 号。

剩产能的能力"。经审查，中国调查机关认为株式会社藤仓和信越化学株式会社提交的数据材料仅说明了印度和中东市场需求的增长情况。根据应诉企业答卷数据，2013 年末日本、美国企业需要依赖出口的产能已达 3000 余吨，而申请人提交的证据表明印度和中东市场需求量仅约 700 吨，即便在需求快速增长的情况下，印度和中东市场需求的绝对数量仍远少于美国、日本需要依赖出口的产能，其吸收额外出口的能力有限。初裁后，康宁公司提出印度市场需求增长很快，中国市场正在逐渐变得不重要。申请人提交的评论意见认为，根据康宁公司提交的 2015 年 2 月的英国国际商品研究所（CRU）报告，除中国、美国、欧洲以外的其他市场预制棒合计需求量的绝对值在增加，但增量有限，2014 年相比 2013 年只增加了 163 吨，2016 年预计也只比 2013 年增加 256 吨，如此微小的需求增量完全不能够缓解和吸收日本、美国光纤预制棒的出口能力。中国调查机关认为根据现有证据，其他市场需求增量并不足以吸收美国、日本需要依赖出口的产能，决定在终裁中维持初裁的结论。❶

4. 被调查产品的库存对倾销进口数量变化的影响

商业库存数量体现了被调查产品即时转化成进口数量的能力。当前高库存意味着在短期的将来倾销进口数量实质增长的高可能性。

在美欧光纤反倾销案中，美国和欧盟非色散位移单模光纤产品期末库存总体呈增长趋势，2007 年比 2006 年增长 68.48%，2008 年比 2007 年下降13.18%，2009 年比 2008 年下降 18.43%。在未来可预见的期间内，美国和欧盟非色散位移单模光纤产品期末库存仍然较大。❷

在印度光纤反倾销案中，中国调查机关发现印度单模光纤产业的期末库存总体呈大幅上升趋势，2010 年比 2009 年上升了 203.89%，2011 年比 2010年下降了 48.70%，2012 年比 2011 年上升了 406.57%，2013 年一季度比 2012年一季度上升了 454.17%。在未来可预见的期间内，印度单模光纤产品期末

---

❶ 《中华人民共和国商务部关于原产于日本和美国的进口光纤预制棒反倾销调查的最终裁定》，商务部公告 2015 年第 25 号。

❷ 《中华人民共和国商务部对原产于美国和欧盟的进口非色散位移单模光纤反倾销调查的最终裁定》，商务部公告 2011 年第 17 号。

库存仍然较大。❶

在光纤预制棒反倾销案中，中国调查机关认为，现有证据表明，损害调查期间倾销进口产品存在进入中国市场的大幅增长率，表明倾销进口产品实质增加的可能性；日本、美国光纤预制棒企业拥有稳定且不断增长的可充分自由使用的生产能力，并且该生产能力存在实质增加的可能性，也表明倾销进口产品进口实质增加的可能性；国际上其他市场对被调查产品出口的吸收能力较小；被调查产品保持稳定比例且绝对数量不断增长的库存；与此同时，倾销进口产品以将对中国国内价格产生大幅度抑制或压低影响的价格进入，并会增加对更多进口产品的需求。基于上述分析，中国调查机关认为更多的倾销进口产品是迫近可预见的，倾销进口产品对中国国内产业造成了实质损害威胁，在中国国内光纤预制棒需求增速放缓的背景下，如不采取措施，实质损害将会发生。❷

（三）价格影响的变化

在实质损害威胁案件中，也需要对被调查产品价格影响进行分析。倾销进口价格对进口国国内同类产品价格产生的可持续性的影响，将导致贸易条件出现变化，从而引发进口国国内产业的实质损害。

世贸组织《反倾销协定》第 3.7 条和《补贴和反补贴协定》第 15.7 条仅列举了对价格压低和价格抑制两类价格影响的分析，并未提及价格削减的情况。在实践中，中国调查机关也主要对价格压低和价格抑制进行分析。

在美欧光纤反倾销案中，中国调查机关认为调查期内，被调查产品进口数量快速增长，所占中国国内市场份额较大，且总体呈快速上升趋势，由2006 年的 5.58% 上升至 2009 年的 22.36%，增长了 16.78 个百分点，其价格变化对同类产品价格具有较大影响。调查期内，中国国内同类产品价格与被调查产品进口价格变化趋势相同，均呈下降趋势。2009 年被调查产品进口价

---

❶ 《中华人民共和国商务部对原产于印度的进口单模光纤反倾销调查的最终裁定》，商务部公告 2014 年第 56 号。

❷ 《中华人民共和国商务部关于原产于日本和美国的进口光纤预制棒反倾销调查的最终裁定》，商务部公告 2015 年第 25 号。

格比 2006 年下降了 28.43%。同期，中国国内同类产品价格比 2006 年下降 8.15%。被调查产品进口价格下降幅度比中国国内同类产品价格下降幅度高 20.28 个百分点。另据调查，虽然 2007 年以来同类产品的单位生产成本有所降低，2009 年比 2007 年下降了 0.8%，但同期中国国内同类产品的销售价格却下降了 1.72%，比中国国内同类产品单位生产成本的下降幅度高 0.92 个百分点。因此，被调查产品价格对中国国内同类产品价格产生了明显的压低作用。在未来可预见的期间内，被调查产品价格仍然较低，仍将继续对中国国内同类产品价格产生压低作用，并且很可能导致对被调查产品需求的增加。❶

在印度光纤反倾销案中，中国调查机关发现调查期内，倾销进口产品进口数量总体大幅增加，2012 年倾销进口产品进口数量比 2009 年增加了 85.17%，2013 年一季度比 2012 年一季度增加了 49.96%。倾销进口产品价格总体呈现下降趋势，2012 年比 2009 年下降 5.45%，2013 年一季度比 2012 年一季度下降 7.8%，并且在调查期各年度，倾销进口产品价格均低于中国国内产业同类产品价格。倾销进口产品对中国国内产业同类产品价格产生了削减作用，并且没有证据表明此种状况发生改变。2013 年一季度，倾销被调查产品出现了明显的量增价跌的趋势。在未来可预见的期间内，倾销进口产品价格可能仍然较低，可能使中国国内产业同类产品价格继续被迫下降，对国内同类产品价格产生压低或抑制作用，并且很可能导致对倾销进口产品需求的增加。❷

在光纤预制棒反倾销案中，现有证据表明，损害调查期间，倾销进口产品的价格对中国国内同类产品存在价格削减且总体呈下降趋势，国内同类产品的销售价格在其影响下已呈逐年下降趋势。同时，申请人提交的证据显示，根据英国国际商品研究所（CRU）报告的相关统计数据推算，2014—2016 年，中国预制棒需求量的年均增幅将保持在 5% 左右，增速明显放缓；中国国内光纤预制棒产能和涉案国的产能将继续增长，甚至逐步超过中国国内市场需求

---

❶ 《中华人民共和国商务部对原产于美国和欧盟的进口非色散位移单模光纤反倾销调查的最终裁定》，商务部公告 2011 年第 17 号。

❷ 《中华人民共和国商务部对原产于印度的进口单模光纤反倾销调查的最终裁定》，商务部公告 2014 年第 56 号。

量，中国光纤预制棒市场在迫近的未来将出现更为激烈的竞争。如前所述，价格是影响光纤预制棒销售的重要因素，随着市场竞争的加剧，未来中国市场的价格竞争也会日趋激烈，日本、美国企业为维护并扩大其市场份额，将会延续现有的定价策略，而中国国内产业将被迫降低价格与之竞争。综上，中国调查机关认为在可预见且迫近的未来，倾销进口产品的进口价格将对中国国内价格产生大幅度抑制或压低的影响。❶

三、实质损害威胁中的中国国内产业状况分析

理论上，在实质损害威胁案例中，进口国国内产业状况仍然处于尚未恶化受损的状态。从指标上看，有关经济指标仍然处于比较正常和积极的状态。但从趋势上看，个别经济指标发展已经开始有弱化甚至恶化的情况。

在印度光纤反倾销案中，中国调查机关发现调查期内，中国国内单模光纤市场需求旺盛，2012 年中国国内单模光纤市场需求比 2009 年增长了57.60%，2013 年一季度又比 2012 年一季度增长了 6.89%。同时，由于对原产于美国、日本、韩国和欧盟的进口单模光纤实施反倾销措施，使原产于上述国家的进口单模光纤对中国的倾销行为受到一定的遏制，改善了中国单模光纤产业的市场环境，为中国单模光纤产业的恢复和发展提供了良好的机遇。在此期间，中国单模光纤产业投入大量资金，陆续新建和扩建了一批生产装置，生产能力明显提高，单模光纤的产量和销量均有较大幅度的增长。中国单模光纤产业的销售收入、税前利润、市场份额、就业人数和劳动生产率等经济指标都呈增长态势，出现了不同程度的好转，中国非色散位移单模光纤产业得到初步恢复和发展。

调查期内，虽然中国单模光纤产业的产能、产量、销量和销售收入等指标呈现增长趋势，但增长幅度均明显减少，投资收益率、开工率总体呈下降趋势，期末库存大幅上升，2012 年中国国内光纤产业期末库存比 2009 年增长了 252.96%，中国同类产品现金流在调查期内，仅 2009 年为现金净流入，其

---

❶ 《中华人民共和国商务部关于原产于日本和美国的进口光纤预制棒反倾销调查的最终裁定》，商务部公告 2015 年第 25 号。

余年度均为现金净流出。调查期内，同类产品的销售价格呈逐年下降趋势，虽然中国国内同类产品的单位销售成本有所降低，2013 年一季度比 2009 年下降了 17.46%，但同期同类产品的销售价格却下降了 21.53%，比同类产品单位生产成本的下降幅度高 4.07 个百分点，表明同类产品的销售价格处于较低水平，中国国内单模光纤产业主要依靠旺盛的国内市场需求，大幅增加销售数量来增加销售收入和销售利润。调查期内，中国国内单模光纤产业产能、产量、销量虽然有所增长，但同期国内同类产品销售价格逐年下降，导致国内产业销售收入的增长幅度远低于同类产品销量的增长幅度，2012 年中国国内产业销售收入比 2009 年增长了 56.06%，而 2012 年国内产业同类产品销量比 2009 年增长了 102.79%。[1]

在美欧光纤反倾销案中，中国调查机关发现调查期内，中国非色散位移单模光纤市场需求旺盛，中国非色散位移单模光纤表观消费量 2009 年比 2006 年增长了 203.75%，年均增长 44.82%。同时，由于对原产于美国、日本和韩国的进口非色散位移单模光纤实施反倾销措施，使原产于日本和韩国的进口非色散位移单模光纤对国内的倾销行为受到一定的遏制，改善了中国非色散位移单模光纤产业的市场环境，为中国非色散位移单模光纤产业的恢复和发展提供了良好的机遇，国内非色散位移单模光纤产业陆续新建和扩建了一批生产装置，生产能力明显提高，非色散位移单模光纤的产量和销量均有较大幅度的增长。中国国内非色散位移单模光纤产业的销售收入、税前利润、现金净流量、开工率、就业人数和劳动生产率等经济指标都呈增长态势，出现了不同程度的好转，中国非色散位移单模光纤产业得到初步恢复和发展。

虽然中国非色散位移单模光纤产业的产能、产量、销量和销售收入等指标呈现增长趋势，但增长幅度远远低于同期中国国内非色散位移单模光纤表观消费量的增长幅度。中国国内同类产品的市场份额总体也呈下降趋势，2009 年比 2006 年下降了 5.86 个百分点，产品期末库存逐年增加，2009 年比 2006 年增长了 168.85%。同类产品的销售价格总体呈下降趋势，2009 年比

---

[1] 《中华人民共和国商务部对原产于印度的进口单模光纤反倾销调查的最终裁定》，商务部公告 2014 年第 56 号。

2006 年下降了 8.15%。虽然 2007 年以来同类产品的单位生产成本有所降低，2009 年比 2007 年下降了 0.8%，但同期同类产品的销售价格却下降了 1.72%，比同类产品单位生产成本的下降幅度高 0.92 个百分点，表明中国国内同类产品的销售价格处于较低水平，国内非色散位移单模光纤产业主要依靠旺盛的中国市场需求，大幅增加销售数量来增加销售收入和销售利润。2010 年中国非色散位移单模光纤产业产能、产量、销量比 2009 年有所增长，但由于 2010 年同类产品销售价格继续下降，导致中国国内产业销售收入的增长幅度远低于同期同类产品销量的增长幅度，2010 年同类产品的税前利润比 2009 年也有所下降。上述证据表明，2010 年及未来可预见期间内，中国非色散位移单模光纤产业生产经营情况将发生变化。❶

第六节　实质阻碍

实质阻碍是世贸组织协定规定的进口国国内产业损害的第三种形式。由于世贸组织争端解决中尚没有实质阻碍案例，国际规则也语焉不详，其官方解释和认定方法尚无统一的定论。

截至目前，中国也没有倾销进口产品对正在建立的中国国内产业造成实质阻碍的案例。根据中国商务部《反倾销产业损害调查规定》第 9 条的规定，在考虑实质损害和实质损害威胁有关因素后，还需要考察国内产业的建立或筹建情况；国内需求的增长情况及其影响；倾销进口产品对国内市场状况的影响；倾销进口产品的后续生产能力和在国内市场的发展趋势等。

---

❶ 《中华人民共和国商务部对原产于美国和欧盟的进口非色散位移单模光纤反倾销调查的最终裁定》，商务部公告 2011 年第 17 号。

第六章　复审中的损害调查

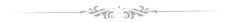

第一节　损害复审调查概述

一、贸易救济复审的定义

世贸组织《反倾销协定》第 11 条及《补贴和反补贴协定》第 21 条规定了在复审调查中进行损害调查的内容，如损害继续或再度发生的可能性，如从产业损害角度看待反倾销措施继续实施的必要性等。

中国《反倾销条例》第 5 章和《反补贴条例》第 5 章规定，反倾销措施和反补贴措施（包括反倾销税、反补贴税和价格承诺）实施一段时间后，中国商务部可以对反倾销措施或反补贴措施的必要性进行复审。根据《反倾销条例》和《反补贴条例》的规定，中国商务部制定了《倾销及倾销幅度期中复审暂行规则》《反倾销退税暂行规则》等部门规章，分别对几类重要的复审调查进行了规制。

二、各类别复审的区别和联系

通常各成员都认可在具体形式上，反倾销措施和反补贴措施的复审主要包括退税调查、期中复审、日落复审，以及中国法规尚未明确规定的继承复审等情势变迁复审等。美国还有年度行政复审等特有的复审程序。值得说明的是，新出口商复审虽名为复审，其实仍然是原审调查的一个部分，并非法律意义上的复审。这几类复审调查，既有联系又有区别。

（1）从开启时间上，退税调查最早，期中复审其次，而日落复审仅可在措施届满时开启。

（2）从调查程序上，期中复审、退税和日落复审调查，理论上可以同时并行进行。

（3）从调查内容上，期中复审可以仅对倾销幅度进行复审，也可以对产业损害状况进行复审，也可以对二者同时进行复审；退税调查仅可对倾销幅度进行复审，以确定此前征收的反倾销税超过了倾销幅度；日落复审，则需要同时对倾销和产业损害继续或再度发生的可能性进行复审。

（4）从调查时限上，期中复审、日落复审和退税调查都不超过 12 个月。

三、实践中的复审中的损害调查

世贸组织协定规定的复审中的损害调查主要体现为日落复审：如果终止反倾销措施或反补贴措施，进口国国内产业所遭受的损害是否可能会继续或再度发生。日落复审中的损害调查，由于调查目的与原审明显不同，因此调查手段和内容也与原审有所区别。

理论上，期中复审也可以进行进口国国内产业损害方面的调查。调查的重点在于，从进口国国内产业遭受的损害及其变化的角度看，是否有必要继续实施反倾销或反补贴措施。

但是利害关系方实际上并没有申请关于损害的期中复审的动力。对于进口国国内产业来讲，由于原审已经确定了产业损害调查肯定性的结论，期中复审进行损害方面的调查已没有必要。从涉案外国出口商、生产商角度来讲，他们最关注的是反倾销税率高低的调整。并且，反倾销措施或反补贴措施实施期间内，损害的消除也不足以说明，实施反倾销措施和反补贴措施已经没有必要。因此，外国涉案企业也没有动力申请对损害调查的复审。在实践中，除日落复审外，中国还没有其他形式的复审调查中的损害调查案例。

第二节　日落复审（期终复审）

一、日落复审概述

世贸组织《反倾销协定》第 11 条和《补贴和反补贴协定》第 21 条规定，经过日落复审，调查机关确定反倾销措施或反补贴措施的终止有可能导致倾销（或补贴）和损害的继续或再度发生，则可以继续实施措施。并且在此种复审的结果产生之前，也可以继续征税。

中国商务部目前尚未有关于反倾销日落复审和反补贴日落复审的部门规章。在实践中，中国调查机关依据《反倾销条例》和《反补贴条例》进行调查和裁决。

二、日落复审调查方法

在日落复审中，调查机关需经调查确定，如果终止反倾销（或反补贴）措施，被调查产品的倾销（或补贴）可能将继续或再度发生，涉案进口对进口国国内产业造成的损害可能将继续或再度发生。世贸组织成员调查机关的应对方法基本一致，在具体调查方法上略有差异。

（一）反倾销日落复审

对损害继续或再度发生的可能性，调查机关主要通过以下几个方面认定。

1. 倾销进口产品数量和价格对进口国国内同类产品价格的不利影响

如果终止反倾销措施后，倾销进口产品的数量可能大幅增长，倾销进口产品价格可能对进口国国内同类产品价格造成不利影响，则倾销进口可能会导致进口国国内产业损害的发生。

在己内酰胺反倾销日落复审案中，中国调查机关认为：

数量方面。中国己内酰胺市场巨大，需求持续增长，是涉案国家（地

135

区）出口商的重要目标市场。同时涉案国家（地区）存在大量的产能及闲置产能，在可预见的未来，产能还将进一步增加。而除中国以外的其他己内酰胺市场的需求则保持稳定。反倾销措施实施期间，被调查产品进口数量和市场份额有所下降，但仍保有中国市场销售渠道和客户群体，且仍占中国市场较大份额。中国市场竞争产品同质化，价格是竞争的主要手段。如果取消反倾销措施，上述国家（地区）的出口商很可能采取倾销手段，通过低价竞争获得中国市场，消化其过剩的产能及闲置产能。因此，中国调查机关认为，如终止反倾销措施，原产于欧盟和美国的己内酰胺对中国的出口数量可能进一步增长。

价格方面。现有证据表明，在中国己内酰胺市场上价格是竞争的主要手段。在产业损害调查期内，被调查产品价格与中国国内同类产品价格变化趋势一致，均呈下降趋势，两者关联度高，虽然被调查产品加权平均进口价格高于中国同类产品的销售价格，但两者差价整体呈缩小趋势，被调查产品价格对中国同类产品价格造成了不利影响。如果取消反倾销措施，涉案国家（地区）的出口商很可能采用倾销手段，通过进一步降低价格来获得中国市场，消化其大量的产能及闲置产能，被调查产品数量将进一步增加，并对中国同类产品价格进一步造成不利影响。❶

2. 进口国国内产业的脆弱状况

如果在实施反倾销措施的情况下，进口国国内产业状况仍然脆弱，在终止实施反倾销措施后，面临倾销进口产品数量和价格的不利影响，该国国内产业可能会因倾销进口受到损害。

在己内酰胺日落复审案中，中国调查机关认为，损害调查期内，中国己内酰胺产业市场需求持续增长，产能、产量、销售数量和市场份额持续上升，产业就业人数、劳动生产率、人均工资等劳动生产相关指标也整体呈上升趋势。中国己内酰胺部分经济指标有了明显改善，整个产业有了一定程度的恢复和发展。同时，中国己内酰胺产品加权平均销售价格持续下降，受此影响，

---

❶ 《中华人民共和国商务部对原产于欧盟和美国的进口己内酰胺所适用反倾销措施的期终复审裁定》，商务部公告 2017 年第 53 号。

产业销售收入先升后降，未能与销量数量保持同步增长，现金净流量持续净流出，中国同类产品税前利润和投资收益率一直处于亏损状态，期末库存不断增加，盈利能力和财务状况持续恶化，整个行业仍处于持续亏损的脆弱状态。❶

（二）反补贴日落复审

截至 2018 年，中国仅有三例反补贴日落复审调查，即对欧马铃薯淀粉反补贴日落复审调查、对美多晶硅反补贴日落复审调查和对欧多晶硅反补贴日落复审调查。在调查内容方面，与反倾销日落复审基本类似。

1. 进口国国内产业的脆弱状况

如果在实施反补贴措施的情况下，进口国国内产业状况仍然脆弱，在终止实施反补贴措施后，进口国国内产业可能会因补贴进口受到损害。

在马铃薯淀粉反补贴日落复审中，申请人主张反补贴措施实施期间，为顺应中国国内市场需求的持续增长，中国马铃薯淀粉生产商增加产业投资，扩大规模，提高产品质量，提升了竞争力。中国马铃薯淀粉产业的产量、销量、销售收入、就业人数、人均工资等经济指标呈不同程度的增长或上升趋势，产业一度扭亏为盈，但整个产业仍然非常脆弱，容易受到补贴进口产品的冲击和影响。

欧盟政府则主张，农业商品的价格与收成和天气有关，通常并不稳定。虽然中国马铃薯淀粉产业的劳动生产率不稳定，并呈现下降趋势，且收益、投资回报和现金流十分不稳定，但并不能基于此趋势得出中国马铃薯淀粉产业受到损害的结论。事实上，中国马铃薯淀粉产业的销量和市场份额在 2015 年显著上升，意味着原产于欧盟的马铃薯淀粉的进口量大幅上涨并没有对中国国内产业造成损害。同时指出，中国马铃薯淀粉产业在得到 10 年的保护之后，仍然没有竞争力，根本原因可能是投资过剩、产能过剩、生产力低下以及缺乏产业结构调整。

---

❶ 《中华人民共和国商务部对原产于欧盟和美国的进口己内酰胺所适用反倾销措施的期终复审裁定》，商务部公告 2017 年第 53 号。

欧洲淀粉协会主张，中国国内产业面临困难的原因在于产能利用率不高，申请书未能证明中国国内马铃薯淀粉产业面临的困难与来自欧盟的进口产品之间存在因果关系。

中国调查机关认为，反补贴措施实施期间，中国马铃薯淀粉产业市场需求总体呈增长趋势，其产能、产量、产能利用率、销售数量和市场份额均呈整体上升趋势，产业就业人数、劳动生产率、人均工资等相关指标也逐年提升。中国马铃薯淀粉产业部分经济指标有了初步改善，整个产业有了一定程度的恢复和发展，产业一度扭亏为盈。但与此同时，中国马铃薯淀粉产业仍处于非常脆弱的状态，产业对进口产品的数量和价格变化仍非常敏感，销售价格受进口产品价格的影响呈现波动且不断下降趋势，除 2013 年比 2012 年价格上涨外，2014 年和 2015 年分别比上年同比下降 1.23% 和 6.26%，2016年一季度较 2015 年同比下降 1.96%。这导致中国国内产业销售收入未能与销售量保持同步增长。2013—2015 年，中国马铃薯淀粉产业销售量持续增加，涨幅分别为 5.6%、5.77% 以及 27.51%，2016 年一季度较 2015 年同比增加15.64%；与此同时，2013—2015 年产业销售收入涨幅分别为 8.01%、4.47%、19.53%。2016 年一季度较 2015 年同比增加 13.37%，调查期的大部分期间销售收入涨幅小于产业销售量涨幅。受销售价格下降影响，中国马铃薯淀粉产业税前利润持续下降，自 2012 年的 7478.6 万元下降至 2015 年的65.36 万元，2016 年一季度，产业陷入亏损。调查期内，产业库存持续增长，自 2012 年的 10.30 万吨增加至 2015 年 11.56 万吨，2016 年一季度，产业期末库存为 8.57 万吨，同比增长 7.97%。中国马铃薯淀粉产业投资收益率始终处于较低水平，一直在盈亏线附近徘徊，产业增加的投资无法得到有效的回收，经营活动现金流也处于不稳定的状态。

对于欧盟政府以及欧洲淀粉协会提出的中国国内产业发展持续受阻的根本原因在于投资过剩、产能过剩的观点，中国调查机关认为，根据现有证据，调查期内，中国马铃薯淀粉产业同类产品的单位制造费用并没有出现大幅度的增长或变化，单位制造费用占生产成本的比例保持稳定，也就是说，产能增长造成的厂房、机器、设备投资折旧增长并没有对中国国内马铃薯产业的经营效益产生实质性的不利影响，产能扩张并非造成中国国内产业效益下滑的主要原因。

综上，中国调查机关认为，中国马铃薯淀粉产业销售价格呈现波动且不断下降趋势。在中国国内需求稳定增长的情况下，中国马铃薯淀粉产业产量、销量的增长并没有带来相应的效益和利润增长，产业的利润和效益十分不稳定，总体呈下滑趋势。中国马铃薯淀粉行业目前仍处于濒临亏损的脆弱状态。❶

2. 补贴进口产品数量可能大量增加

在马铃薯淀粉反补贴日落复审案中，中国调查机关认为，反补贴措施实施期间，欧盟地区马铃薯淀粉需求量保持稳定，存在大量的剩余产量。中国马铃薯淀粉市场需求量不断增加，预计将保持增长状态，是欧盟出口商的目标市场。2015 年欧盟淀粉出口商对中国出口量占其总出口量的 11.44%。虽然出口至中国的产品价格较其他主要出口地区较低，但在反补贴措施实施的 2012—2015 年，即使受到反倾销措施和反补贴措施的双重制约，被调查产品在中国市场的进口数量和市场份额仍呈整体上升趋势，进口量占中国总进口的 80% 以上，说明即使价格较低，中国市场仍是欧盟出口商的重要目标市场之一。另一方面，从出口价格来看，欧盟对相当部分地区的出口价格低于中国，因此，不能得出中国市场价格没有吸引力的结论。目前，部分欧盟生产商在中国国内设有公司，负责销售和客户维护，保有原有的销售渠道，更进一步说明中国市场的吸引力。综上，中国调查机关认为，如终止反补贴措施，原产于欧盟的马铃薯淀粉产品对中国的出口数量可能进一步增长。❷

3. 补贴进口价格的影响

在马铃薯淀粉反补贴日落调查中，中国调查机关认为，措施实施期间，中国马铃薯淀粉产业虽有所发展，但受价格下降等因素的影响，仍处于濒临亏损的边缘。由于目前正在实施的针对被调查产品的反倾销措施和反补贴措

---

❶　《中华人民共和国商务部对原产于欧盟的进口马铃薯淀粉所适用的反补贴措施的期终复审裁定》，商务部公告 2017 年第 38 号。

❷　同❶。

施，被调查产品和中国国内产业同类产品才能够在相对公平、有序的环境下竞争。如果取消反补贴措施，被调查产品数量将进一步增加，对中国国内同类产品价格将造成不利的影响，对仍处于脆弱状态的中国国内产业造成损害。❶

三、调查方法的变化

在 2015 年之前，在认定倾销和损害继续或再度发生的可能性时，中国商务部倾向于认定倾销和损害，或者认为其可能继续发生，或者认为可能再度发生，二者择其一。

在丙酮日落复审案中，中国调查机关裁定，如果终止原反倾销措施，原产于日本、新加坡、韩国和中国台湾地区的进口丙酮对中国大陆的倾销有可能继续发生，对中国大陆产业造成的损害可能再度发生。❷

在双酚 A 反倾销日落复审案中，中国调查机关认为，如果终止原反倾销措施，原产于日本、韩国、新加坡和台湾地区的进口双酚 A 对中国大陆的倾销可能继续发生，进口被调查产品对中国大陆双酚 A 产业造成的损害有可能继续或再度发生。❸

在氨纶反倾销日落复审案中，中国调查机关认为，如果终止原反倾销措施，原产于日本、新加坡、韩国、中国台湾地区和美国的进口氨纶对中国大陆的倾销有可能继续或再度发生。如果终止原反倾销措施，原产于日本、新加坡、韩国、中国台湾地区和美国的进口氨纶对中国大陆产业造成的损害有可能再度发生。❹

在 2015 年前后，中国调查机关调整了调查方法，转而认定倾销和损害可

---

❶ 《中华人民共和国商务部对原产于欧盟的进口马铃薯淀粉所适用的反补贴措施的期终复审裁定》，商务部公告 2017 年第 38 号。

❷ 《中华人民共和国商务部关于原产于日本、新加坡、韩国和台湾地区的进口丙酮所适用反倾销措施的期终复审裁定》，商务部公告 2014 年第 40 号。

❸ 《中华人民共和国商务部关于原产于日本、韩国、新加坡和台湾地区的进口双酚 A 所适用的反倾销措施的期终复审裁定》，商务部公告 2013 年第 55 号。

❹ 《中华人民共和国商务部关于原产于日本、新加坡、韩国、台湾地区和美国的进口氨纶所适用的反倾销措施的期终复审裁定》，商务部公告 2012 年第 62 号。

能"继续或再度"发生，而不再区分倾销和损害是否可能继续发生，还是可能再度发生的情况。

在己内酰胺日落复审案中，中国调查机关认为如果终止反倾销措施，原产于欧盟和美国的进口己内酰胺倾销可能继续或再度发生，中国国内产业受到的损害可能继续或再度发生。❶

在日韩光纤反倾销日落复审案中，中国调查机关认为，如果终止反倾销措施，原产于日本和韩国的非色散位移单模光纤的倾销进口可能继续或再度发生，中国非色散位移单模光纤产业受到的损害可能继续或再度发生。❷

在聚酰胺-6,6切片反倾销日落复审案中，中国调查机关认为，如果终止反倾销措施，原产于美国、意大利、法国和中国台湾地区的进口聚酰胺-6,6切片对中国大陆的倾销可能继续发生，对中国大陆产业造成的损害可能继续或再度发生；原产于英国的进口聚酰胺-6,6切片对中国大陆的倾销可能不会继续或再度发生。❸

在马铃薯淀粉反补贴日落复审调查中，中国调查机关裁定，原产于欧盟的马铃薯淀粉产品的补贴进口可能继续或再度发生，如果终止反补贴措施，中国马铃薯淀粉产业受到的损害可能继续或再度发生。❹

---

❶ 《中华人民共和国商务部对原产于欧盟和美国的进口己内酰胺所适用反倾销措施的期终复审裁定》，商务部公告 2017 年第 53 号。

❷ 《中华人民共和国商务部关于原产于日本和韩国的进口非色散位移单模光纤所适用反倾销措施的期终复审裁定》，商务部公告 2016 年第 78 号。

❸ 《中华人民共和国商务部关于原产于美国、意大利、英国、法国和台湾地区的进口聚酰胺-6,6切片所适用反倾销措施的期终复审裁定》，商务部公告 2015 年第 37 号。

❹ 《中华人民共和国商务部对原产于欧盟的进口马铃薯淀粉所适用的反补贴措施的期终复审裁定》，商务部公告 2017 年第 38 号。

第七章　严重损害

与反倾销和反补贴不同，世贸组织保障措施制度的目的在于应对进口数量激增给进口国国内产业造成的冲击，采取贸易限制措施以给予进口国国内产业适应和调整的时间，更好地同进口产品进行竞争。由于保障措施是针对公平贸易进口采取的贸易管制措施，因此其损害调查与反倾销调查、反补贴调查有明显的区别。

第一节　严重损害概述

一、保障措施的起源

保障措施制度是伴随着扩大市场准入和削减关税壁垒的开展而建立起来的。由于保障措施制度的作用，越来越多的缔约方承诺扩大贸易自由化水平，极大地推动了更广泛的自由贸易的开展。

保障措施起源于 1943 年美国和墨西哥双边协定中的"例外条款"。美方认为，"该条款的目的是了对协定双方提供一定的政策灵活度。在面临紧急突发的贸易状况时，双方可以在一定程度上修改已作出的承诺"❶，以缓解关税减让可能带来的美国国内压力。1951 年，美国关税委员会正式开始"例外条款"的调查，并实施保障措施。

---

❶ 联合国经济社会理事会国际贸易和雇主会议筹备委员会第七次会议纪要（United Nations Economic and Social Council, Preparatory Committee of the InternationalConference on Trade and Employment, Verbatim Report of the Seventh Meeting of Committee ofthe International Conference on Trade and Employment, II, E/PC/T/C. II/PV/7（1946））.

在美国的主张下，《1947 年关贸总协定》加入了第 19 条保障措施的条款，意在向缔约方政府提供紧急情况下用以临时中止减让义务、采取进口限制措施的政策选项。在世贸组织协定中，保障措施相关条款和协定正式成为有约束力的多边协定的一员。

二、严重损害的定义

从性质上看，保障措施是一种针对公平贸易的紧急保护措施，允许世贸组织成员在进口激增严重损害进口国国内产业时中止执行部分义务。因此，与反倾销和反补贴等应对不公平贸易的规则相比，保障措施调查程序和实体标准更加严格，适用条件更加审慎。

在损害调查方面，世贸组织《保障措施协定》定义了"严重损害"的标准："'严重损害'应理解为指对一国内产业状况的重大全面减损。"首先，严重损害是针对进口国国内产业整体情况的，需要通过对产业进行全局性质的分析❶。其次，损害应当是全面且重大的减损，因此，个别或部分指标反映的损害情况和轻微显著的损害影响都不符合协定的定义。

通常认为，严重损害标准高于实质损害标准。上诉机构在"美国羊肉保障措施"案中指出，严重损害意味着较高的损害标准，且要高于反倾销和反补贴调查中实质损害的要求。❷

三、证据要求

由于保障措施的应急性、非常性等特点，调查机关应当提供足够和充分的证据，确保证据的真实性和证明效力，反映进口国国内产业的真实状况，保证措施实施的合理性和有效性。

客观性的证据规则同样适用于保障措施调查。《保障措施协定》第 4.2 条要求，严重损害（或威胁）和因果关系应当建立在对客观证据审查的基础上。

---

❶　上诉机构报告，阿根廷鞋类保障措施 DS121，第 139 段。
❷　上诉机构报告，美国羊肉保障措施争端 DS178，第 124 段。

第二节　进口国国内同类产品和直接竞争产品

一、被调查产品的范围

被调查产品范围的确定是保障措施调查的首要问题。一方面它决定了进口国国内同类产品和直接竞争产品的范围，进而决定了进口国国内产业的范围；另一方面被调查产品范围是后续保障措施实施范围的基础，决定了纳入保障措施范围的进口产品的范围。

通常，被调查产品主要依据申请书主张的申请调查产品的范围决定。但调查机关可以在申请调查产品范围的基础上进行适当调整，最终决定被调查产品范围。

在钢铁保障措施案中，中国调查机关立案时确定了被调查产品范围是 11 类钢铁产品，分别是进口普通中厚板、普薄板、硅电钢、不锈钢板、其他普钢带、普盘条、普通条杆、普通型材、无缝管、焊管和钢坯。立案公告还列举了各类产品所涉及的税则号，并指示《2002 年中华人民共和国海关进口税则》的产品名称和注释为被调查产品描述❶。在钢铁保障措施初裁中，中国调查机关在被调查的 11 类产品基础上确定了 9 种产品实施本案临时保障措施❷。在终裁中，调查机关说明了被调查产品的范围。如被调查产品热轧普薄板是进口至中国大陆，厚度在 4.75 毫米以下，宽度在 600 毫米及以上，经热轧但未经包覆、镀层或涂层的铁或非合金钢平板轧材。主要包括各种经热轧的卷材和热轧薄板材。被调查产品热轧普薄板在 2002 年《中华人民共和国海关进口税则》中的税则号为：72081000、72082600、72082700、72083800、72083900、72084000、72085300、72085400、72089000。热轧普薄板是钢厂对普板坯等钢

---

❶ 《中华人民共和国对外贸易经济合作部关于对部分进口钢铁产品保障措施立案调查的公告》，外经贸部公告 2002 年第 29 号。

❷ 《中华人民共和国对外贸易经济合作部、中华人民共和国国家经济贸易委员会初裁决定》，外经贸部公告 2002 年第 30 号。

铁半成品酸洗或持续退火后经热轧而成的。热轧普薄板的主要生产过程有两种：一是将钢坯加热后通过热连轧机轧制、冷却、再卷取而成；二是采用薄板坯连铸连轧工艺生产成热轧卷，热轧卷开卷后，矫平或平整、剪定尺，即成为热轧普薄板。热轧普薄板是制造其他类钢铁产品的重要原材料，主要作为冷轧钢板、焊管、冷弯或焊接型钢的原料卷或用于制作各种结构件、容器、汽车、集装箱等。热轧普薄板分为多种型号和尺寸，上述每个税则号所对应的产品是按照宽度和厚度划分的不同型号。尽管关税税则把热轧普薄板产品列为不同的税号，但不同税号的产品在物理特征、技术工艺、用途等方面相同或相似，因而中国外经贸部将不同关税税则号项下的热轧普薄板产品归为一类产品。❶

在食糖保障措施中，中国调查机关确定被调查产品为包括原糖和成品糖在内的以蔗糖为主要成分的大类糖产品。❷

食糖保障措施调查过程中，韩国希杰第一制糖株式会社等主张因进口成品糖与原糖存在差异，成品糖应排除在被调查范围之外。中国调查机关认为，原糖是以甘蔗或甜菜为原料，经过加工制得的不作直接食用或添加使用的原料糖。成品糖可以甘蔗、甜菜为原料直接制得，也可以原糖为原料经进一步加工制得。原糖和成品糖均以蔗糖（分子式为 $C_{12}H_{22}O_{11}$）为主要成分，因此理化特征无实质性差异，而且原料基本相同，生产流程基本重合。在调查期内，进口被调查产品以原糖为主，少部分是成品糖。原糖进口后不在中国最终消费市场上流通，进口原糖的唯一目的是将其加工为成品糖，因此原糖最终以成品糖方式进入市场，参与竞争。中国调查机关同时认为，原糖加工至成品糖的生产链短，加工成本低，两者进口替代性强，仅将原糖列入被调查产品范围之内，措施执行后，很可能出现原糖进口被成品糖进口替代，后者继续对中国国内食糖产业造成损害。在调查期内，虽然进口被调查产品以原糖为主，少部分是成品糖，但进口量的多少不能成为排除一部分产品的依据。

---

❶ 《中华人民共和国对外贸易经济合作部、中华人民共和国国家经济贸易委员会关于对部分进口钢铁产品保障措施调查的终裁决定》，外经贸部公告 2002 年第 48 号，第 32-37 段。

❷ 《中华人民共和国商务部部关于对部分进口食糖产品保障措施立案调查的公告》，商务部公告 2016 年第 46 号。

中国调查机关认为，评论意见所称精制白砂糖属成品糖的一种，中国国内产业能够生产精制白砂糖，成品糖之间规格或等级的差别不影响被调查产品范围的认定。因此，中国调查机关决定不接受韩国希杰第一制糖株式会社、大韩制糖协会、大韩制糖株式会社和三养社关于调整被调查产品范围的主张。❶

从食糖调查结论可以看出，调查机关可以依据申请调查产品的范围进行适当的增减调整最终确定被调查产品的范围。

二、进口国国内产品的范围

与反倾销和反补贴调查不同，保障措施调查所涵盖的进口国国内产品的范围更广，既包括同类产品也包含直接竞争产品。这是由保障措施的性质和目的决定的。由于保障措施是为帮助进口国国内企业更好地应对进口产品的竞争和冲击，因此受到进口激增影响的除了与被调查产品相同或相似的同类产品之外，与被调查产品不同但是有直接竞争关系的产品也会受到影响。因此，调查中进口国国内产业应当包括同类产品生产者和直接竞争产品的生产者。

但是《1994年关贸总协定》和《保障措施协定》都没有对同类产品和直接竞争产品的含义作出规定。对于同类产品的定义，不妨借助《反倾销协定》《补贴和反补贴协定》的定义，以及完全相同或特征最为类似的产品。

直接竞争产品则完全是从市场特征角度定义的产品，而不再强调物理化学特征的相同性和相似性。因此，直接竞争产品可以是完全不同，但享有相同或类似的市场特征的两种产品。上诉机构在"日本酒精饮料税收"争端中对"直接竞争"的说明，为理解保障措施直接竞争产品的概念提供了借鉴。它指出，市场提供了消费者选择不同产品的场景，不同产品通过竞争满足特定的需求和偏好；直接显示了关系的紧密性。因此，直接竞争的含义是指当不同产品可以互相替换，或者都能够满足特定需求和爱好时，这些产品是互相竞争和相互替换的❷。

---

❶ 《中华人民共和国商务部关于对进口食糖产品保障措施调查的裁定》，商务部公告2017年第26号。
❷ 上诉机构报告，日本酒精饮料税收争端DS8/10/11，第114-118段。

实践中，调查机关会根据被调查产品的范围确定进口国国内同类产品和直接竞争产品的范围。进口国国内企业能否生产、产品是否完全相同，也是调查机关调查和分析的重点内容。

在钢铁保障措施初裁中，中国调查机关经初步调查，在基本物理特性、生产工艺、用途、销售渠道以及产品的相互替代性等方面，中国国内产业所生产的同类钢铁产品与被要求调查的钢铁进口产品是同类或直接竞争产品。❶在终裁中，中国调查机关针对五类涉案产品〔热轧普薄板、冷轧普薄板（带）、彩涂板、无取向性硅电钢、冷轧不锈薄板（带）〕分别认定了同类产品和直接竞争产品。❷

在调查过程中，部分国外出口商、中国国内进口商和用户提出某些型号的进口产品在中国国内不能生产，因而不存在该类产品的中国国内同类产品。中国调查机关对上述意见进行了详细的研究，并着重进行以下几个方面的调查：（1）进口产品和中国国内产品在关税国际分类中是否属于同一类；它们是否有共同的成分、尺寸、形状、质地等物理特征；它们是否有中国国内外公认的制造标准。（2）进口产品和中国国内产品在销售渠道、价格信息等方面是否相同或相似，以及它们在价格上是否构成竞争关系。（3）进口产品和中国国内产品是否有相同或相似的最终用途以及它们之间的相互替代性。（4）进口产品和中国国内产品是否为满足相似需求而被用户用于相互替代的用途，在这方面的差异是否是出口商为了满足特定用户需求而进行细微的制造变化所造成的。尽管部分国外出口商、中国国内进口商和用户所提交的意见认为进口产品和中国国内产品在产品特征和质量上有所不同，但是综合考察上述因素，中国调查机关认为中国国内生产的热轧普薄板与被调查产品在物理特性、化学性能上没有区别，生产工艺相似，产品用途也基本相同，因

---

❶《中华人民共和国对外贸易经济合作部、中华人民共和国国家经济贸易委员会初裁决定》，外经贸部公告 2002 年第 30 号。

❷《中华人民共和国对外贸易经济合作部、中华人民共和国国家经济贸易委员会关于对部分进口钢铁产品保障措施调查的终裁决定》，外经贸部公告 2002 年第 48 号。

而进口产品和中国国内产品为同类或直接竞争产品。❶

在食糖保障措施调查中，中国调查机关认为被调查产品包括进口原糖和成品糖。国际贸易以原糖为主，中国国内消费市场为成品糖市场，不存在商业化的原糖市场。进口原糖通过简单加工为成品糖后在中国消费市场上销售并参与竞争，此类由原糖加工而成的成品糖是进口原糖的必然延伸形式。

根据中国商务部《保障措施产业损害调查规定》第 7 条、第 8 条关于同类产品或直接竞争产品认定的规定，中国调查机关对被调查产品与以中国国内糖料生产的食糖的物理化学特性、生产工艺流程、产品用途、产品的可替代性、消费者和生产者评价、销售渠道、销售区域、价格等因素进行了考察。

（1）被调查产品与以中国国内糖料生产的食糖均以蔗糖（分子式为 $C_{12}H_{22}O_{11}$）为主要成分，具有相同的基本物理特性和化学特性。

（2）被调查产品与以中国国内糖料生产的食糖最终用途相同，均在消费市场直接流通销售，或作为下游食品、饮料、制药、化工等工业领域的重要原料，在糖果、糕点、饼干、速冻米面食品、乳制品、罐头、饮料等产品中广泛应用。

（3）被调查产品与以中国国内糖料生产的食糖生产工艺流程相同或类似，均包括榨汁、结晶、干燥、包装等基本流程。尽管原糖、以进口原糖提炼加工而成的成品糖、以甘蔗和甜菜等糖料直接加工而成的成品糖的生产工艺在某些细节上有所差异，但其生产工艺原理相同，工艺流程不存在实质性区别，最终生产出来的食糖也不存在实质性区别。

（4）被调查产品与以中国国内糖料生产的食糖销售渠道基本相同，均面向中国全国市场销售。两者目标客户群体基本相同，部分客户同时采购进口成品糖、由进口原糖加工而成的成品糖和以中国国内糖料生产的食糖。

（5）被调查产品与以中国国内糖料生产的食糖在主要应用领域中可以相互替代。部分中国国内下游用户出具的证明显示，其同时使用以中国国内糖料生产的食糖、进口成品糖和由进口原糖加工而成的成品糖。

---

❶ 《中华人民共和国对外贸易经济合作部、中华人民共和国国家经济贸易委员会关于对部分进口钢铁产品保障措施调查的终裁决定》，外经贸部公告 2002 年第 48 号，第 38-40 段。

（6）被调查产品与以中国国内糖料生产的食糖在价格方面具有联动性。特别是调查期内，进口原糖和国际原糖价格与中国国内成品糖价格高度相关。价格是用户作出采购决定的主要考虑因素。

基于上述事实，中国调查机关认为，被调查产品和以中国国内糖料生产的食糖在物化特性、最终用途、生产工艺流程、销售渠道、客户群体等方面基本相同，具有相似性、可替代性和竞争性，两者价格具有联动性。因此，被调查产品和以中国国内糖料生产的食糖属于同类产品或直接竞争产品。❶

三、进口国国内产品的排除

在实践中，中国调查机关也会将部分国内企业生产的产品认定为不属于国内同类产品或直接竞争产品。虽然同为国产产品，但由于生产过程特点等原因，也会被调查机关确定排除在国内产品范围之外。这方面典型案例即是食糖保障措施案中，中国调查机关认定，中国国内企业以进口原糖为原料生产的糖产品不属于国内同类产品和直接竞争产品。

在该案中，有关利害关系方对部分细分糖产品的国内同类产品和直接竞争产品确定提出了不同意见。巴西政府主张，进口的精制糖和由进口原糖所提炼的中国精制糖之间在物理特征、化学性能、制造设备和技术等没有区别，不能将后者从中国国内同类或直接竞争产品中排除。巴西蔗产联盟主张，进口原糖与以中国国内糖料生产的食糖在用途、物理和化学特性、适用的国家标准、销售渠道等方面均存在不同，因此原糖并未与成品糖形成竞争。韩国希杰第一制糖株式会社评论称，精制白砂糖在理化特征、生产工艺、卫生标准、产品用途等方面均较其他成品糖具有明显优势，因此请求独立评估精制白砂糖对中国国内产业的损害情况。

申请人认为，原糖与成品糖均以蔗糖为主要成分，因此基本物理化学特性并不存在实质性差别；原糖与成品糖最初生产原料、生产工艺原理相同，主要生产流程基本重合；原糖不能直接在中国最终消费市场上独立流通，但

---

❶ 《中华人民共和国对外贸易经济合作部、中华人民共和国国家经济贸易委员会关于对部分进口钢铁产品保障措施调查的终裁决定》，外经贸部公告 2002 年第 48 号。

进口原糖通过加工企业回溶提纯后变成成品糖进入中国国内消费市场，原糖与成品糖最终用途完全相同，在定价上也是相互联动。因此，两者属于同类产品，在中国国内市场上存在直接的竞争关系。

中国调查机关认为，进口原糖不能直接进入中国国内消费市场，只能通过加工企业加工为成品糖后进入国内消费市场，与以中国国内糖料生产的食糖直接竞争。这也就是进口原糖进入中国境内的唯一和最终用途。中国调查机关不接受巴西政府和巴西蔗产联盟的主张。中国调查机关还认为，精制白砂糖属成品糖的一种，中国国内产业能够生产精制白砂糖，成品糖之间规格或等级的差别不影响中国国内同类产品或直接竞争产品范围的认定，因此韩国希杰第一制糖株式会社请求独立评估精制白砂糖对中国国内产业的损害情况的主张没有依据，调查机关不予接受。❶

笔者认为，部分国产产品能否从进口国国内同类产品和直接竞争产品范围中排除的问题，需要从以下几个角度来考虑。

一是保障措施制度的本质角度。从谈判历史和《1947年关贸总协定》第19条可以看出，保障措施是世贸组织成员临时性、应急性地中止关税减让义务，以帮助进口国国内相关产业调整生产经营、更好地参与竞争所设置的救济制度。从其本质看，由于要涉及中止减让义务等行为，保障措施实施的条件和要求是最严格的。在条件上，损害上要出现严重损害，进口增加的原因需要是承诺减让时不能合理预计的原因，进口数量的增长需要具有突然、急剧、短期和明显等特点。因此，对进口国内产品的认定需要更加审慎地研究和分析。

二是从生产和产品概念定义的角度。牛津字典对"生产"（produce）的解释是"使之成型或存在"（bring into existence），是具备最终特征和形态，使物品变得存在的意思。同理，"产品"的含义是具备独特特征和形态，能够存在的物品形式。从字典解释讲，"生产"和"产品"的含义只关注最终形式，而不关注变化起点和过程。因此，以何为原料、经历何种装置和工艺不

---

❶ 《中华人民共和国商务部关于对进口食糖产品保障措施调查的裁定》，商务部公告2017年第26号。

能算是生产和产品本身的特征。

三是从世贸争端解决相关案例的角度。在已有的案例中，大部分保障措施都被争端解决机构认定为违反了世贸组织保障措施规则。在仅有的几个与进口国国内产品范围相关的案例中，一旦调查机关主动、积极地排除了部分产品，世贸组织争端解决案例的相关专家组和上诉机构更加倾向于认为排除产品的做法不符合《保障措施协定》的要求。例如，在世贸组织争端解决"多米尼加聚丙烯袋保障措施"案中，该案专家组认为调查机关排除部分国内直接竞争产品生产者的行为，导致其确定的国内产业不符合世贸组织要求❶。

第三节　进口国国内产业

一、进口国国内产业定义

确定进口国国内同类产品或直接竞争产品范围之后，就确定了其国内产品的生产者范围。当一组国内生产者是进口国全国所有的生产者，或者其合计产量占全国总产量的主要部分时，这组国内生产者就可以构成其国内产业，其生产经营状况就可以反映其国内产业的状况。

在钢铁保障措施案中，中国国家经贸委分别对五个类别产品的国内产业进行了认定。比如中国国内生产热轧普薄板的 8 户钢铁企业的产量占全国总产量的主要部分，能够代表中国国内产业。❷ 其余几类产品中国国内产业调查的情况基本类似。

在食糖保障措施案中，广西百色甘化股份有限公司和路易达孚（福建）精炼糖有限公司等 50 家公司和黑龙江省糖业协会、云南省糖业协会提交了中国大陆生产者答卷。根据《保障措施条例》第 10 条规定，中国调查机关认定除路易达孚（福建）精炼糖有限公司之外的 49 家使用中国国内糖料生产

---

❶ 专家组报告，多米尼加聚丙烯袋保障措施案，DS415/416/417/418，第 7.201 段。
❷ 《中华人民共和国对外贸易经济合作部、中华人民共和国国家经济贸易委员会关于对部分进口钢铁产品保障措施调查的终裁决定》，外经贸部公告 2002 年第 48 号，第 50 段。

成品糖的企业的合计产量占同期中国国内食糖生产企业总产量的比例已超过50%。因此这49家企业构成本次食糖保障措施调查的中国国内产业，其数据可以代表中国国内食糖产业情况。调查机关依据这49家企业的生产经营数据来分析中国国内产业情况。

二、国内生产者排除

在实践中，中国调查机关也会根据个案情况认定部分国内企业不是中国国内产品生产者。

在食糖调查中，中国调查机关拒绝授予部分企业中国国内生产者地位，相当于从中国国内生产者范围中排除了这部分企业。中国调查机关认为，路易达孚（福建）精炼糖有限公司是从事被调查产品的进口原糖加工业务，属于被调查产品的进口加工商，其生产的产品是由进口原糖加工的成品糖。根据前述分析，中国调查机关已认定以进口原糖加工而成的成品糖是被调查产品的必然延伸形式，不属于中国国内同类产品或直接竞争产品，因此路易达孚（福建）精炼糖有限公司不属于同类产品或直接竞争产品的中国国内生产者，其填答的答卷也不作为中国国内产业生产者答卷进行评估。

笔者认为，这与反倾销和反补贴调查中排除进口国国内企业的情况略有不同。一是反倾销和反补贴规则有明确授权，可以有条件地排除部分国内生产者。比如与外国企业有关联的国内企业、被调查产品的进口商等，其利益可能与纯本土单纯的制造企业利益不同，所以反倾销和反补贴调查就可以排除这些国内企业。而保障措施规则中则没有排除进口国国内生产者的规定。二是企业的法律地位不同。在反倾销和反补贴调查中，被排除企业已经被承认了国内同类产品生产者的地位；而食糖保障措施调查中，路易达孚（福建）精炼糖有限公司等直接被认定为不属于同类产品或直接竞争产品的国内生产者。三是排除的条件不同。从原理上说，反倾销和反补贴排除企业的目的是避免引入不以国内生产为主要利益的国内企业，从而干扰对进口国国内生产者状况的评估。而保障措施恰恰相反，要求平衡地、无倾向性地考虑进口国国内所有生产者的状况，以全面反映进口国国内经济整体情况，避免依据片面的、局部的经济影响作出征税的决定。

同时，进口国国内生产者的排除也可以从多个角度来考虑。第一，产品的角度。进口国国内产业依据国内同类产品和直接竞争产品范围确定。因此前述进口国国内产品排除的考虑，同样会影响国内生产者的定位。第二，企业的角度。企业之间竞争力有差异。即使在面对进口产品的大量冲击时，有些国内企业可能仍然可以与之竞争。如果不考虑优质企业的情况而片面看重弱势企业，则保障措施可能会将本应由进口产品带来的消费者福利，不恰当地转移给国内企业。第三，产业的角度。保障措施要求衡量进口产品对进口国国内产业整体性、全面性和重大性的影响。针对部分国内企业的调查，显然不能满足整体性、全面性和重大性的法律要求。

第四节　涉案进口产品数量的影响

一、概述

进口产品数量增加是实施保障措施的前提条件之一。被调查产品的绝对进口数量，或者相对于进口国国内产量的进口数量的增长，对进口国国内产业造成了实质损害或者实质损害威胁，调查机关则有权决定采取保障措施。

在损害调查中，进口增加因素是在进口产品的数量影响部分予以考虑的。进口产品数量增加同其他因素一起，通过进口国国内市场上竞争条件和竞争关系的作用，对进口国国内同类产品和直接竞争产品生产者的经营状况产生影响。

二、绝对进口数量增加

在实践中，调查机关重点调查涉案进口产品的绝对数量的增长情况。

在钢铁保障措施案中，中国调查机关对绝对进口数量的变化进行了调查。以热轧普薄板为例，从年度进口量来看，1997 年进口量为 217.38 万吨，1999 年进口至中国的热轧普薄板大量增加，年度进口量为 280.23 万吨，比 1997 年增加 28.91%，比 1998 年增加 45.79%。在此之后，年度进口量仍维持在较高的水平，2000 年进口 271.6 万吨、2001 年进口 263.08 万吨。其中 2000 年比 1997 年增加 24.9%，比 1998 年增加 41.30%；2001 年比 1997 年增加 21.03%，比 1998 年增加 36.86%。为了研究中国热轧普薄板自 1997 年至 2001 年进口量的内在变化规律并确定近期是否存在进口增长的趋势，外经贸部还采用了两年移动平均的方法考察热轧普薄板的进口变化。其中，1999 年、1998 年两年平均比 1998 年、1997 年两年平均增长 31.43 万吨，增长比例为 15.35%；2000 年、1999 年两年平均比 1999 年、1998 年两年平均增长 16.79%，比 1998 年、1997 年两年平均增长 34.72%；2001 年、2000 年两年平均比 2000 年、1999 年两年平均有轻微下降，但仍比 1999 年、1998 年两年平均增加 13.17%，比 1998 年、1997 年两年平均增加 30.54%。从近期进口量来看，2002 年第一季度环比 2001 年第四季度增加 58.78%；美国实施钢铁保障措施和欧盟采取临时保障措施后，2002 年第二季度环比 2002 年第一季度增加 149.65%，比 2001 年第四季度增加 296.40%。考虑到中国 2001 年 12 月 11 日正式加入世界贸易组织，加入世界贸易组织之后的 5 个月的进口量（2002 年 1—5 月）同比 2001 年 1—5 月增长 5.20%，环比 2001 年 8—12 月增长 82.69%❶。

在食糖保障措施调查中，中国调查机关认为调查期内被调查产品进口数量增长足够"近期、突发、急剧和显著"。

首先，中国调查机关认为，进口数量增长"足够近期"。一方面，一个季度的进口量不具有代表性。调查机关注意到，食糖生产具有"季产年销"的特点，中国国内食糖榨季为每年四季度至来年一季度，该时段中国国内食糖供应较为充分，因此每年一季度的进口量一般低于其他季度进口量。调查机关还考察了调查期内每年一季度被调查产品的进口量，发现自 2011 年至 2015 年每年一季度的进口量分别占全年进口量的 2.72%、13.32%、11.63%、24.77% 以及 20.63%。可见全年进口量并非在各季度之间均匀分配，且波动

---

❶ 《中华人民共和国对外贸易经济合作部、中华人民共和国国家经济贸易委员会关于对部分进口钢铁产品保障措施调查的终裁决定》，外经贸部公告 2002 年第 48 号，第 43-45 段。

较大。此外，尽管 2016 年一季度进口比上年同期有所下降，但比 2011 年一季度仍显著增长了 663%。另一方面，进口数量增长"足够近期"。中国调查机关考察了调查期末连续 4 个季度的进口增长情况，2015 年二季度至 2016 年一季度进口数量为 445.16 万吨，同比增长了 22.91%，进口数量增长"足够近期"。关于巴西政府和巴西蔗产联盟主张的 2015 年二季度到 2016 年一季度分季度进口量呈环比大幅下降趋势，进口数量增长不满足"足够近期"的要求，中国调查机关考察了 2011—2015 年被调查产品分季度进口数据，发现除 2014 年之外，调查期内每年一季度的进口量均大幅低于其他季度的进口量。因此，每年的二季度至来年的一季度分季度进口量均呈现相同的下降趋势。调查机关注意到，中国国内食糖榨季为每年四季度至来年一季度，因此每年一季度国内食糖供应充足，进口需求弱，这是中国国内食糖市场季节性特点导致的，并不能证明进口近期下降的趋势。关于相关利害关系方提出的考虑 2016 年一季度后进口变化情况的主张。中国调查机关认为，2016 年一季度后进口变化情况已经超出了本案调查期的考察范围。即便根据有关利害关系方提供的 2016 年一季度后进口数量分析，与调查期期初相比，2016 年一季度后进口数量仍处高水平，不能否定调查期内进口数量急剧增长的事实。

其次，中国调查机关认为，进口数量增长足够"突发、急剧和显著"。调查机关考察了调查期内的绝对进口数量。2011—2015 年，被调查产品的年度进口数量分别为 291.94 万吨、374.74 万吨、454.55 万吨、348.58 万吨和 484.59 万吨，2015 年比 2011 年显著增长了 65.99%。2012 年比 2011 年增长 28.36%，2013 年比 2012 年增长 21.30%，2015 年比 2014 年增长 39.02%。虽然 2014 年比 2013 年减少了 23.31%，但较调查期期初的 2011 年仍显著上涨 19.4%。2015 年被调查产品进口数量大幅增长了 39.02%，为调查期内的最高水平，也是历史最高水平。

中国调查机关继续考察了调查期之前的相关数据。2006—2010 年，被调查产品的年度进口数量分别为 134.87 万吨、119.33 万吨、77.98 万吨、106.45 万吨和 177.60 万吨，5 年进口总量为 615.23 万吨。2011 年进口量突然上涨 65.31%，达到 291.94 万吨。之后的几年在此基础上继续急剧增长，不断突破原有的进口水平。2011—2015 年，进口总量高达 1954.40 万吨，年均进口量为 390.88 万吨，是 2006—2010 年进口水平的三倍以上。

综上，中国调查机关认定，调查期内被调查产品进口数量增长足够"近期、突发、急剧和显著"。❶

对比两个案例的裁决，食糖案重点在于给进口增长定性，而不仅仅满足于对数量变化的事实进行分析和描述。这与损害调查尤其是因果关系调查密切相关。进口数量增长本身不具备危害性，但是当进口数量增加表现出"近期、突发、急剧和显著"等特征时，就可能带来进口国市场竞争态势对比向不利于国内产业的方向变化，有可能造成进口国国内产业的实质损害。因此，数量激增作为进口产品数量影响的表现之一，是确定被调查产品进口和进口国国内产业状况因果关系的一条纽带。

三、相对进口数量的确定

与反倾销和反补贴不同，保障措施中的相对数量仅仅考察进口数量相对于进口国国内产量的比例。

在钢铁保障措施案中，中国调查机关对相对进口数量的变化进行了调查。以热轧普薄板为例，热轧普薄板的进口量相对中国国内生产的变化，主要从市场份额和与中国国内总产量的比例两个方面的指标进行考察。1997—2001 年 5 年间，进口热轧普薄板在中国的市场份额分别为 21.68%、18.50%、23.33%、25.30% 和 21.71%；进口热轧普薄板的市场份额自 1998 年开始逐渐上升，1998 年为 18.50%，1999 年为 23.33%，2000 年为 25.30%，显示出总体上升趋势。进口热轧普薄板相对于中国国内生产总量的比例自 1998 年开始逐渐上升，1998 年为 21.80%，1999 年为 27.39%，2000 年为 28.03%，也显示出总体上升趋势。❷

在食糖保障措施调查中，调查期内被调查产品进口量相对于中国国内总

---

❶ 《中华人民共和国商务部关于对进口食糖产品保障措施调查的裁定》，商务部公告 2017 年第 26 号。
❷ 《中华人民共和国对外贸易经济合作部、中华人民共和国国家经济贸易委员会关于对部分进口钢铁产品保障措施调查的终裁决定》，外经贸部公告 2002 年第 48 号，第 50 段。

产量及其中国国内市场份额呈增长趋势。

中国调查机关认定，被调查产品进口数量占中国国内总产量的比例呈增长态势。从年度数据看，2011—2015 年，所占比例分别为 27.37%、31.97%、35.40%、27.93% 和 47.22%，2015 年比 2011 年显著上升了 19.85 个百分点。中国调查机关继续考察了调查期之前 5 年被调查产品进口数量占中国国内总产量的比例情况。2006—2010 年，所占比例分别为 14.41%、9.65%、5.48%、8.49% 以及 16.68%。2011 年，随着进口量的大幅增长，被调查产品进口数量占中国国内总产量的比例提高了 10.69 个百分点，随后继续不断增长。2012 年比 2011 年上升 4.42 个百分点，2013 年比 2012 年上升 3.61 个百分点，2014 年比 2013 年下降 7.48 个百分点，但仍高于 2011 年的水平。2015年，被调查产品进口数量占总产量的比例再次大幅上升 19.29 个百分点，占据了中国国内总产量几乎一半的份额，为调查期内的最高水平。

从一季度数据看，2011 年一季度至 2016 年一季度，所占比例分别为 1.16%、6.45%、6.16%、9.41%、13.62% 以及 9.96%。2012 年一季度比 2011 年同期上升 5.29 个百分点，2013 年一季度比 2012 年同期微降 0.29 个百分点，2014 年一季度比 2013 年同期上升 3.25 个百分点，2015 年一季度比 2014 年同期上升 4.21 个百分点，2016 年一季度较 2015 年同期下降 3.66 个百分点，但仍高于 2014 年同期水平，比 2011 年一季度提高了 8.8 个百分点。2016 年一季度的比例下降不影响被调查产品进口数量占中国食糖总产量比例的整体上升趋势。

中国调查机关还考察了被调查产品的中国国内市场份额的变化。从年度数据看，2011—2015 年，被调查产品的中国国内市场份额分别为 21.23%、26.69%、30.42%、23.16% 和 32.09%。2015 年比 2011 年提高了 10.86 个百分点。中国调查机关继续考察了调查期之前 5 年被调查产品的中国国内市场份额比例情况。2006—2010 年，被调查产品的中国国内市场份额分别为 12%、9.81%、5.74%、7.83% 以及 12.84%，均大幅低于 20%。2011 年，被调查产品市场份额提高了 8.4 个百分点，随后不断增加，2012 年比 2011 年上升 5.46 个百分点，2013 年比 2012 年上升 3.73 个百分点，2014 年比 2013 年下降 7.26

个百分点，但仍高于 2011 年水平，2015 年比 2014 年大幅上升 8.93 个百分点。因此，中国调查机关认定，被调查产品的中国国内市场份额呈增长态势。如前述分析，食糖生产具有"季产年销"的特点，每年一季度的进口量一般低于其他季度进口。因此，一季度的数据不具有代表性。2016 年一季度同比下降 9.97 百分点，但仍比 2011 年一季度上升 12.56 个百分点。被调查产品进口数量所占市场份额与进口绝对数量变化趋势基本一致。2016 年一季度，被调查产品所占市场份额和进口绝对数量均有所减少，但不影响调查期内被调查产品进口数量急剧增长的总体变化趋势。❶

总体来看，调查机关对进口数量增长情况进行了全面和整体性的分析，并不局限于绝对数量的变化趋势。在这两个案例中，在确认存在进口绝对数量增长的情况后，中国调查机关还进一步地调查和分析了相对数量的变化情况。而且在考察相对进口数量时，也没有局限于协定和条例规定的相对于中国国内产量的进口数量，还评估了进口产品在中国国内市场的市场份额的情况。

第五节　涉案进口产品的价格影响

保障措施规则和法规并不强制要求进行价格影响的分析。在个案基础上，调查机关可以考虑进口产品价格对进口国国内产业状况的影响。价格影响分析是确定进口数量增长与进口国国内产业损害之间因果关系的桥梁。

在此前的两例保障措施调查中，钢铁案并未进行价格影响的比较和评估，食糖案中对价格之间的关系、进口价格变化趋势等做了描述。

如在同类产品和直接竞争产品认定部分，调查机关认为，被调查产品与以中国国内糖料生产的食糖在价格方面具有联动性。特别是，调查期内，进口原糖和国际原糖价格与中国国内成品糖价格高度相关。价格是用户作出采购决定的主要考虑因素。

---

❶ 《中华人民共和国商务部关于对进口食糖产品保障措施调查的裁定》，商务部公告 2017 年第 26 号。

在"未预见的发展"部分的调查中，中国调查机关考虑了国际市场和进口产品的销售价格、变化及其原因等因素。调查机关发现，全球食糖价格波动与供需变化相互作用，呈现周期性特点，周期通常为 2~3 年。2008 年以来，这种周期被不可预见的因素打破。中粮屯河股份有限公司提供的数据显示，2008—2009 年榨季，受巴西持续降雨和印度干旱等极端天气影响，上述两个糖料主产区减产。当年印度由食糖净出口国转变为净进口国，全球食糖产需缺口超过 1000 万吨，从而导致糖价上升。同时，受全球金融危机的影响，原糖的商品和金融属性吸引了全球避险资金大量涌入，投机持仓金额从 2007 年初的 1 亿~2 亿美元增长到 2008 年初的 10 亿~20 亿美元，并在 2011 年初达到 45 亿美元的高点，助推了糖价的暴涨。纽约洲际交易所（ICE）食糖价格从 2008 年最低的 9.44 美分/磅上涨至 2011 年 35.31 美分/磅的高点。

2011—2015 年，虽然中国国内市场的食糖价格和国际市场价格均呈下降趋势，但在中国国内制糖成本高、需求稳定增长的支撑下，中国国内市场价格降幅低于进口产品，后者价格优势进一步显现，国内外价差出现越来越不利于中国国内食糖产业的变化。中国农业部农业贸易促进中心课题组调查报告显示，2011 年初以来，世界原糖价格持续下跌。关税配额外进口原糖精炼税后价由 2011 年 1 月的 9700 元/吨降至 2014 年 1 月的 5000 元/吨，9 月进一步跌至 3900 元/吨。同期中国国内食糖均价由约 7000 元/吨降至 4500 元/吨左右，9 月一度跌破 4000 元/吨，此价格已大幅低于中国国产食糖平均销售成本。两者价差从 2011 年 1 月的 2700 元/吨锐减至 2014 年 9 月的-100 元/吨。进口食糖与国产食糖在中国国内市场中的竞争态势发生了逆转。

在因果关系部分，中国调查机关认为进口价格影响也是造成中国国内产业损害的因素之一。调查机关认为，被调查产品与中国国内产业生产的食糖属于同类产品或直接竞争产品，物化特性、最终用途、生产工艺流程、销售渠道、客户群体等方面基本相同，具有相似性、可替代性和竞争性，两者价格具有联动性，存在直接竞争关系。调查期内被调查产品进口数量急剧增加，进口价格呈大幅下降趋势。受此影响，中国国内产业在需求量持续稳定增长的情况下，产量和销售数量先升后降，市场份额总体呈下降趋势，销售价格总体呈下降趋势，销售收入总体下降，税前利润下降并出现负值，现金流量净额下降并出现负值，开工率恶化，就业人数减少。被调查产品进口数量的急剧增加对中国国内产业造成了严重损害。❶

第六节　进口国国内产业状况分析

一、概述

世贸组织保障措施调查规则要求对进口国国内产业状况进行全面的、综合的评估。除了世贸组织协定和中国法规列举的指标外，其他相关经济指标和因素也应当予以考虑。在调查中，调查机关同样需要对案件相关的肯定性证据进行客观审查。

就规则和条例规定的指标范围看，保障措施中进口国国内产业状况评估的因素明显少于反倾销和反补贴相应调查的范围。笔者认为，就《保障措施协定》立法者意图而言，严重损害或严重损害威胁主要体现在"人、财、物"三个方面；若存在人不能尽其才（即劳动就业和劳动生产率情况恶化）、物不能尽其用（即产能、产量、产能利用率、销售等指标低效）、财不能尽其利（即利润、投资收益率等下行的情况），则进口国国内产业很大可能受到了严重损害。

二、钢铁保障措施调查的处理方法

在前例钢铁保障措施调查中，中国国家经贸委按照《保障措施条例》规定的因素，依次对五类国内产品进行了分析和评估。在对国内冷轧普薄板（带）产业状况的评估中，中国调查机关认为国内产业的表现是：

第一，生产能力和产量增长不足，开工率不足。被调查企业总生产能力1997—2001 年分别为 5012154 吨、5498777 吨、5570213 吨、6527232 吨和

---

❶ 《中华人民共和国商务部关于对进口食糖产品保障措施调查的裁定》，商务部公告 2017 年第 26 号。

6791684 吨，1998—2001 年生产能力分别比上年增长 9.71%、1.30%、17.18% 和 4.05%，2001 年生产能力比 1997 年增长 35.50%，年均增长 7.89%，明显低于全国表观消费量 13.38% 的增长幅度，2001 年增长速度明显趋缓。被调查企业总产量 1997—2001 年分别为 3595036 吨、3950315 吨、4791717 吨、5184953 吨和 5481772 吨，1998—2001 年产量分别比上年增长 9.88%、21.30%、8.21% 和 5.72%。2001 年产量比 1997 年增长 52.48%，年均增长 11.12%，也低于全国表观消费量 13.38% 的增长幅度，尤其到 2001 年增长速度明显趋缓。被调查企业开工率 1997—2001 年分别为 71.73%、71.84%、86.02%、79.44% 和 80.71%，在全国表观消费量一直保持增长的情况下，开工率一直不足，2000 年和 2001 年开工率比 1999 年又有明显下降。

第二，销售量增长趋缓，市场份额变化不大。被调查企业销售量 1997—2001 年分别为 2376882 吨、3803026 吨、4415690 吨、4779384 吨和 5054286 吨，1998—2001 年销售量分别比上年增长 60.00%、16.11%、8.24% 和 5.75%。2000 年和 2001 年销售量增长趋缓。被调查企业冷轧普薄板（带）的市场份额 1997—2001 年分别为 36.39%、53.49%、44.86%、42.77% 和 45.12%，市场份额变化不大。

第三，销售价格明显下降，销售收入和税前利润近期出现明显下降趋势。被调查企业加权平均销售价格 1997—2001 年分别为 3527 元/吨、2827 元/吨、2961 元/吨、3364 元/吨和 2887 元/吨，1998—2001 年销售价格分别比上年下降 19.85%、上升 4.74%、上升 13.62% 和下降 14.18%，2001 年比 1997 年下降 18.14%，年均下降 4.88%，下降幅度十分明显。被调查企业销售收入 1997—2001 年分别为 8382728385 元、10749535404 元、13073474165 元、16077037070 元和 14591758376 元，1998—2001 年销售收入分别比上年增长 28.23%、增长 21.62%、增长 22.97% 和下降 9.24%。2001 年销售收入开始出现明显下降趋势。被调查企业税前利润 1997—2001 年分别为 630382396 元、160679653 元、1146083326 元、1717042060 元和 842816813 元。1998—2001 年税前利润分别比上年下降 74.51%、上升 613.72%、上升 49.82% 和下降 50.91%，2001 年税前利润呈大幅下降趋势。被调查企业单位产品税前利润

1997—2001 年分别为 265 元/吨、42 元/吨、260 元/吨、359 元/吨和 167 元/吨，1998—2001 年单位产品税前利润分别比上年下降 84.07%、上升 514.31%、上升 38.42%、下降 53.58%，2001 年单位产品税前利润呈明显下降趋势。

第四，就业人数在近期降幅较大，人均工资和劳动生产率上升。被调查企业就业总人数 1997—2001 年分别为 8878 人、9020 人、9305 人、9077 人和 8344 人，1998—2001 年就业人数分别比上年上升 1.60%、上升 3.16%、下降 2.45% 和下降 8.07%，2001 年比 1997 年下降 6.02%，年均下降 1.54%。2001 年下降幅度较大。被调查企业人均工资 1997—2001 年分别为 16490 元、18247 元、22085 元、26560 元和 31472 元，2001 年比 1997 年增长 90.85%，年均增长 17.54%，人均工资呈上升趋势。被调查企业劳动生产率 1997—2001 年分别为 513 吨/人、529 吨/人、647 吨/人、676 吨/人和 792 吨/人，呈上升趋势。2001 年比 1997 年上升 54.42%，年均上升 11.48%，劳动生产率逐年上升。

因此，中国国家经贸委认为 1997—2001 年，中国国内冷轧普薄板（带）产业生产能力、产量增长不足，销售量增长趋缓，开工率不足，市场份额变化不大，尤其是调查期内被调查企业销售价格明显下降，销售收入、税前利润和就业人数在后期呈明显下降趋势，人均工资和劳动生产率上升。中国国家经贸委认为，中国国内冷轧普薄板（带）产业受到了严重损害，且在近期表现更为明显。

三、食糖保障措施调查的处理

中国调查机关在该案中，采用了类似反倾销和反补贴调查中的方法，首先对中国需求量、糖料种植面积和压榨能力等 16 个经济指标逐一进行了说明，然后综合全部指标和因素的情况逐年进行了整体性的分析。

中国调查机关认为，相较 2011 年，2012 年中国食糖需求量增长 2.11%，在市场需求拉动下，国内产业产量、开工率、销量、市场份额等指标有一定幅度增长，压榨能力、就业人数等指标也有小幅增长。但由于同期被调查产品进口数量增长 28.36%，价格下降 10.06%，市场份额增加 5.46 个百分比，中国国内食糖销售价格同期也下降了 13.38%，国内产业销售收入未能与销量实现同步增长，导致国内产业税前利润、投资收益率等经营性指标大幅下滑，其中税前利润下降 77.94%，投资收益率下降 9.95 个百分点。

相较 2012 年，2013 年中国食糖需求量继续增长 6.44%，国内产业通过技术改革、削减成本等努力，单位生产成本下降 4.88%，劳动生产率提升 8.65%，压榨能力增长 1.58%。同期被调查产品进口数量增长 21.30%，价格下降 23.99%，市场份额增加 3.73 个百分点。受被调查产品进口量升价跌的影响，国内产业价格继续下降 11.59%。此期间国内产业开工率、产量、销量等指标虽有小幅增长，但幅度明显下滑，其中开工率增长 2.63 个百分点，产量增长 6.57%，销量增长 2.32%。同期国内产业市场份额、就业人数等指标开始恶化，其中市场份额下降 2.55 个百分点，就业人数下降 1.91%。由于销售价格持续下降，国内产业销售收入、税前利润、投资收益率、与经营活动有关的现金流量等指标继续大幅下滑，其中销售收入下降 9.54%，税前利润下降 192.43%，投资收益率下降 4.34 个百分点，降至 -2.03%，国内产业税前利润整体亏损 15.72 亿元，与经营活动有关的现金流量净流出 51.03 亿元，国内产业总体亏损严重，部分制糖生产企业陷入经营困境。2013 年广西有 3 家制糖生产企业因经营困难被迫停产，云南也有 3 家制糖厂因经营困难被迫停产。

相较 2013 年，2014 年中国国内食糖需求量继续增长 0.70%，国内产业通过技术改革、削减成本等努力，单位生产成本下降 9.13%，劳动生产率提升 7.13%，压榨能力增长 3.53%。同期国内产业的产量、销量有小幅增长，市场份额止跌回稳，其中产量增长 2.07%，销量增长 1.75%，市场份额增长 0.66 个百分点。同期被调查产品进口数量下降 23.31%，价格下降 5.81%。受被调查产品进口价格持续下跌的影响，国内产业价格继续下降 16.81%。受此影响，国内产业主要生产经营指标继续恶化，其中开工率下降 1.63 个百分点，就业人数下降 4.72%，销售收入下降 15.36%，税前利润亏损额增加 227.66%，全年累计亏损 51.51 亿元，投资收益率继续下滑 4.59 个百分点，降至-6.62%，与经营活动有关的现金流量净流出65.44亿元。国内产业继续严重亏损，更多国内制糖企业陷入经营困境。2014年广西有5家制糖生产企业因经营困难被迫停产或破产，云南有5家制糖厂因经营困难被迫停产。

相较2014年，2015年中国国内食糖需求量增长0.34%，同期进口数量增长39.02%，进口价格继续下滑14.60%，国内产业除销售价格有所增长外，其他指标继续全面恶化。其中压榨能力下降0.12%，产量下降17.66%，开工率下降14.75个百分点，销量下降14.86%，市场份额下降9.71个百分点，劳动生产率下降11.27%，就业人数减少7.20%。虽然同期国内产业销售价格有所增长，但由于销量大幅下降，国内产业销售收入仍然下降4.84%，税前利润亏损5.63亿元，投资收益率仍为负值，全年与经营活动有关的现金流量净流出60.72亿元。上述数据表明国内产业由于连年亏损，陷入了生产越多亏损就越多的困局，因此只能被迫以牺牲产量和销量来遏制价格的持续下滑，这在一定程度上遏制了国内产业销售价格持续下跌的趋势，缩小了全年亏损总额，但同时导致国内产业产量、销量、销售收入、市场份额、就业人数等指标全面大幅下滑，国内产业遭受到重大的全面减损。国内糖料种植面积继续大幅下降，降至近十年最低水平。更多的国内生产企业被迫停产。2015年广西又有5家生产企业停产，云南有6家制糖生产企业停产。全国甜菜糖生产企业也受到了严重影响。黑龙江产区食糖产量由2011年的28.38万吨，下降到2015年的1.10万吨，降幅超过96%，共有9家甜菜糖生产企业处于停产状态。

2016年一季度，中国国内食糖需求量继续保持增长，被调查产品进口量比2015年同期有所减少，但仍然高于前5年第一季度的平均进口量，进口价格同比继续下跌7.13%。同期国内产业除销售价格外，其他指标继续全面恶化。与2015年同期相比，2016年一季度国内产业产量下降15.44%，开工率下降9.24个百分点，销量下降25.34%，市场份额下降15.18个百分点，销售收入下降14.64%，就业人数减少5.99%，劳动生产率下降10.06%，税前利润为-6.01亿元，投资收益率为-0.56%，与经营活动有关的现金流量净流出116.50亿元。国内产业继续遭受重大的全面减损，损害程度进一步加剧。

随着中国全社会生活水平的提高，中国食品工业、饮料业、饮食业等用糖行业发展迅速，食糖消费量持续增长，国内产业市场需求稳定增长。在此驱动下，国内产业加大投资，调查期内全行业压榨能力有所提升。国内产业采取技术改造、节能减排等措施降低生产成本，提高劳动生产率。但由于被调查产品进口数量急剧增加，进口价格持续大幅下降，国内产业市场份额受到了严重挤压，销售价格不断被拉低，在较长时间内低于生产成本，国内产业陷入销售越多亏损越多的困局，税前利润、现金流量净额和投资收益率持续走低。同时，糖料收购价格也被压低，企业拖欠糖农糖料款的情况增多，糖农种植积极性受挫，糖料种植面积和供应量不断减少。国内产业被迫减少生产，闲置部分产能，裁减员工，陷入恶性循环。随着主要经营指标全面恶化，越来越多的国内食糖生产企业被迫停产和破产，国内产业受到重大的全面减损。❶

第七节　严重损害威胁

世贸组织《保障措施协定》规定的严重损害威胁也是尚未出现、尚未实体化的严重损害。对于损害威胁类案件的调查，审查标准和证据要求也应当依据肯定性的证据和客观审查标准，需要坚实和充分的证据基础作出裁定。由于保障措施的突发性和应急性的特点，进口国国内产业和调查机关可能尚未及对严重损害威胁作出反应，迅速激增的进口产品已经造成了进口国国内产业的严重损害。

中国《保障措施条例》虽然明确提出了严重损害威胁的概念和要求，但也没有提供具体的调查方法甚至思路。在实践中，中国调查机关也还没有保障措施调查中裁决严重损害威胁的案例。

---

❶ 《中华人民共和国商务部关于对进口食糖产品保障措施调查的裁定》，商务部公告 2017 年第 26 号。

第八章　因果关系

第一节　因果关系概述

一、因果关系调查的地位

国际贸易救济规则中，调查机关关注的重点有三：一是存在不公平的贸易行为（倾销或补贴进口）或者公平贸易条件下的数量激增（保障措施），二是进口国国内产业因之受到的法定程度的损害，三是涉案进口与进口国国内产业损害之间的因果关系。由此可见，因果关系调查是贸易救济调查的重要内容之一。

二、因果关系性质的主要分歧

在关贸总协定和世贸组织反倾销和反补贴规则的发展过程中，各方对倾销或补贴进口对进口国国内产业损害作用的性质一直存在分歧。部分出口导向性国家和一些专家学者从贸易救济措施正当性和合理性角度出发，认为只有倾销或补贴进口和进口国国内产业损害之间具备较强的因果联系，才能实施贸易救济措施。而以美国调查机关为代表的一些调查机关认为，要求在因果关系调查中成立强因果实践操作难度太大，并且不公平进口只要是国内产业损害的一般原因或原因之一，世贸组织成员就有理由实施贸易救济措施。这个思路也体现在关贸总协定各个阶段《反倾销守则》的演化过程中。

强因果联系标准是指在认定倾销或补贴进口和进口国国内产业损害之间因果关系时，涉案进口应当是进口国国内产业损害的主要原因（principal cause）。这种观点基于经济学的分析，认为涉案进口不应当不成比例地承担进口国国内产业损害的责任。

对于主要原因中涉案进口原因应该达到的程度，专家学者间也存在很大的分歧。有人以量化分析的方法，认为主要原因要求倾销或补贴造成的损害应大于所有其他原因造成的损害之和❶。有观点认为主要原因是指由于倾销或补贴进口造成的损害应当大于其他任一已知因素所造成损害❷。还有观点认为，主要原因是指所有原因综合造成进口国国内产业的损害，而倾销或补贴进口在其中起了主要作用❸。主要原因是标准强调倾销或补贴进口和损害之间强因果联系，要求调查机关在因果关系调查中采用严格的标准，贸易救济措施的实施更加审慎。

采用强因果联系标准必然导致贸易救济措施实施的难度加大。有的国家认为，贸易救济制度设立的初衷是为了建立自由贸易体系下的安全阀，以促进世贸组织各成员加大关税减让的力度和步伐。采用强因果联系标准将导致更加难以实施贸易救济措施，对进口国国内产业保护的力度加大，弱化了贸易救济制度设计的初衷，进而影响各国关税减让的决心和信心。在此背景下，一般因果联系标准应运而生。一般原因标准（contributory cause）只要求涉案进口是造成损害的原因之一即可。这大大降低了因果关系认定和实施贸易救济措施的难度。相对于主要因果关系标准，一般原因标准对认定存在因果关系的要求更低，有利于实施反倾销或反补贴措施以保护进口国国内产业。目前一般因果关系标准是世贸组织及其成员普遍认可和采用的标准。

但是在规则谈判和多边场合，一直有世贸组织成员要求进一步严格世贸组织贸易救济纪律，克制各成员使用贸易救济措施。因此，强因果联系标准仍然经常作为规则层面的提案出现。

---

❶　J. F. Beseler, "EEC Protection Against Dumping and Subsidies from 'Third Countries'", 6 Common Market LawReview 337, 1968.

❷　Hearings before the Senate Finance Committee on the International Antidumping Code on 27th June 1968, 89th Cong, 2nd Sess. 17, 1968.

❸　Report USITC to the Senate Finance Committee. 90th Cong, p. 12, 1968.

三、因果关系调查的主要内容

根据世贸组织《反倾销协定》及《补贴和反补贴协定》等，在因果关系部分，调查机关将重点解决两个问题：一是确定涉案进口是造成进口国国内产业损害的原因；二是明确其他已知因素造成的进口国国内产业损害，并确认没有将其造成的损害归因于涉案进口。

虽然世贸组织《反倾销协定》第 3 条和《补贴和反补贴协定》第 15 条都通过单独的条款规定因果关系调查的内容，但是从世贸组织这两个协定中损害调查部分的整体构架看，因果关系调查并非仅限于个别条款，而是已经深刻融入贸易救济损害调查的每个部分和环节之中。

第二节　涉案进口是造成进口国国内产业损害的原因

一、概述

同世贸组织协定一致，中国《反倾销条例》第 8 条和《反补贴条例》第 8 条也有类似规定，要求中国商务部调查倾销（或补贴）进口造成了中国国内产业损害。但是，该法规并没有要求调查机关必须认定，倾销进口是造成中国国内产业损害的唯一原因或主要（或重要）原因，才能实施反倾销措施。从这个意义上说，调查机关仅需要证明倾销进口是造成中国国内产业损害的一般原因❶即可。

在前几部分的调查中，如果确定倾销进口产品的数量和价格对国内同类产品的销售价格造成了明显影响，进而对中国国内产业状况造成了实质的损害，则可以认为倾销进口是造成国内产业实质损害的原因。在实践中，调查机关通常以归纳性的语言阐述倾销进口造成了进口国国内产业损害。与涉案进口同时存在、并造成进口国国内产业损害的其他已知因素的影响，则会通

---

❶　同时造成国内产业损害的其他原因，可以通过非归因调查解决。

过非归因调查等对相关因素的作用和影响分别进行调查。

二、典型案例

在美欧光纤反倾销案中，中国调查机关认为，中国国内非色散位移单模光纤市场需求呈快速增长趋势，为正在恢复和发展的中国非色散位移单模光纤产业提供了良好的发展环境。但由于美国和欧盟向中国大量低价出口非色散位移单模光纤产品，中国国内产业受到一定程度的冲击，对正处于恢复期且较脆弱的国内产业造成了重大影响，导致调查期及未来可预见的期间内国内非色散位移单模光纤产品价格处于较低水平，且总体呈下降趋势，国内产业所占的市场份额总体呈现下降趋势，期末库存逐年增加，生产经营受到较大影响，国内非色散位移单模光纤产业受到实质损害威胁。与此同时，调查期及未来可预见的期间内，美国和欧盟存在大量的可充分自由使用的产能，具有较强的出口能力，对国际市场依赖度较高，需要寻求国外市场消化可充分自由使用的产能和国内消费的剩余产品。美国和欧盟对中国出口非色散位移单模光纤数量占其总出口数量的比例较大，中国仍将是美国和欧盟非色散位移单模光纤的最大或主要出口国。因此，美国和欧盟向中国大量低价出口非色散位移单模光纤产品造成中国国内非色散位移单模光纤产业实质损害威胁。[1]

在对欧 TDI 反倾销案中，中国调查机关认为中国海关统计数据显示，调查期内，被调查产品的进口数量呈总体增长趋势，且增幅明显。2009 年和 2010 年分别比上年增长 57.36% 和 13.78%，2011 年比 2010 年减少 25.86%，但仍比 2008 年增加 32.74%；被调查产品占中国甲苯二异氰酸酯总进口数量的比例呈持续上升趋势，2008 年为 22.21%，2009 年为 25.98%，2010 年为 33.51%，2011 年为 39.87%，调查期末的 2011 年比调查期初的 2008 年提高了 17.66 个百分点。调查期内，被调查产品进口数量迅速增加，2008—2010 年，被调查产品在中国国内市场所占的份额持续上升，累计增长 1.88 个百分

---

[1] 《中华人民共和国商务部对原产于美国和欧盟的进口非色散位移单模光纤反倾销调查的最终裁定》，商务部公告 2011 年第 17 号。

点。2011 年比 2010 年下降 2.32 个百分点，降至与 2008 年接近水平。调查期内，被调查产品在进口数量总体呈增长趋势并保持一定市场份额的同时，被调查产品进口价格总体呈下降趋势，对国内产业同类产品价格产生了削减和价格压低作用。受此影响，国内产业同类产品价格呈持续下降趋势，2009—2011 年，同比下降 29.25%、3.05%、16.57%。国内产业同类产品在产能、产量和销售量大幅增长的情况下，销售收入并没有得到相应增长，反而呈不稳定趋势，经营活动现金流量状况恶化。

调查期内，甲苯二异氰酸酯产品市场需求持续增长，中国国内产业同类产品劳动生产率提高，单位销售成本下降。由于受被调查产品进口的影响，中国国内产业同类产品被迫大幅下调价格，盈利能力不仅没有增强反而不断萎缩，中国国内产业同类产品毛利率和单位毛利润持续下降，中国国内产业同类产品税前利润和投资收益率急剧下降，库存增加明显。2011 年，中国国内产业同类产品毛利率、单位毛利润、税前利润和投资收益率等指标均降至调查期内最低水平，其中，税前利润和投资收益率为负值，国内产业严重亏损。综合考虑上述事实和证据，中国调查机关认定，调查期内，被调查产品的倾销进口造成了中国国内产业实质损害。❶

在甲基丙烯酸甲酯反倾销案中，中国调查机关认为，损害调查期内倾销进口产品数量总体呈现增长趋势，2012 年比 2011 年增长了 66.29%；2013 年比 2012 年下降了 6.55%，比 2011 年增长了 55.39%。同期中国国内同类产品市场份额总体呈现下降趋势，2012 年比 2011 年下降了 8.09 个百分点，2013 年比 2012 年增加了 3.42 个百分点，但比 2011 年下降了 4.67 个百分点。由于倾销进口产品与中国国内同类产品在物理和化学特性、产品用途、生产工艺、销售渠道和客户群体、消费者评价等方面基本相同，可以相互替代，二者存在竞争关系，价格成为下游客户选择产品的重要因素。损害调查期内，倾销进口产品价格始终低于中国国内产业同类产品价格，对中国国内产业同类产品价格产生了削减作用。中国国内产业为了维持市场份额，被迫采取降价销

---

❶ 《中华人民共和国商务部关于原产于欧盟的进口甲苯二异氰酸酯（型号为 TDI8020）反倾销调查的最终裁定》，商务部公告 2013 年第 16 号。

售的方法与倾销进口产品竞争，损害调查期内，中国国内同类产品价格逐年下降，2012 年比 2011 年下降了 18.07%，2013 年比 2012 年下降了 0.65%。中国国内产业同类产品销售价格下降，造成销售收入、税前利润等指标相应下降，投资收益率下降，期末库存增加，劳动生产率下降，现金净流量大幅减少。倾销进口产品对中国国内产业生产经营产生了不利影响。中国调查机关据此认定，倾销进口产品与中国甲基丙烯酸甲酯产业受到的实质损害存在因果关系。❶

在邻氯对硝基苯胺反补贴案中，中国调查机关认为损害调查期内，补贴进口产品数量总体呈增长趋势，2014 年比 2013 年增长 42%；2015 年比 2014 年小幅回落 2.23%，2016 年 1—9 月比上年同期增长 23.03%。同期中国国内同类产品销售数量持续下降，2014 年比 2013 年下降 28.02%，2015 年比 2014 年下降 2.51%，2016 年 1—9 月比上年同期下降 26.19%。损害调查期内，中国国内产业市场份额持续下降，2014 年比 2013 年下降 15.47 个百分点，2015 年比 2014 年下降 0.08 个百分点，2016 年 1—9 月比上年同期下降 12.63 个百分点。

由于补贴进口产品与中国国内同类产品在物理化学特性、原材料、产品用途、销售渠道、客户群体等方面基本相同，二者可以相互替代，存在竞争关系。邻氯对硝基苯胺中国国内用户群体和需求基本稳定，市场对供应和价格的变化非常敏感。损害调查期内，补贴进口产品数量增长明显，2013—2015 年由 1607 吨增加至 2231 吨，2016 年 1—9 月进口量已达到 1918 吨。除调查期初的 2013 年外，补贴进口产品价格均低于中国国内同类产品价格。补贴进口产品快速增长的数量和较低的价格对中国国内市场造成显著影响，导致中国国内产业市场份额降低，销售量下滑，销售收入减少，并进而导致中国国内产业产量、开工率和就业人数持续下降。为应对补贴进口产品的低价竞争，损害调查期中后期国内产业被迫持续降低价格，销售收入进一步下降，经营指标持续恶化。在整个损害调查期内国内产业持续亏损，投资收益率始终为负，调查期末国内产业亏损程度显著扩大，现金净流量呈净流出状况。补贴进口产品对中国国内产业生产经营产生了不利影响。中国调查机关认定，补贴

---

❶ 《中华人民共和国商务部关于原产于新加坡、泰国和日本的进口甲基丙烯酸甲酯反倾销调查的最终裁定》，商务部公告 2015 年第 60 号。

进口产品与中国国内邻氯对硝基苯胺产业受到的实质损害存在因果关系。❶

在干玉米酒糟反补贴案中，损害调查期内，补贴进口产品数量呈现逐年快速上升趋势，2012 年、2013 年、2014 年和 2015 年 1—9 月，被调查产品进口数量分别为 238.15 万吨、400.02 万吨、541.12 万吨和 527.39 万吨。2013 年比 2012 年增长 67.97%；2014 年比 2013 年增长 35.27%；2015 年 1—9 月比上年同期增长 3.92%。

2012 年、2013 年、2014 年和 2015 年 1—9 月，补贴进口产品数量占中国国内市场份额快速持续上升，2013 年比 2012 年上升了 12.12 个百分点，2014 年比 2013 年上升了 8.27 个百分点，2015 年 1—9 月比上年同期又上升了 2.03 个百分点。与此同时，中国国内产业同类产品市场份额持续下降，2013 年比 2012 年下降 5.15 个百分点，2014 年比 2013 年下降 4.44 个百分点，2015 年 1—9 月达到调查期内最低点，市场份额累计降幅达 11.9 个百分点。损害调查期内，补贴进口产品所占市场份额期末比期初上升 28.59 个百分点，且补贴进口产品进口数量占中国总进口量的比例在 99% 以上，补贴进口产品严重挤占了中国国内产业同类产品的市场份额。

由于补贴进口产品与中国国内产业同类产品在物理特性、原料和生产工艺、产品用途、销售渠道和客户群体等方面基本相同，二者可以相互替代，存在竞争关系，价格成为下游客户选择产品的重要因素。损害调查期内，补贴进口产品价格对中国国内产业同类产品价格产生了压低和抑制作用，且补贴进口产品占中国国内产业的市场份额最高达 70%，具有市场价格领导者的地位，决定中国市场价格的走向。中国国内产业市场份额不断减少，与此同时，补贴进口产品市场份额不断扩大。为了不完全丧失现有的市场份额，被迫采取降价销售的方法与补贴进口产品竞争。损害调查期内，中国国内产业同类产品价格呈下降趋势。在市场需求增长，中国国内产类同类产品产量、销售数量增长的情况下，由于中国国内产业同类产品价格受到压低和抑制，导致中国国内产业同类产品亏损持续大幅增加、投资收益率持续下降、期末

---

❶ 《中华人民共和国商务部关于原产于印度的进口邻氯对硝基苯胺反补贴调查最终裁定》，商务部公告 2018 年第 18 号。

库存持续大幅增加、开工率下降、就业人数下降、现金净流量下降，补贴进口产品对国内产业生产经营产生了严重损害。因此，调查机关认定补贴进口产品与中国国内干玉米酒糟产业受到的实质损害存在因果关系。❶

三、直接原因、主要原因和重要原因

从实践看，涉案进口与国内产业实质损害之间的因果关系，中国调查机关的思路经历了从直接原因、主要原因或重要原因等向原因之一的转变。在此前某些案件中，中国调查机关会认定倾销进口是造成中国国内产业损害的直接原因、主要原因或重要原因。而在近年的裁决中，中国调查机关已经很少使用主要原因或直接原因等表述。

在己内酰胺反倾销案❷和丙烯酸酯反倾销案❸中，调查机关认定倾销进口是造成中国国内产业损害的直接原因。在苯酚反倾销案中，调查机关认定倾销进口是造成中国国内产业损害的主要原因。在有机硅反倾销案、美日韩光纤反倾销案、聚氯乙烯反倾销案和冷轧板卷反倾销案等案件中，调查机关认定倾销进口是造成中国国内产业实质损害的直接和主要原因。在邻苯二酚反倾销案和铜版纸反倾销案等案件中，调查机关认定倾销进口是造成中国国内产业实质损害的重要原因。

第三节　非归因调查

一、概述

世贸组织《反倾销协定》第 3.5 条及《补贴和反补贴协定》15.5 条规

---

❶　《中华人民共和国商务部关于原产于美国进口干玉米酒糟反补贴调查最终裁定》，商务部公告 2016 年第 80 号。

❷　《中华人民共和国商务部关于原产于欧盟和美国的进口己内酰胺反倾销调查的最终裁定》，商务部公告 2011 年第 68 号。

❸　《关于原产于韩国、马来西亚、新加坡和印度尼西亚的进口丙烯酸酯反倾销案最终调查结论》，商务部公告 2003 年第 3 号。

定，调查机关还应审查除倾销或补贴进口产品外的、同时正在损害进口国国内产业的任何已知因素，且这些其他因素造成的损害不得归因于倾销进口产品。由于该条款列举了六个因素❶，因此要求调查机关至少对这六个因素造成中国国内产业损害的情况进行分析。如果在调查过程中，调查机关得知其他因素也对进口国国内产业造成了损害，调查机关也将对这些已知因素造成损害的情况进行调查，并分析该因素与倾销进口造成的产业损害的关系。

二、典型的其他因素

1. 进口国国内产能过剩

在甲乙酮反倾销案中，有关利害关系方提出，中国大陆甲乙酮价格下降是由产能增加造成的。中国调查机关认为，价格的变化是多种因素共同作用的结果，产能的扩大可能在一定程度上会影响价格。但就本案而言，调查期内，处于成长期的中国大陆产业通过增加产能以满足日益增长的市场需求，为产业发展带来了积极的影响。尽管产能扩大，但中国大陆甲乙酮总产量与总需求之间仍有相当大的差距，中国大陆总产量占中国大陆总需求的比例在50%左右，并没有出现过剩的局面，中国大陆总产量尚不能满足总需求。2003年、2004年中国大陆产业产能同比增长了71.43%、17.24%，价格同比增长了21.11%、58.51%；2005年产能同比增长58.82%，价格下降了20.03%，2006年上半年产能增长了26.32%，价格下降了21.89%。数据显示，产能与价格之间的变化有时表现为同步增长，有时表现为产能增长、价格下降。在中国大陆总产能尚未满足中国大陆总需求的情况下，现有证据不能表明产能的增加必然导致价格的上涨或下跌。在调查期内，中国调查机关未发现产能与价格之间存在直接的相关性。与此对应的是，进口价格对中国国内价格的影响明显。❷

---

❶ 这六个因素是，未以倾销价格销售的进口产品的数量和价格、需求的减少或消费模式的变化、外国与进口国国内生产者的限制贸易的做法及它们之间的竞争、技术发展以及进口国国内产业的出口实绩和生产率。

❷ 《中华人民共和国商务部关于原产于日本、台湾地区和新加坡的进口甲乙酮反倾销调查的最终裁定》，商务部公告2007年第81号。

在干玉米酒糟反补贴案中，美国大河资源有限责任公司提出，中国国内玉米深加工行业加工链条短、产品"同质化"造成结构性产能过剩，是导致全行业长期低迷的一个重要原因。并以吉林省玉米深加工行业为例提出市场需求已相对饱和，产能惯性扩张，结构性产能过剩问题严重。中国调查机关调查发现，2012—2014 年和 2015 年 1—9 月，中国国内干玉米酒糟表观消费量分别为 572.57 万吨、744.71 万吨、872.98 万吨和 751.46 万吨；同期中国国内产业总产能分别为 675 万吨、666 万吨、657 万吨和 493 万吨。损害调查期内，中国国内产业总产能呈下降趋势，除 2012 年外，2013 年至 2015 年 1—9 月中国国内产业总产能均低于表观消费量。中国调查机关认为，没有证据表明大河资源有限责任公司关于中国国内结构性产能过剩的主张成立。❶

在美国多晶硅"双反"案中，赫姆洛克半导体公司提出中国国内企业盲目扩张产能和产量导致市场供应严重过剩，是造成国内产业损害的原因。对此，中国调查机关进行了调查，中国电子材料行业协会出具的《关于中国多晶硅产能产量情况的说明》显示，调查期内，中国国内产业全行业产能扩大较快，从 2008 年的 15000 吨增长至 2009 年的 40000 吨、2010 年的 74500 吨、2011 年的 145730 吨、2012 年 1—6 月的 87000 吨，与此同时，中国国内市场表观消费量 2008 年为 16543.79 吨，2009 年为 41489.36 吨，2010 年为 90304.54 吨，2011 年为 146130.62 吨，2012 年 1—6 月为 76480.80 吨。调查期内，随着下游光伏产业的快速发展，中国国内市场需求旺盛，2012 年 2 月中国工业和信息化部也发布了《太阳能光伏产业"十二五"发展规划》等产业政策，鼓励了中国国内产业的发展。但 2008—2011 年，中国国内产业产能并未超过表观消费量，到 2012 年 1—6 月，国内产业产能相对表观消费量才有了更明显的扩大。

中国调查机关认为，调查期内中国国内产业产能增长速度较快，对国内产业可能有一定的影响。产能的扩大一般会导致产量的增加，但调查期内中国国内产业同类产品的产量却远小于表观消费量，因此中国国内产业同类产

---

❶ 《中华人民共和国商务部关于原产于美国进口干玉米酒糟反补贴调查最终裁定》，商务部公告 2016 年第 80 号。

品供应量远远小于国内市场需求，国内产业同类产品供给大于需求的情况并未出现。在一个市场化的环境中，为占有更多的市场份额，中国国内产业在产量远小于表观消费量的情况下扩大产能，是具有合理性的。调查机关也对可能受产能扩大直接影响的指标如国内产业的单位生产成本、单位销售成本进行了单独分析，调查期内，上述指标呈持续下降趋势，并未受到不利影响。如前所述，补贴进口产品对中国国内产业的价格影响已经存在，产能扩大并不足以否定此一事实。调查机关认定，中国国内产业产能的扩大不足以否定补贴进口与国内产业实质损害之间的因果关系。❶

2. 不可抗力

在 1,4-丁二醇反倾销案中，沙特阿拉伯 IDC 公司认为，中国大陆产业受损害突出表现在 2008 年一季度，而证据证明这一期间的损害是由于冰雪灾害造成的。中国调查机关认为，2008 年一季度冰雪灾害对申请人山西三维集团股份有限公司的生产经营产生了一定的影响，但未对该公司的同类产品的生产经营产生不利影响。申请人拥有四大系列百余个品种的产品，其中同类产品的销售收入仅占该公司全部产品的十分之一左右。虽然冰雪灾害对公司的一些产品的生产经营产生影响，从而影响了整个公司的经营业绩。但是，由于申请人同类产品的主要原材料都是在中国北方采购，因此，同类产品的生产经营并未受到影响。调查显示，四川天华富邦化工有限责任公司地处四川省南部的合江县。2008 年一季度冰雪灾害期间，该地区并无大雪降落，该公司同类产品所需原材料来源稳定，未受到影响，不存在冰雪灾害对该公司同类产品生产经营产生影响的情况发生。调查显示，2008 年一季度，中国大陆同类产品表观消费量比上年同期增长 32.84%，冰雪灾害未对同类产品需求造成影响。❷

3. "双反"案中倾销或补贴因素的影响

在邻氯对硝基苯胺"双反"案中，中国调查机关认为反倾销调查的初步

---

❶ 《中华人民共和国商务部关于原产于美国的进口太阳能级多晶硅反补贴调查最终裁定》，商务部公告 2014 年第 4 号。

❷ 《中华人民共和国商务部关于对原产于沙特阿拉伯和台湾地区的进口 1,4-丁二醇反倾销调查的最终裁定》，商务部公告 2009 年第 106 号。

裁定中认定来自印度的倾销进口邻氯对硝基苯胺与中国国内产业受到的实质损害之间存在联系，但也不能否定补贴进口与中国国内产业受到实质损害之间的因果关系。初裁后，没有利害关系方对此提交评论意见。经进一步调查，调查机关决定在终裁中维持初裁认定。❶

第四节　日落复审中的因果关系

一、概述

就国际反倾销和反补贴规则而言，日落复审的调查内容和逻辑不同于原审调查。日落复审中的损害调查强调损害是否可能再度或继续发生，是一种或然性的逻辑。因此在因果关系方面，日落复审调查与原审中的因果关系分析侧重点也有不同。

尤其是，由于在原审中已经建立了倾销或补贴进口与进口国国内产业损害之间的因果关系。因此在日落复审中，如果能够论证反倾销或反补贴措施终止后，损害有可能继续或再度发生，原审中发现并认定的因果关系性质则可能仍将存在。此外，在非归因调查方面，由于日落复审是对未来市场情况进行的预测性和假设性的可能性分析，因此，一方面国际规则也不要求调查机关穷尽可能，必须在调查时知晓和甄别未来可能造成进口国国内产业损害的其他因素，另一方面，利害关系方也很难期望在各成员调查机关分析结论的准确性。当然，非涉案进口（第三国进口）肯定是调查机关在进行日落复审调查时可以合理推测的可能造成损害的已知因素之一。因此，日落复审非归因调查的最常见内容是第三国进口因素的分析。

二、典型案例分析

中国商务部在反倾销和反补贴日落复审中的推理比较典型。推理逻辑基

---

❶　《中华人民共和国商务部关于原产于印度的进口邻氯对硝基苯胺反补贴调查最终裁定》，商务部公告 2018 年第 18 号。

本延续了原审损害调查的基本框架，即通过对未来涉案进口产品数量和价格的影响预测，被调查产品的进口可能导致中国同类产品价格的降低，如果中国国内产业仍然处于脆弱状态，那么未来终止措施后涉案进口可能仍将损害国内产业。因截至 2018 年中国尚无贸易救济日落复审的部门规章，仅能从现有案例中发现中国商务部的有关做法。在这个推理链条中，涉案产品市场价格的影响似乎是分析的中心环节。

在己内酰胺反倾销日落复审案中，中国商务部认为，在目前和今后一段时间内，没有证据表明，被调查产品与中国同类产品同质化、价格是竞争的主要手段的市场竞争状态将会发生改变。目前中国国内产业虽有所发展，但在进口被调查产品的价格影响下，国内同类产品的销售价格长期低于单位销售成本，国内产业仍处于整体持续亏损的脆弱状态。中国调查机关认为，如果取消反倾销措施，被调查产品对中国的出口价格很可能进一步降低、出口数量将进一步增加，对中国同类产品价格进一步造成不利影响，中国产业的损害可能继续或再度发生。❶

在马铃薯淀粉反补贴日落复审调查中，中国调查机关认为，措施实施期间，中国马铃薯淀粉产业虽有所发展，但受价格下降等因素的影响，仍处于濒临亏损的边缘。由于目前正在实施的针对被调查产品的反倾销和反补贴措施，被调查产品和中国国内产业同类产品才能够在相对公平、有序的环境下竞争。如果取消反补贴措施，被调查产品数量将进一步增加，对中国国内同类产品价格将造成不利的影响，对仍处于脆弱状态的国内产业造成损害。❷

在世贸组织争端解决案例中，美国耐腐蚀钢反倾销日落复审案上诉机构的裁决提供了关于日落复审损害调查的权威性的解释。该上诉机构指出，世贸组织协定没有明确规定各成员调查机关如何进行日落复审的损害调查。一方面，复审中的损害裁决不同于原审，不必严格按照《反倾销协定》第 3 条

---

❶ 《中华人民共和国商务部对原产于欧盟和美国的进口己内酰胺所适用反倾销措施的期终复审裁定》，商务部公告 2017 年第 53 号。

❷ 《中华人民共和国商务部对原产于欧盟的进口马铃薯淀粉所适用的反补贴措施的期终复审裁定》，商务部公告 2017 年第 38 号。

进行；但同时也强调，一旦各成员调查机关在日落复审调查中进行原审中的损害调查，则必须严格按照《反倾销协定》第3条进行。❶

以美国和欧盟为代表的其他世贸成员，在进行反倾销和反补贴日落复审中的损害调查时，其思路与中国商务部推理逻辑大同小异，但在具体环节等方面还是存在明显的差异。

三、日落复审中的非归因调查

在各成员国内立法和实践中，第三国进口或非涉案进口是日落复审非归因调查中常见的已知因素。

在己二酸反倾销日落复审调查中，中国调查机关认为，反倾销措施实施期间内，上述三国（地区）合计向中国出口己二酸数量，占同期中国进口总量的绝大部分。上述三国（地区）是中国己二酸产品的主要进口来源。其他来源的进口己二酸占中国己二酸市场的份额很小。因此，其他来源的进口己二酸将对中国己二酸产业造成较大的负面影响的可能性很低。❷

在聚氯乙烯第二次反倾销日落复审调查中，中国调查机关认为在本次反倾销期终复审调查期内，上述四国（地区）合计向中国大陆出口聚氯乙烯数量，占同期中国大陆进口总量的绝大部分。上述四国（地区）是中国大陆聚氯乙烯产品的主要进口来源。其他来源的进口聚氯乙烯占中国大陆聚氯乙烯市场的份额很小。因此，其他来源的进口聚氯乙烯将对中国大陆聚氯乙烯产业造成严重的负面影响的可能性很低。❸

---

❶　世贸组织争端解决上诉机构报告，美国耐腐蚀钢复审案（DS244），第124段。

❷　《中华人民共和国商务部对原产于美国、欧盟和韩国的进口己二酸反倾销措施的期终复审裁定》，商务部公告2015年第39号。

❸　《中华人民共和国商务部对原产于美国、韩国、日本、俄罗斯和台湾地区的进口聚氯乙烯反倾销措施的期终复审裁定》，商务部公告2015年第36号。

第五节　保障措施调查中的因果关系

一、概述

世贸组织《保障措施协定》，只有涉案进口对进口国国内产业造成了严重损害或严重损害威胁时，才能实施保障措施。因此，成员方调查机关必须证明进口激增与进口国国内产业损害之间存在因果关系。

因果关系问题在保障措施调查中具有关键性的作用。但是，《1994 年关税和贸易总协定》《保障措施协定》都没有规定该种因果关系调查应当包括哪些方面，采用何种方法，适用何种程序的内容。国际规则的缺失，世贸组织争端解决专家组的裁决提供了具有参考意义的法律解释。

在阿根廷鞋类产品保障措施争端案中，世贸组织专家组和上诉机构确立了一种广受认可的分析因果关系的模式。这种模式非常类似反倾销和反补贴调查中因果关系调查的方式。首先，确定进口激增是否与进口国国内产业损害同时发生；其次，确定进口产品和进口国同类产品及直接竞争产品之间的竞争关系，由此证明进口激增能否造成进口国国内产业遭受的损害；最后，分析同时存在的其他因素也造成了对进口国国内产业的损害影响，并确保未将这些因素的影响归因于涉案进口。❶

二、典型的案例

（一）中国

截至 2018 年，中国商务部共完成了两起保障措施调查，分别是钢铁保障措施案和食糖保障措施案。

在钢铁保障措施案中，中国调查机关认定进口增长是造成中国国内钢铁

---

❶　世贸组织争端解决专家组报告，阿根廷鞋类保障措施案，DS164。

产业严重损害的实质原因。伴随着进口钢铁产品数量的增加，中国国内钢铁行业经济指标出现恶化趋势，在调查期后期表现的尤为明显。此外，调查机关还分析了中国国内产能增长、表观消费量变化、技术水平变化和国产钢铁出口数量等多个因素对中国钢铁产业的影响。

在食糖保障措施案中，中国商务部从涉案进口产品和中国糖类产品的竞争状况入手证明二者价格存在联动和竞争的关系。通过涉案进口产品数量和价格变化的分析，引起中国食糖产品市场和产业状况的变化，由此证明涉案进口导致了中国国内食糖产业的严重损害。在其他因素分析方面，调查机关列举了政策变化、成本变化等 8 个影响中国食糖产业状况的因素，并逐一进行了分析。

（二）美国

美国《1974 年贸易法》要求调查机关美国国际贸易委员会确定，进口激增是否是美国国内产业严重损害或严重损害威胁的实质原因。立法规定的实质原因要求，是指进口增长必须是造成损害的重要原因，且与其他因素相比，进口增长应当是等同或更重要的原因。

这就要求美国国际贸易委员会发现并考虑所有的与涉及产业有关的经济因素，然后对包含进口增长在内的所有因素对美国国内产业造成的损害逐一进行比较分析。

在美国钢铁保障措施案中，该委员会认为进口增长是造成美国国内钢铁产业损害的一个重要原因，且进口增长的损害性影响并不比其他任何一个原因的影响小。在因果关系分析中，美国列举了需求下降、产能增长以及养老金支出等因素对美国钢铁产业的影响。最终得出肯定性的结论，进口数量及其在美国市场份额的增长，以及其较为低廉的价格，导致美国钢铁产品在美国国内市场份额和价格的下降，从而引发美国产业产能利用率、盈利能力、失业人数以及资本支出等经济指标的恶化和降低。

（三）欧盟

欧盟《一般保障措施法》要求欧盟委员会考察进口数量增加和欧盟内部

产业严重损害之间的因果关系，确保其他因素对欧盟产业的损害性影响没有不适当地归因于进口增加。在具体方法上，欧盟调查机关首先列举所有可能造成欧盟内部产业损害的因素，然后对所有已知因素的损害性影响进行归因，最后确认进口增长是否是造成损害的真正和主要原因。

在欧盟钢铁保障措施案中，欧盟委员会认为进口钢铁产品和欧盟钢铁产品基本是一类商品，因此价格竞争是主要的手段。从数量方面，由于进口产品数量的增加导致其占有的欧盟内市场份额的增长，同时出现了欧盟钢铁产品在欧盟内部市场份额的下降，说明进口产品市场份额的增长是以欧盟钢铁产品和产业受损为代价的。从价格方面，进口产品和欧盟产品的价格都出现了不同程度的下降。在欧盟这个透明的市场上，价格下降会对竞争状况和市场状况产生重大的影响。价格的下降，导致欧盟钢铁产业销售收入、利润、工人工资等经济指标的下行。因此，欧盟委员会认为低价进口的增长与欧盟钢铁产业严重损害之间存在联系。在其他因素方面，欧盟委员会还考察了需求消费的变化、自用量因素等其他 5 个因素的损害性影响。据此，通过分别考察进口增长和其他因素的影响，并将其他因素造成的损害与进口增长的损害性影响相分隔，欧盟调查机关认为进口增长是造成欧盟钢铁产业严重损害的真实且主要的原因。

第九章　经济学模型与损害调查

第一节　经济学模型与损害调查概述

目前，在世贸组织贸易救济相关协定规定和有关成员的调查实践中，损害调查（包括因果关系调查）大都是进行定性的分析，很少进行定量的分析（仅限于价格影响中的一小部分）。美国国际贸易委员会多年来尝试使用计量经济学模型作为进行损害调查和裁决的辅助手段，但由于各经济学模型自身的限制和缺点，经济学模型的结果也未能作为美国贸易救济损害调查中的可靠的、排他性的依据。而其他世贸组织成员更是鲜少使用经济学模型调查和分析贸易救济中产业损害的调查。

一、产业损害调查方法的分类

根据分析思路和实施步骤的不同，有学者将贸易救济产业损害调查的方法分成了两类：非经济学方法和经济学方法❶。

非经济学方法是目前大多数世贸组织成员采用的方法，有人也称为"二分法"方法（Bifurcated Approach）。这种方法的基本思路是将产业损害调查分成两个部分，先是对认定进口国国内产业是否受到了实质损害，然后再确定产业损害发生的原因是否是倾销或补贴行为所导致。在第一步确定实质损害时，由于方法的差异，有人把调查机关采用的调查方法分成了两种❷：一是

---

❶ Okyes O. The economics of injury in antidumping and countervailing duty cases［J］. International Review of Law and Economics, 1996, 16：15-26.

❷ Kelly, H., and Morkre, E., One Lump Or Two：Unitary versus Bifurcated Measures of Injury at the USITC［J］. Economics Inquiry, 2006 44（4）.

指标体系法，也是中国和欧盟等一些世贸组织成员的做法，另一种是计量分析方法。指标体系法，顾名思义，是通过对国内产业生产、销售、经营成果和劳动就业等诸多指标进行考察，通过连续考察最近几年各指标的变化情况，来确定国内产业是否受到了损害以及损害程度。这种方法做出的结论往往具有很强的主观性，也没有对倾销（或补贴）对国内产业实质损害之间因果关系进行有逻辑的、具有完备性的论证❶。在进行因果关系测度时，有专家提出可以使用格兰杰（Granger）因果检验模型对国内产业实质损害的原因进行认定❷。计量分析方法则是对国内产业指标做有限因素的回归分析，以确定倾销（或补贴）进口对国内产业影响的大小。

非经济学调查方法有其内在固有的不足：一是缺乏经济学理论基础，难以正确地确定造成进口国国内产业损害的原因，往往不能区分倾销（或补贴）进口、非倾销进口以及进口国宏观经济环境因素变化等因素对国内产业状况的影响；二是二分法将进口国国内产业实质损害调查的过程和因果关系认定的过程割裂开来；三是统计或计量分析的方法往往偏重于事后验证，而事前预测能力不强。因此，非经济学方法的缺点也很明显，其产业损害调查结论的准确性不足，增加了调查机关和控辩双方的工作量，使得调查内容和裁决内容繁复冗长，从而限制了非经济学调查方法的实用性和时效性❸。

经济学方法（计量经济学方法）则是以微观经济学中供需价格理论为基础，结合供求价格弹性和产品替代弹性等概念，考察进口产品价格变化如何影响进口国国内产业的生产、销售和盈利等经营状况。历史上，美国国际贸易委员会是计量经济学方法的主要拥趸，先后采用过 CGP 模型、GTAP 模型和 COMPAS 模型等。各种经济学模型各有优缺点，适用条件和结果精确程度差异也很大。目前，在其产业损害调查中已经很少采用 CGP 模型和 GTAP 模

---

❶ Okyes O. The economics of injury in antidumping and countervailing duty cases ［J］. International Review of Law and Economics，1996，16：15-26.

❷ Pindyck，J.，and J. Roteberg. Are imports to Blame？Attrbution of Injury under the 1974 Trade Act ［J］. Journal of Law and Economics，1987，(30).

❸ Irwin，A. Causing problems？The WTO review of Causation and injury attribution in U.S. ［J］. World Trade Review，2003，2 (3)：297-325.

型，而更多地使用 COMPAS 模型。

二、经济学方法的前景

对于计量经济学方法在贸易救济调查中的运用，世贸组织规则并没有具体规定和强制要求。世贸组织似乎对使用计量经济学模型还是持鼓励和欢迎态度。美国钢铁保障措施专家组（DS248）在报告中提及："在某些案件中，量化分析可能是有益和理想的，有时甚至是必要的。……在专家组看来，即使最简化的量化分析也可以对产业状况整体评估提供有意义的参考。"❶

在多哈回合规则谈判中，损害调查中的量化分析方法再次成为世贸组织各成员争议的焦点之一。在因果关系提案中，美国提出了损害调查的五项原则。其中两条涉及量化调查方法："调查机关在损害调查中无须采用量化分析方法；调查机关无须比较倾销进口和其他因素造成的损害影响的大小。"❷

而日本等出口导向成员则提出了不同意见。一是重提"倾销是损害的原因"标准问题。这些成员认为，倾销应当是损害的"明显和重大的原因"，反倾销措施才更加合理、合规❸。二是可以借助"量化信息"进行损害分析。虽然不"强求调查机关精确地、科学地量化分析倾销进口对国内产业的损害。但是可以依据定性的信息，以及尚不完善的定量信息及其统计分析评估国内产业损害"❹。

从世贸组织成员提案可以看出，虽然存有争议，量化分析方法在损害调查中仍然有较大的应用机会。而反对方美国恰恰是目前计量经济学方法应用最充分的国家。在经济学方法在贸易救济调查中的作用方面，世贸组织成员取得了一定程度的共识。只是在如何运用量化方法，以及运用何种模型等方

---

❶　US—Steel Safeguards（DS248）专家组报告，第 10.341 节。

❷　CAUSATION（ADA ARTICLE 3.5；ASCM ARTICLE 15.5），Paper from the United States，TN/RL/GEN/59，13 July 2005.

❸　SECOND SUBMISSION OF PROPOSALS ON THE DETERMINATION OF INJURY，Paper from Brazil；Chile；Colombia；Costa Rica；Hong Kong, China；Israel；Japan；Korea, Rep. of；Norway；Singapore；Switzerland；the Separate Customs Territory of Taiwan, Penghu, Kinmen and Matsu；and Thailand，TN/RL/GEN/38，23 March 2005.

❹　同❸。

面还存在较大的分歧。因此，随着经济学理论和模型的不断完善和发展，将来在产业损害调查有可能参考甚至直接使用经济学模型分析的结论。

另一方面，经济学模型在损害调查中的应用，也需要有国际规则的变化作为基础。如果没有相应的世贸组织纪律做支撑，苦于经济学模型应用难度，各成员国调查机关恐难以主动运用这些模型。

第二节　COMPAS 模型

鉴于非经济学产业损害认定方法的缺陷，从 20 世纪 80 年代开始美国国际贸易委员会开始使用"本国产业状况的比较分析模型"（CADIC 模型），但这种模型不论在理论结构或实际操作等方面均存在一些不足[1]。

后来，有学者对阿明顿（Armington）模型进行拓展，构建了"商业贸易政策分析系统（Commercial Policy Analysis System）"（简称"COMPAS 模型"）[2]。它通过求解单一市场的均衡，分析贸易政策变化对进口国相关产业的影响大小。COMPAS 模型仅这是一种可计算的局部均衡模型，是建立在经济学假设和局部均衡理论基础上的有限模型。

由于 COMPAS 模型仅考虑自由贸易中某个特定产业的市场均衡状况及其变化，因此其数据数量的要求大为减少，不要求具备大样本数据，所需变量也大为减少，从而增加了模型的灵活性、实用性和时效性[3]。

COMPAS 模型是目前美国国际贸易委员会在其损害调查和裁决中使用的计量经济学模型，主要是用于特定行业受到贸易相关损害影响的分析，以及

[1]　Tharakan, P., Greenway, D., and Kerstens, B. Antidumping and excess injury margin in the European Union: a counterfactual analysis [J]. European Journal of Political Economy, 2006, 22 (3): 653-674.

[2]　Francois, J and Hall, H. Applied methods for trade policy analysis: Partial equilibrium modeling [M] Cambridge: Cambridge University Press, 1997, 122-155.

[3]　Francois, J and Hall, H. Global simulation analysis of industry-level trade policy [EB/OL]. http://http://vi.unctad.org/tda/presentations/13%20september/vanzetti/gsimpaper.pdf.

贸易政策调整对特定行业影响的分析❶。据了解，加拿大以及印度等一些发展中国家和地区也开始使用 COMPAS 模型。

一、基本原理

COMPAS 模型是局部均衡模型。首先将倾销幅度（或配额等贸易政策）转化为价格信号的变化，在利用微观经济学中供求价格理论，将不公平贸易发生或贸易政策实施前后进口国国内产业的价格、生产经营状况等指标进行比较，从而评估不公平贸易或贸易政策的实施对进口国国内产业的影响。

具体到反倾销和反补贴调查领域，即是通过设定进口产品在倾销价格和非倾销价格进口时的条件，考察涉案进口对进口国国内产业同类产品的价格的影响，以及进而对其生产、销售、经营成果和劳动生产等诸多经济指标的影响。通过评估进口国国内产业指标的变化，确定倾销（或补贴）进口对进口国国内产业造成的损害及其程度。

COMPAS 模型的理论基础主要有两个：一是阿明顿（Armington）假设，即不同国家或地区的产品存在不完全的替代关系；二是微观经济学中的供求价格理论。

二、阿明顿假设和替代系数

在运用局部均衡或一般均衡模型研究估计贸易政策变动时，通常会涉及阿明顿（Armington）假设的概念。阿明顿假设认为，不同来源进口的商品总存在一些差异，每个进口来源的产品总是其原产国独有的产品，而每个国家都是它出口商品的唯一生产者。因此，不同来源的产品的价格变动不总是一致的。假定这些不同来源的产品之间具有一个固定的替代弹性，这一弹性就是阿明顿替代弹性。❷

阿明顿替代弹性在经济模型中的主要作用表现在，它常常用来对政策变

---

❶　COMPAS—Commercial Policy Analysis SystemDocumentation Version 1.4：May 1993，https://www.usitc.gov/publications/332/ec200712a.pdf.

❷　Armington，P. The geographic pattern of trade and the effects of price changes ［J］. IMF Economics Review，1969，16（2）：179-201.

化所带来的广泛的经济影响作事前评估。比如，关税政策在多大程度上影响贸易的平衡、收入分配以及就业，就取决于在可计算一般（或局部）均衡模型中的阿明顿替代弹性的大小。❶

由于阿明顿假设的存在，在贸易救济调查中模拟进口产品价格对进口国国内产业状况的影响时，进口价格发生变化会对消费者的选择造成影响，进而影响消费总额在进口涉案产品、进口国国内同类产品和其他非涉案产品之间分配中的比例，从而对进口国国内产业生产经营指标和国内产业状况造成影响。

三、COMPAS 模型在损害调查中的应用

美国国际贸易委员会使用 COMPAS 模型分析和计算以特定倾销幅度的价格进口的涉案产品，对国内同类产品价格、国内产业产量和销售，以及销售总收入的影响。

在分析过程中，COMPAS 模型是一个建立在假设基础上的局部均衡模型。首先，在模型中假设没有出现倾销（或补贴）进口时，进口国国内产业的模拟状况。即采用调查期内真实的国内产业状况指标数据，通过输入未以倾销价格销售的进口数据，模拟国内同类产品价格、国内产业产量和销量的可能情况。这是在没有倾销（或补贴）进口时国内产业"应当"出现的表现。然后，比对模拟值和倾销（或补贴）进口时进口国国内产业实际状况的指标，得出倾销（或补贴）进口对国内产业状况造成损害的推论。

在具体分析时，美国国际贸易委员会会使用三个主要输入数据，和六个重要参数（弹性参数）确定倾销的价格和数量影响❷。这些主要输入指标分别是：倾销幅度（百分比）、国内产业市场份额、涉案进口所占市场份额；各弹性参数分别是：被调查产品需求价格弹性、国内同类产品供给价格弹性、公平

---

❶ 佟苍松. Armington 弹性的估计与美国进口中国商品的关税政策响应分析 [J]. 世界经济研究，2006（3）：45-48.

❷ James P. Durling,, and Matthew P. McCullough, Teaching Old Laws New Tricks: The LegalObligation of Non-Attribution and the Need for Economic Rigor in Injury Analyses Under USTrade Law, in HANDBOOK OF INTERNATIONAL TRADE (E. Kwan Choi & James Hartigan eds. , 2004).

贸易（未倾销或补贴）进口供给价格弹性、被调查产品和国内同类产品的替代弹性、公平贸易进口产品和国内同类产品的替代弹性、被调查产品和公平贸易进口产品的替代弹性。

四、COMPAS 模型的不足

COMPAS 模型的不足主要还是体现在真实性和准确性上。毕竟该模型是建立在假设基础上的有限经济学模型。美国国际贸易委员会在 COMPAS 模型介绍中也提到，COMPAS 模型是非完美的方法，且应用场合比较有限❶。从笔者看来，其缺陷的来源主要有几个方面。

一是局部均衡模型本身的不足。局部均衡模型只能反映整体经济中的一个特定局部的情况；该模型不能分析整体经济环境中不同部分之间的经济联系和互动影响；该模型严重依赖经济学假设前提，一旦前提和参数估计有误，则分析结果会出现严重偏差；在供求变化剧烈的市场环境中，局部均衡模型不能适用。❷

二是阿明顿假设的不足。COMPAS 模型非常依赖阿明顿替代弹性参数。但是由于该替代弹性参数的确定大都建立在假设的基础上，这些参数只能算是"合理估计"（educated guess）甚至在某些情况下只能是瞎猜（guestimate）。因此 COMPAS 模型分析的结果，很大程度上反映了调查官的假设和判断，不一定是涉案进口产品和进口国国内同类产品之间的真实情况。❸

三是 COMPAS 模型解释力的不足。当多种因素同时对进口国国内产业状况产生影响，甚至倾销（或补贴）进口只是其中一个非主要因素时，COMPAS 模型做不到将这些造成国内产业损害的不同因素的影响区分开来。❹ 并

---

❶　COMPAS—Commercial Policy Analysis SystemDocumentation Version 1.4；May 1993，https://www.usitc.gov/publications/332/ec200712a.pdf.

❷　https://en.wikipedia.org/wiki/Partial_equilibrium#Limitations.

❸　Thomas Prusa, and David C.Sharp, Simultaneous Equations in Antidumping Investigations, 14（1）JOURNAL OF FORENSIC ECONOMICS 63-78（2001）.

❹　James P. Durling, and Matthew P. McCullough, Teaching Old Laws New Tricks：The LegalObligation of Non-Attribution and the Need for Economic Rigor in Injury Analyses Under USTrade Law, in HANDBOOK OF INTERNATIONAL TRADE（E. Kwan Choi & James Hartigan eds., 2004）.

且，倾销（或补贴）进口产品通常是相对细分的产品品种，获取准确有效的数据也限制了 COMPAS 模型的使用。[1]

四是微观经济学供求价格模型的不足。由于供求价格理论本身的一些争议，比如供求关系和价格决定之间的不同认识，使得 COMPAS 模型关于供求价格的基础假设也有不足。此外，COMPAS 模型也要求具备微观经济学中市场充分竞争假设条件，这在实际调查中也很难满足。

五是经济学均衡状态假设的不足。COMPAS 模型仍然是经济学中关于均衡状态的一种分析工具。然而在实践中，市场总是处于变动状态，很难长时间保持均衡状态，因此 COMPAS 模型的分析结果只能是一定程度上接近"真实"情况，而做不到模拟"真实"的情况。

六是与世贸组织规则潜在的不一致性。世贸组织《反倾销协定》和《补贴和反补贴协定》要求调查机关发现和认定倾销（或补贴）进口是造成进口国国内产业损害的一般原因，而不要求是主要或唯一的原因。并且在进行因果关系分析时，需要将倾销（或补贴）进口因素，与其他已知因素对进口国国内产业造成的损害影响区分开来。而这些正是 COMPAS 模型难以克服的缺点。

因为上述缺点和不足，COMPAS 的分析结论既不是美国国际贸易委员会损害调查裁决的决定性依据，也不能反映其调查裁决的内容[2]。有人评价 COMPAS 模型的应用及可靠性都很有限，其分析结果通常只能作为裁决的附件参考文件之一，而并不能作为裁决的依据。[3]

---

[1] Alan O. Sykes, The Economics of Injury in Antidumping and Countervailing Duty Cases, 16（5）INTERNATIONAL REVIEW OF LAW AND ECONOMICS, 5, 10（1996）.

[2] COMPAS—Commercial Policy Analysis SystemDocumentation Version 1.4: May 1993, https://www.usitc.gov/publications/332/ec200712a.pdf.

[3] James P. Durling, and Matthew P. McCullough, Teaching Old Laws New Tricks: The LegalObligation of Non-Attribution and the Need for Economic Rigor in Injury Analyses Under USTrade Law, in HANDBOOK OF INTERNATIONAL TRADE（E. Kwan Choi & James Hartigan eds., 2004）.

第三节　格兰杰检验

一、基本原理

格兰杰（Granger）于 1969 年提出了一种基于"预测"的因果关系（格兰杰因果关系）。尽管在哲学层面上人们对其是否是一种"真正"的因果关系还存在很大的争议，格兰杰因果检验作为一种计量方法已经被经济学家们普遍接受并广泛使用。它的主要使用方式在于以此定义进行假设检验，从而判断两个变量之间是否存在因果关系。

从统计的角度看，格兰杰因果关系是通过概率或者分布函数的角度体现出来的：在所有其他事件的发生情况固定不变的条件下，如果一个事件的发生与不发生对于另一个事件的发生的概率有影响，并且这两个事件在时间上有先后顺序，那么从概率上便可以认为前事是后事的原因。[1]

根据其定义我们可以发现，格兰杰因果关系并不是两个事物之间的逻辑关系，仅仅是时间上的先后关系和概率统计上的联系。比如，通常一个国家的 GDP 是逐年增长的，而特定某个人的年龄也是逐年增长的。在这个事例中，通过考察年龄和 GDP 增长的发生概率以及相互关系，可以认为这个特定人的年龄和 GDP 增长是具有格兰杰因果关系的。但是从常识上可以看出，二者之间不存在逻辑意义和法律意义上的因果关系。

二、贸易救济调查中的有关案例

据笔者所知，目前尚没有调查机关使用格兰杰模型作为确定因果关系的依据。

有专家运用格兰杰检验的结果，对美国国际贸易委员会对加拿大生猪反

---

[1]　https://baike. baidu. com/item/% E6% A0% BC% E5% 85% B0% E6% 9D% B0% E5% 9B% A0% E6% 9E% 9C% E5% 85% B3% E7% B3% BB/1660411。

补贴调查结论提出质疑，从统计意义上说明加拿大出口到美国的生猪数量并不是造成美国国内产业损害的"原因"。❶

三、格兰杰因果检验的缺陷

在贸易救济调查中，格兰杰因果关系方法可能用途有限。这首先是因为格兰杰检验的结果并非逻辑意义和法律意义上的因果关系。如果只依据格兰杰检验的结果，而没有其他定性或定量的分析，这样的因果关系裁决可能不符合世贸组织的规定。其次，格兰杰检验所需要的数据量很大，往往超过调查机关可能掌握的数据量，因此格兰杰方法的精度受到了很大影响。最后，格兰杰检验中的指标选取也比较复杂，需要选取代表被调查产品进口状况的指标（数量和价格）和代表进口国国内产业状况的指标（价格、产量和销量等）时需要结合个案情况仔细考虑。

第四节　一般均衡模型和其他

一、CGP 模型

CGP 模型是一般均衡模型。美国国际贸易委员会使用的模型（General Scope and Motivation），主要用于贸易政策调整对整体福利影响的分析，以及贸易政策对具体行业影响的分析❷。在行业分析方面，该模型主要侧重就业人数、产量、进口和出口等指标的分析。❸

---

❶ Colin Carter, DorenChadeeb, Kwame Darko. Are Subsidies to be blamed? A Reexamination of U. S. Countervailing Duty on Hog Imports from Canada［J］. Journal of Policy Modeling, Volume 21, Issue 7, December 1999, Pages 823-830.

❷ Balistreri, E. and A. Fox. "A Review of Trade-Related Single Country U. S. Computable General E-quilibrium Models." USITC/Model Development Technical Paper No. 2001-05-A, Washington, DC, 2001.

❸ Koopman. R, Arce H. , Balistreri E. and Fox A. Large Scale CGE Modeling at the United States International Trade Commission, https://www. researchgate. net/publication/228425096_Large_Scale_CGE_Model-ing_at_the_United_States_International_Trade_Commission.

二、GTAP 模型

GTAP（Global Trade Analysis Project）模型是用于分析多个国家贸易影响的一般均衡模型。同 COMPAS 这种局部均衡模型相比，GTAP 模型的缺点比较突出。一是 GTAP 模型复杂程度高。一般均衡模型需要考虑市场中多种因素及其相互关系，因此其分析所需要的变量和数据量相对很大。二是该模型不能提供单个行业角度的分析。由于一般均衡主要考虑市场整体情况，对涉案进口所影响的局部市场分析能力有限，难以提供单个或多个产业层面的信息。三是灵活性和实用性较低。对于贸易政策这种更贴近微观层面的宏观政策，使用 GTAP 模型所受到的限制更多，其精度和有效性也略显薄弱。与COMPAS 模型相比，实用性和灵活性明显较低。

三、CADIC 模型

从 20 世纪 80 年代末开始，美国国际贸易委员会开始使用国内产业状况比较分析模型（Comparative Analysis of Domestic Industry Condition，CADIC）。这是一个静态价格比较经济学模型，其理论基础也是阿明顿模型，是通用不完全替代模型。在实践中，通过三个不完全替代参数代表进口国国内市场需求，分别是国内同类产品、进口涉案产品和非涉案公平贸易产品。模型中使用的阿明顿弹性参数，不只是特定市场信息的结果，也是以往相关研究的结果。

在估计倾销进口对国内产业生产和销售造成的影响时，调查官通常会同时考虑国内同类产品、涉案进口产品和非涉案产品在进口国市场的需求状况。在供求平衡市场达到均衡状态时，即可以考察不同产品价格互相作用的影响。[1]

---

[1] J. Almonte-Alvarez and D. Conley，U. S. -Mexico Food Systems and The Tomato Trade Dispute，The International Food and Agribusiness Management Review Vol 5 Iss 3 2003.

第十章　公共利益和损害幅度

第一节　公共利益

一、公共利益概述

贸易救济中的公共利益（Public Interest）可以理解为"总体利益"，它既包括上下游产业、广大消费者的群体利益，又包括了国家的利益。公共利益原则要求在实施贸易救济措施时，不能只考虑受到损害的进口国国内产业利益，还要重视并考虑包括上下游产业、消费者、商业环境、国际经贸关系等多方面的利益。

（一）公共利益的内涵

法律制度作为社会上层建筑需要考虑公共利益，即从总体上来考虑社会的共同利益，这也是法律公平与效率这一价值属性的要求。贸易救济制度作为法律制度的一部分，无疑也需要考虑公共利益问题。

1. 概念

公共利益（Public Interest）是一个抽象的概念，在不同的环境中有不同的含义，在不同的法律中有不同的表现形式。各国的贸易救济法中关于公共利益问题的条款各有不同，很多都没有明确界定公共利益的概念，但是都从程序上强调贸易救济调查应考虑消费者、工业用户、进口商等利害关系方的利益。

从世贸组织成员贸易救济立法和实践来看，公共利益为国家（或地区）整体经济利益，它至少应包括国内生产商、进口商、（上下游）工业用户、消费者等一切与倾销产品有着直接和间接联系的利害关系方的利益。与公共利益相对应的是受到损害的进口国国内生产商利益或国内产业利益。

2. 背景

随着关税减让谈判的深入，关税和其他非关税措施不断减少和降低，贸易救济措施作为合法的提高关税、保护国内产业的措施越来越频繁地为各国所使用，而且出现被滥用的趋势。在某种意义上，贸易救济可能已经越来越背离它最初维护的公平贸易宗旨，成为贸易保护主义的合法的"外衣"。在这样的背景下，严格加强贸易救济法律制度，抑制过度使用甚至滥用的倾向，除了世贸组织争端解决机构作为外在约束之外，也需要从规则角度施加内在的约束。此外，从更高层面上对贸易救济措施进行成本收益分析，扩大社会总福利，也是适用措施时应考虑的一个重要方面。因而，公共利益概念为国际舆论所倡导，部分国家的调查机关也开始关注并将公共利益原则引入本国的贸易救济实践。

3. 目标

贸易救济法规中作为一种世贸组织成员国内的行政立法，其所指的公共利益原则应服从于其国内法中的公共利益原则，即该原则是对法律所保护的诸利益的一种均衡，是其国内立法者在反倾销中对进口国国内利益主体的权利分配。在保护上游产业的合法利益的同时，考虑保护包括下游产业和消费者在内的多方面的利益，以达到社会整体利益的最大化。在反倾销立法中确立受保护的各方利益的公正考虑安排，是反倾销中公共利益原则的目标。

（二）各国立法情况

1. 各国立法情况

对于公共利益的称呼和范围，各个国家的规定并非完全一致。归纳来说，对公共利益的称呼可以分为：一是直接称为"公共利益"的，如加拿大、巴西、新加坡、泰国等；二是称为"国家利益"或类似"国家利益"的，如墨西哥、津巴布韦、拉脱维亚、玻利维亚、牙买加等称为"国家利益"，还有欧盟的"共同体利益"、爱沙尼亚的"爱沙尼亚利益"、保加利亚的"保加利亚产业利益"等；三是没有明确称呼的，如日本、以色列等。

对公共利益所涵盖的范围（一般是在有关"利害关系人"的条款中加以规定），依各国的现有规定可以概括为三种规定方法：第一种是列举式，即在法条中明确指明哪些关系方属于公共利益的范畴。采用这种方式的国家有欧盟、加拿大、新加坡、立陶宛等。第二种是概括式（或开放式），即仅仅规定主管机构可以考虑其他认为有合法利益的利害关系方。采取这种方式的国家包括马来西亚、以色列、津巴布韦等。第三种是综合式，这种方法是将列举式和概括式（或开放式）两种方法融合在一起，既有明确的规定，又保留了一定的灵活空间。如巴西、约旦、巴拉圭、爱沙尼亚等。

加拿大是较早考虑公共利益问题立法的国家，1985 年制定的《特别进口措施法》第 45 节规定，允许加拿大国际贸易法庭（CITT）在征收反倾销税之前，考虑征收反倾销税是否符合公共利益，并允许任何与调查有利害关系的当事人向国际贸易法庭陈述相关的利益。

2. 各成员立法的特点

一是实体和程序规定都比较笼统。在实体规定上，一些国家仅提到在反倾销调查过程中应该考虑公共利益或国家利益，但并未明确定义公共利益的内涵及范围，也没有规定一旦考虑公共利益或国家利益将采取怎样的相应措施，难以从真正意义上保护公共利益。在程序规定上，除了加拿大以外，大多数的国家没有比较完善的程序规定，这就使实体规定由于缺乏程序支持而不能得到很好的贯彻实现。

二是对公共利益的立法力度不够。在涉及考虑公共利益的很多立法在条文上通常使用诸如"可以""允许"等措辞，而非"必须""应该"等带有强制性色彩的词语。如此一来，立法对于公共利益的保护就缺乏确定性和强制性，给予调查机关较大的自由裁量权。

三是实践中也存在一些问题。如日本、巴西、新加坡、厄瓜多尔等虽然规定工业用户和消费者及其有代表性的组织或协会有机会向反倾销案件的主管机构提交信息、发表意见、参加听证会，但是又对这些利害关系方取得上述权利的资格作出了限制，即规定只有被调查产品在进口国国内市场以零售方式普遍销售时，该产品的工业用户和消费者及其有代表性的组织才取得该案件"利害关系方"的地位。而对进口国国内产业的企业数量或产量规模却并没有特殊要求，这就体现了公共利益与进口国国内产业利益在同一反倾销调查程序中处于不平衡状态。

二、世贸组织协定以及欧美反倾销法律中的公共利益

(一)《反倾销协定》《补贴和反补贴协定》对公共利益的规定

1. 国际反倾销法中公共利益的发展历史

国际反倾销法对公共利益的规定最早可以追溯到 1967 年在《关贸总协定》肯尼迪回合谈判中达成的《1967 年反倾销守则》和在 1979 年的东京回合谈判形成的《东京守则》。这两个守则规定了在决定是否征收全额反倾销税时应考虑受到征税影响的各方的利益以及进口国国内生产商的利益。在这些规定里，首次提出了"税收低于全部倾销幅度"的概念，这也就是后来世贸组织反倾销协议低税原则（lesser duty）的来源。

在《关贸总协定》乌拉圭回合谈判期间，各成员提议反倾销应考虑消费者利益、包含公共利益条款。在各成员国的协商下，世贸组织贸易救济相关协定最终对公共利益问题作出了的规定。

2. 公共利益的相关规定

以《反倾销协定》为例，公共利益问题的规定主要体现在第 9 条第 1 款，第 6 条第 12 款以及第 5 条第 8 款等。

（1）第 9 条第 1 款即通称的"低税原则"，"如反倾销税小于倾销幅度即足以消除进口国国内产业的损害，则该反倾销税是可取的"。体现了从低从少征税的思想。在保护进口国国内生产商的同时，平衡了其他有关方面的利益，从而实现公共利益原则。

（2）第 6 条第 12 款要求调查机关向下游产业和消费者提供必要的机会和信息，提出相关评论意见。这是在调查中考虑公共利益问题具体的程序要求。

（3）关于第 5 条第 8 款，笔者认为，考虑到贸易救济调查可能产生的各

项费用支出，显著轻微的倾销对进口国国内产业并不会产生严重的损害影响。因此协定考虑，在倾销或补贴比较轻微的情况下，不予实施贸易救济措施有助于实现公共利益的目的。

（二）美国国内法公共利益的规定

美国反倾销法中有关公共利益原则的规定主要体现在其调查终止与调查中止两个环节上❶。

美国《1930 年关税法》第 8 条第 1 款是关于中止协议的规定。该条规定，如果美国商务部长认为中止调查是出于公共利益，就可以通过同绝大多数的出口商（生产商或转售商）达成协议的方式，在作出最终裁决之前中止调查。从调查中止之日起，或是在中止调查通知公布之日起 180 天内彻底停止低于外国市场价值销售的协议。

同时该法第 8 条第 2 款关于消除损害性后果的协议中规定，如果美国商务部长认为中止是出于公共利益，在满足一定前提条件的情况下，美国商务部长也可以以中止协议的方式中止正在进行的调查。

美国《1930 年关税法》第 7 条是关于终止调查的规定，如果美国商务部长认为符合公共利益，则在一定条件下可以终止正在进行的反倾销调查。

美国国会认为，中止协议的核心内容是数量限制和出口价格的确定。中止调查是一种例外的方式，不应该成为处理反倾销案通常采用的方式。因此美国反倾销法规定，美国商务部只有在中止调查符合公共利益和美国国内产业利益的情况下，才能与外国政府或出口商达成中止协议。

从美国立法中有关公共利益问题的规定中可以看出：美国反倾销法中明确提出了"公共利益"的说法，但是将其作为中止与终止反倾销措施的前提条件，而不是作为采取反倾销措施的条件。这充分反映了美国反倾销法注重保护产业利益的宗旨。正如布鲁塞尔奥本海默律师事务所的研究报告所言："保护对象不同是欧盟和美国反倾销法的一个重要不同点，美国的反倾销法只

---

❶ 韩立余. 美国外贸法 [M]. 北京：法律出版社，1999.

保护企业利益。"❶

因此该条款的存在仅仅是一种形式，是比较软弱无力的，在实践中利用该条款对公共利益的保护作用必然是十分有限的。

蜂蜜反倾销案是中美政府之间用中止协议（suspensionagreement）条款来处理反倾销案件的第一个案件。由于美国消费者的参与和支持，消费者给政府施加很大压力，中美双方得以以中止协议的方式停止了反倾销调查。

（三）欧盟立法公共利益的规定

1. 立法规定

欧盟贸易救济相关基本法规规定，"欧共体利益"是调查机关必须调查的事项，也是采取贸易救济措施的实质要件之一。这主要体现在三个方面。

其一，无损害无措施。如果某一种进口产品共同体本身无力生产，或者共同体考虑到环境或其他方面的原因禁止生产，或者欧盟厂商以一种难以忍受的高额费用或其他代价从事生产，以及对加工或整装工业来说，该产品是一种急需的、不可缺少的原料或部件，那么这种产品的进口对欧盟显然是有利的，它不应被视为倾销产品。

其二，一种倾销进口产品即使对某一产业造成了损害，但从欧盟整体利益出发，不必对其实施制裁，那么欧共体反倾销机构也可以不对其实施反倾销措施。

其三，欧盟委员会选择损害幅度和倾销幅度较低者确定反倾销征税的税率。从实践上体现了世贸组织《反倾销协定》从低征税的原则。

2. 实践中的公共利益原则

欧盟"欧共体利益"调查是各国贸易救济实践中的公共利益调查的代表。在对倾销（或补贴）、损害和因果关系作出肯定裁决之后，欧盟委员会会进行的一项独立的公共利益调查，目的在于确定反倾销税对欧盟的总体消极作用是否超过对受损的欧盟产业的积极作用。欧盟委员会通过两步实施这项评估：

---

❶ 吴云. 欧盟反倾销立法一步到位［N］. 人民日报，2002-02-25（7）.

一是对申诉的欧盟产业的积极和消极作用；二是对欧盟产业的积极作用与对其他产业和利益方的消极作用。如果征税措施对申诉的欧盟产业、欧盟的其他产业，或者欧盟的其他方的利益损害超过了该措施对申诉产业的积极作用，那么反倾销税的征收被视为不符合欧共体利益。❶

（1）相关产品的市场特性和竞争结构分析。

欧盟委员会通常首先分析相关市场的情况，包括产品的类型和产品市场的基本特性，评估是为了考察欧盟的竞争环境。在欧盟境内是否存在违反竞争的行为和市场结构是欧盟委员会在考察采取反倾销措施是否符合欧共体利益时一个相关因素。为寻求反倾销的需要和欧盟竞争政策之间的平衡，欧盟委员会要对整个的经济市场作整体考虑，避免在采取反倾销措施时损害欧盟境内的有效竞争。

（2）反倾销措施对欧盟工业造成的影响分析。

欧盟委员会将会分析采取反倾销措施对申诉的欧盟产业产生的影响。这将着眼于对目前或将来的市场状况的影响作分析。主要包括对以下具体因素的分析：产品的市场份额、产品的价格和利润、未来的产品生产能力、对就业的影响。在实践中，欧盟委员会很少会判定采取反倾销措施对欧盟工业造成的不利影响会大于带来的利益。一旦确立对欧盟产业造成损害性后果，欧盟委员会往往不会基于不符合欧盟利益而终止反倾销调查。

（3）对其他经济主体利益的影响分析。

贸易救济措施也可能会对其他的经济主体造成损害，这种损害程度甚至会超过给申诉的欧盟工业所带来的利益。欧盟委员会会考虑对四类经济主体的影响：欧盟进口商和销售商的利益、上游产品供应商（如原材料供应商和零配件供应商等）的利益、倾销产品使用方的利益、消费者的利益。此外，欧盟委员会有时还会考虑到和相关国家的对外贸易关系，决定是否采取措施。

---

❶ Edwin Vermulst & Bart Driessen. New Battle Lines inthe Antidumping War-Recent Movements on the European Front［J］. Journal of World Trade，1997.

3. 损害幅度的确定

欧盟委员会计算损害幅度，即不公平进口价格低于欧共体同类产品合理价格的比例，用于征收反倾销税或反补贴税。在理论上通过征收贸易救济特别关税，欧共体市场价格将上升到欧共体产业未受损的公平价格，以此消除不公平进口对欧共体产业的损害。有关损害幅度的内容详见第二节。

三、中国公共利益立法和实践

(一) 立法情况

中国贸易救济法规对公共利益问题给予了很多关注，体现在调查和措施执行等环节的规定中。但是中国立法中公共利益的规定还比较原则，仅仅要求实施贸易救济措施应当符合公共利益，还缺乏对公共利益的调查主体、程序和实体规则等问题的详细规定。

在部门规章中，《反倾销价格承诺暂行规则》第 10 条要求中国调查机关在接受价格承诺时要考虑公共利益因素，第 22 条规定一旦价格承诺不再符合公共利益，中国调查机关可以予以撤销。

(二) 实践情况

1. 公开听证会

公共利益问题经常是贸易救济听证会的主要议题。如在第二次取向电工钢反倾销调查听证会中，中国调查机关明确把公共利益问题作为听证会的听证内容❶。在食糖保障措施听证会中，中国调查机关也把公共利益问题作为听证会的主要议题。❷

2. 价格承诺

在调查中，利害关系方经常主张相关贸易救济措施是否符合公共利益的

---

❶ 《商务部贸易救济调查局关于召开取向电工钢反倾销案听证会的通知》，商救济政法函〔2015〕第 31 号。

❷ 《商务部贸易救济调查局关于召开食糖保障措施调查听证会的通知》。

问题。

在三氯甲烷反倾销案中，7 家下游企业等认为初裁后，中国国内市场上被调查产品的销售价格上涨，下游企业生产成本上升，影响了正常生产。经调查，中国调查机关认为，采取临时反倾销措施后，被调查产品在中国国内市场销售价格确有一定程度的上升，而中国国内产业供应相对不足，给中国国内下游产业的生产和经营造成一定影响，因此，综合上下游产业的意见和最低限价的建议，为缓解中国国内市场供应相对不足的状况，根据《反倾销条例》的规定，经协商，中国调查机关决定同其中 5 家国外生产商商签价格承诺协议，这样可以达到兼顾上下游利益的目的。另外，终裁调查显示，英国英力士氯化有限公司和钱普拉斯有限公司和其他公司存在倾销行为，中国调查机关认为对其征收反倾销税符合公共利益。❶

3. 上下游利益平衡

在水合肼反倾销案中，多家下游企业向中国调查机关提出应当考虑下游产业利益，如果征税，将不符合公共利益。经调查，中国调查机关认为被调查产品的倾销行为是造成中国国内产业实质损害的直接原因，反倾销针对的是以倾销这种不公平贸易方式进口产品，并不会对公平和正当的进口造成任何限制和障碍，从长远看，被调查产品的下游企业与申请调查进口产品的中国国内产业的最终利益是一致的。因此，征收反倾销税是符合公共利益的。❷

在乙醇胺反倾销案中，代表中国大陆部分草甘膦生产企业的中国五矿化工进出口商会等向中国调查机关提出在乙醇胺反倾销裁决中考虑下游产业利益的请求。五矿商会认为，对进口乙醇胺征收反倾销税不符合公共利益。中国调查机关认为，目前中国大陆草甘膦生产企业主要采用两种工艺路线，即甘氨酸法和亚氨基二乙酸（IDA）法。其中，甘氨酸法是不使用乙醇胺为原料的工艺路线。该工艺路线是中国大陆开发最早、技术最成熟、也是大多数

---

❶ 《中华人民共和国商务部关于原产于原产于欧盟、韩国、美国和印度的进口三氯甲烷调查的最终裁定》，商务部公告 2004 年第 81 号。

❷ 《中华人民共和国商务部对原产于日本、韩国、美国和法国的进口水合肼反倾销调查的最终裁定》，商务部公告 2005 年第 36 号。

中国大陆草甘膦生产企业所采用的工艺路线。截至 2004 年 8 月，在中国大陆 33 家草甘膦生产企业中，采用甘氨酸法的生产企业有 25 家，其装置生产能力占中国大陆草甘膦总产能的 64%，2003 年的产量占中国大陆草甘膦总产量的 77%。因此，对进口乙醇胺产品采取反倾销措施，对采用甘氨酸法工艺路线并占中国大陆草甘膦产业主要部分的生产企业没有影响。

采用以二乙醇胺为原料（IDA 法）的企业有 10 家（其中 2 家同时具有两种生产工艺），其生产能力占中国大陆草甘膦总产能的 36%，2003 年产量占中国大陆草甘膦总产量的 23%，上述企业草甘膦产量的 53.1% 为来料加工贸易。因此，对进口乙醇胺产品采取反倾销措施，不会对采用 IDA 法工艺路线的草甘膦生产企业造成较大的负面影响。

综上所述，中国调查机关认定，对进口乙醇胺产品采取反倾销措施总体上不会对中国草甘膦产业的发展造成不利影响。❶

4. 产品排除

不锈钢冷轧薄板反倾销措施是中国较早的例涉及公共利益问题的案例。在立案公告确定的被调查产品范围包括所有型号的不锈钢薄板，但调查中发现，有一些特殊型号、规格、用途的不锈钢中国还不能生产或不能完全生产。如原产于日本、韩国的以 409 为编码的钢板，被广泛使用于捷达、夏利、帕萨特和红旗等多个国产品牌的汽车消声器上。在 2002 年，仅中国国内需要适用进口 409 薄板加工而成的消声器的汽车就达到 58 万辆。如果中国国内汽车零件加工行业由于征收反倾销税而停止使用进口的 409 钢材，中国的汽车消声器制造行业将受到严重影响。这对于目前处于成长阶段的中国汽车产业来说无疑将造成新的伤害。最终，中国调查机关结合中国实际情况，考虑到包括下游产业利益在内的公共利益需求，裁定将四种型号的进口不锈钢板——制造彩色显像管电子枪帽类零件用不锈钢带、生产剃须刀用不锈钢、洗衣机和微波炉用不锈钢板、汽车排气系统用不锈钢，排除在反倾销征税的范围以外。这种排除受到企业的普遍欢迎，既保护了中国国内不锈钢生产企业的利

---

❶ 《中华人民共和国商务部关于对原产于日本、美国、德国、伊朗、马来西亚、台湾地区和墨西哥的进口乙醇胺反倾销调查的终裁决定》，商务部公告 2004 年第 57 号。

益，又维护了下游企业的利益，符合世界贸易组织公平贸易、保护公共利益和不伤害无辜的原则❶。

5. 各方利益平衡

在食糖保障措施案中，中国调查机关根据《保障措施条例》第 19 条，考察了实施保障措施的公共利益问题，充分考虑了各方对公共利益的关切。中国调查机关认为，维持供需平衡、弥补供需缺口需要一定的食糖进口；采取保障措施的根本目的是补救由于进口激增导致的中国国内产业严重损害，维护健康稳定的进口秩序和市场环境，这也符合制糖企业、进口商、下游企业和消费者的共同利益。此外，采取保障措施有助于食糖产业可持续发展和产业结构调整。综上，中国调查机关认定采取保障措施符合公共利益。❷

在共聚聚甲醛反倾销案中，应诉公司主张，采取反倾销措施将给下游增加负担，引起市场混乱，不利于下游产业发展。申请人主张，公共利益范围广泛，并非仅限于上下游利益，对被调查产品开展反倾销调查并实施反倾销措施有助于恢复被扭曲的中国国内市场秩序，不会实质性影响下游产业的正常发展，相反还有利于下游产业的健康发展。

中国调查机关认定，被调查产品存在倾销，中国国内产业受到了实质损害，而且倾销与实质损害之间存在因果关系。根据调查结果采取反倾销措施，将有助于维护公平贸易环境，稳定国内市场秩序以及倾销进口价格的合理回归，不会给下游增加额外负担。调查机关综合考虑国内产业、上下游产业以及其他相关因素后认为，对倾销进口产品采取反倾销措施符合中国的公共利益。❸

四、相关政策建议

一是适当完善和细化公共利益调查立法。在程序上，细化有关利害关系

---

❶ 宋和平. 产业损害调查中的五大问题 [J]. 中国经贸导刊，2002（2）：33-35.

❷ 《中华人民共和国商务部关于对进口食糖产品保障措施调查的裁定》，商务部公告 2017 年第 26 号。

❸ 《中华人民共和国商务部关于对原产于韩国、泰国和马来西亚的进口共聚聚甲醛反倾销调查的终裁决定》，商务部公告 2017 年第 61 号。

方参加调查和表达诉求权利的规定，保障各方均有充分机会向中国调查机关陈述意见。此外，建立健全机制，统筹和平衡考虑国家整体经济、外交等利益，以及广大消费者和中小企业的利益、

二是中国商务部贸易救济调查局完善公共利益调查。此前中国调查机关已经在公共利益调查方面有了诸多实践。可以在总结经验的基础上，将公共利益调查机制化、体系化和制度化。

第二节　损害幅度❶

一、低税原则和损害幅度

（一）贸易救济措施的目的和方式

1. 目的：消除倾销或者损害

世贸组织《1994 年关税与贸易总协定》第 6 条第 2 款也表明，反倾销措施的目的在于抵消或防止倾销。由此可见，反倾销措施的目的在于抵消倾销。同样，《反倾销协定》第 11.1 条规定反倾销措施仅在抵消造成损害的倾销的必要时间和限度内实施，也印证了反倾销措施的直接目的是消除倾销。

《反倾销协定》第 9 条第 1 款又规定，如能消除因倾销导致的损害，那么反倾销税可以低于倾销幅度。《反倾销协定》第 8 条第 1 款规定，价格承诺的作用在于"消除倾销的损害性影响"。由此可见，反倾销税的另一个功能是消除损害。

由上述分析可知，反倾销措施的目的是消除倾销或消除损害。理论上，反倾销措施的实施方式就应该有两种，一是按倾销幅度征税以消除倾销，二是按某种税率征税以消除损害。

---

❶　在本节中，笔者将以反倾销调查和措施为例，讨论损害幅度的有关问题。反补贴调查和措施的情况基本类似。

（二）低税原则

《反倾销协定》第 9 条第 1 款就是"低税原则"条款，意指低于倾销幅度的反倾销税更为可取。

从贸易救济措施的目的，我们发现了两种不同措施实施方式。依据"低税原则"，两种方式确定的反倾销税率更低，影响更小，就是《反倾销协定》更为推崇的贸易救济措施。第一种方式更为常见，也是大多数世贸成员惯常采用的征税方式。但是第二种征税方式下，如何征税才能做到消除损害，规则并没有明确规定。欧盟等成员推出了损害幅度的做法，是一种有益的尝试。

据世贸组织统计，共有十四个成员通报了低税原则的国内立法和实践情况[1]。

（三）损害幅度

损害幅度的思路根源于贸易救济损害调查。在损害调查中，不公平进口（倾销或补贴进口）通过对进口国国内同类产品价格施加不利影响，进而影响进口国国内产业状况，从而对进口国国内产业造成损害。损害幅度方案则反其道而行之，既然要消除不公平进口（倾销或补贴进口）对进口国国内产业状况造成的损害，则可以从消除其对进口国国内同类产品价格的不利影响入手。

通过实施贸易救济措施，按损害幅度提高不公平进口产品在进口国的销售价格，消除这类产品对进口国同类产品价格的不利影响，进而消除产业损害。最理想的状况是，精确计算加税税率（即损害幅度），使进口国国内同类产品的市场售价达到非损害价格的水平。由于市场价格的确定，除了受供求、竞争等因素外，还受到许多因素的影响，因此精确测定进口国国内市场售价和损害幅度很难做到。在实践中，欧盟等成员发展出了一些近似理想加税幅度的替代方案。

---

[1] COMPILATION OF INFORMATION PROVIDED BYMEMBERS REGARDING LESSER DUTY RULE, Note by the Secretariat, G/ADP/AHG/W/43.

二、各地法律和实践

目前，调查损害幅度并据以实施低税原则的主要成员有欧盟、澳大利亚、韩国和印度等。其中欧盟实施低税原则是强制性的，而巴西、墨西哥、印度则是非强制性的。❶

（一）欧 盟

欧盟是较早采用低税原则的世贸成员，其损害幅度的调查方法比较典型。印度等国的调查方法基本上取法于欧盟。

欧盟调查机关计算损害幅度的方法主要有两种，一是削价幅度（PriceUndercutting）法，二是低价幅度（Price Underselling）法❷。

1. 削价幅度法

削价幅度法适用在进口产品价格显著低于进口国国内同类产品价格，造成了明显的价格削减影响的案件中。计算削价幅度分两步走，首先需要计算出削价总额，然后再据以确定单位的削价幅度。

削价总额的计算方法是，对合作的出口生产商调整后的（月）加权平均CIF 价格与欧盟产业的（同一月份）销售单价加以对比，然后两者的差额乘以出口生产商的出口数量就得出了削价总额。

削价总额＝（欧盟产业的销售单价—合作的出口生产商调整后的加权平均CIF 单价)×出口生产商的出口数量

削价幅度可表示为削价总额在以欧盟产业的销售价格计算的出口生产商出口总额中所占的比例。对于合作的出口生产商的削价幅度按照下面的公式加以计算：

---

❶ AradhnaAggarwal，The WTO Anti-dumping Agreement：Possible Reform Through the Inclusion of a PublicInterest Clause，the working paper of Indian council for research on international economic relation，(sep，2004).

❷ 魏强. 欲善其事，先利其器——欧盟反倾销调查中损害幅度的计算方法 [J]. WTO 经济导刊，2004（4）：78.

削价幅度＝削价总额÷以欧盟产业的销售价格计算的出口生产商的出口总额×100%

而对于不合作的出口生产商，欧盟委员会通常会将调查期内调整后的CIF价格和欧盟产业在调查期内的平均销售单价进行对比。

然后欧盟委员会计算出一个全国范围内的削价幅度（Countrywide Undercutting Margin），作为合作和不合作出口生产商的加权平均削价幅度，用于未被单独调查的出口商的损害幅度。

2. 低价幅度法

在存在价格抑制或价格压低影响的案件中，进口产品价格不总是低于进口国国内同类产品价格。由于价格压低或抑制的影响，进口国国内同类产品价格不能以非损害的理想价格在进口国国内销售。因此，计算低价幅度的方法与削价幅度的方法也有了差异。

计算低价幅度分三步走，即确定目标价格，计算低价总额，确定低价幅度。

首先需要确定一个假定的进口国国内产业无损害的价格，即"目标价格"（Target Price）。然后，计算低价总额，即将合作的出口生产商调整后的CIF价格单价与目标价格进行对比，其差额乘以出口生产商的出口数量即为"低价总额"。

低价总额＝（目标价格—合作的出口生产商调整后的CIF价格单价）×出口生产商的出口数量

低价幅度表示为以低价总额在出口生产商出口数量的CIF总价中所占的比例。具体公式如下：

低价幅度＝低价总额÷CIF总价×100%

对于不合作的出口生产商，调查期内调整后的CIF单价将与在调查期内欧盟产业的平均的没有损害的价格加以对比。然后，欧盟委员会计算出一个全国范围内的损害幅度，作为对于合作和不合作出口生产商的加权平均损害幅度。

（二）澳大利亚

澳大利亚在采取反倾销措施时，通常会采用最低限价的方式。即调查机关确定了涉案产品进口报关时的最低价格，如果低于该限价，则需要缴纳该限价和实际进口报关价格之间的差额作为反倾销税。

由于征税方式的不同，澳大利亚从低征税的方法有别于欧盟的做法。它并不是计算损害幅度，而是计算非损害的最低限价。倾销调查确定的正常价值最低限价和非损害的最低限价谁低，即为进口涉税产品用于确定缴纳反倾销税的最低限价。

非损害限价是指在假定澳大利亚产业在进口国市场没有受到倾销产品影响的情况下，进口国国内产品在市场上可以销售的合理价格。其计算主要有两种方法，分别是出口价格推算法和成本加成法。其中，出口价格推算法非常类似倾销幅度计算中推定出口价格的计算方法，而成本加成法则类似结构正常价值的方法。

出口价格推算法的依据是倾销发生之前同类产品在进口国市场上的销售价格。通过对该价格进行调整，扣除在进口国市场上发生的费用和利润，得到进口报关的价格。具体的调整因素有：（1）在澳大利亚发生的费用；（2）关税、产品和服务税；（3）产品在进口到澳大利亚过程中发生的费用；（4）销售费用；（5）在澳大利亚发生的利润。

成本加成法则是以澳大利亚同类产品的制造、销售成本和合理利润为基础，构造非损害价格。❶

（三）韩国

韩国的做法与欧盟相似。首先确定无损害的目标价格，目标价格与被调

---

❶ COMPILATION OF INFORMATION PROVIDED BYMEMBERS REGARDING LESSER DUTY RULE，Note by the Secretariat，G/ADP/AHG/W/43.

查产品进口价格的差额即为损害幅度。对产业损害幅度的计算，韩国采取了两种方法：

一是实际价格法。如果韩国国内同类产品价格仍然保持非损害的价格，则目标价格即为韩国国内同类产品的实际销售价格。损害幅度计算公式为：

损害幅度＝（韩国国产产品实际销售价格-倾销进口产品转售价格）÷倾销进口产品 CIF 价×100%

二是理想价格法。当倾销进口产品的价格对韩国国内同类产品销售的价格造成不利影响，目标价格可以是韩国国内同类产品合理销售价格（合理销售价格=成本+管理费用+合理利润）。损害幅度计算公式为：

损害幅度＝（合理的韩国国内产品销售价格-倾销进口产品转售价格）÷倾销进口产品 CIF 价×100%❶

（四）印度

印度实践也是取法于欧盟，主要采用两种方法确定损害幅度。一是损害幅度为印度国内同类产品的价格和被调查产品倾销进口产品价格之间的差额；二是损害幅度为目标价格和被调查产品倾销进口价格产品的差额。印度调查机关可以采用以下四种方法确定目标价格：（1）倾销发生前的印度同类产品的价格；（2）调查期非倾销出口产品的价格；（3）适当第三国进口的同类产品的价格；（4）印度同类产品的成本、费用和合理利润。

（五）墨西哥

墨西哥主要通过两种方式来确定目标价格，统一的国际价格方式或是外部价格方式（Unitary International Price Approach or Exogenous Price Method）和外部生产成本或价格方式（Endogenous Production Cost or Price Approach）。

---

❶ COMPILATION OF INFORMATION PROVIDED BYMEMBERS REGARDING LESSER DUTY RULE，Note by the Secretariat，G/ADP/AHG/W/43.

一是统一的国际价格方式或外部价格方式。如果某一价格未受到倾销进口产品的影响，则这一价格应作为对墨西哥国内市场价格的重要参考因素。通常，国际价格或外部价格受到倾销进口产品的影响较小，因此，这种方式成为国际价格或外部价格方式。

未受扭曲的国际价格或外部价格可以被视为墨西哥国内生产商的"目标价格"。当确定未受扭曲的国际价格为最低限价时，实施反倾销税将使倾销进口产品价格恢复到国际价格水平，实现了从低征税。

二是外部生产成本或价格方式。如果不能获得未受扭曲的国际价格，墨西哥调查机关将依据墨西哥国内同类产品的成本和利润，或是倾销进口产品发生之前的墨西哥国内价格确定目标价格。❶

（六）中国

2004 年，原中国商务部产业损害调查局局长王琴华在中国商务部网站的司局长论坛上表示，把合理地计算产业损害幅度作为公正确定反倾销税的依据之一十分必要。她谈到，从欧盟多年的实践效果来看，基于产业损害幅度认定反倾销税率，既维护了进口国国内产业的安全，也兼顾了下游产业和消费者的利益。"我国目前正在部分案件的产业损害调查中尝试计算损害的幅度，但是在反倾销裁决中，还没有将其作为确定税率的依据，今后还要在实践中继续探索。"她强调，把产业损害幅度作为公正确定反倾销税的依据之一，有利于保持中国国内产业上下游协调、可持续发展、维护公共利益、实现国家经济利益和国民福利的最大化。但是从近年的实践看，中国调查机关尚未在实践中调查过损害幅度。

三、当前实践的缺陷

损害幅度实践为实施低税原则提供了一种方案。但是，当前损害幅度的实践都不能精确完成消除损害的任务。其缺陷主要有：

---

❶ COMPILATION OF INFORMATION PROVIDED BYMEMBERS REGARDING LESSER DUTY RULE，Note by the Secretariat，G/ADP/AHG/W/43.

一是法律规定过于模糊。《反倾销协定》等并没有授权进行损害幅度调查，也没有相关程序和实体性规则。除了欧盟作出强制性要求外，其他成员的损害幅度调查都是非强制性的。

二是损害程度难以量化。从目前主流的损害调查方法看，损害程度很难进行量化。这就造成反映损害程度的损害幅度难以精确量化。

三是不能直接消除损害。如前所述，损害幅度方法只是消除倾销价格的假设方法，而不是实证方法。从实际效果看，损害幅度并不能都实现消除或防止损害的作用。

四是无法处理损害威胁案件。在实质损害威胁案件中，由于实质损害尚未发生，损害幅度更无从谈起，从价格比较角度进行损害幅度的裁决更突显了不足。

五是调查方法基础薄弱。从各国实践看，损害幅度方法主要考虑进口国国内的市场价格情况，并没有考虑品质、品牌等价格差异，也没有考虑国际贸易的关联影响。这些方法的理论基础都略显不足。

六是调查机关自由裁量权过大。调查机关是否和如何调查损害幅度方，以及认定市场价格、成本费用、利润数据等方面享有很大的自由裁量权，且调查程序透明度不高。损害幅度调查的争议一直不绝。首先，进口价格和进口国国内产品价格属于保密信息，因此各利害关系方无从了解损害幅度计算过程❶。其次，损害幅度计算还有归零问题的争议，其合法性和适当性存有争议❷。

四、相关建议

低税原则是世贸组织协定所提倡的实施贸易救济措施的原则，有利于减轻贸易救济措施的负面效果，有利于平衡各方利益。研究并利用好低税原则和损害幅度实践，具有其现实意义。

---

❶ Edwin Vermulst. The 10 major problems with the anti - dumpinginstrument in the European community ［J］. Journal of World Trade 39（1）: 105-113, 2005.

❷ 孟建兵，译. Edwin Vermulst, Folkert Graafsma. 欧盟计算倾销损害幅度的十大问题 ［J］. 世界贸易组织动态与研究，2007（8）.

首先，加强对经济学模型和分析的研究。损害幅度实践的目的是使贸易救济措施能够精确消除不公平贸易造成的损害。因此，建立完善精确的经济学模型，精准量化损害程度，是做好损害幅度调查的基础。

其次，积极推进低税原则在多边领域的规则化。通常来讲，采用低税原则总是会降低贸易救济措施税率。对中国出口产业来说，在遭遇国外贸易救济措施的情况下，能从规则上获得较低的税率，也有利于维护中国出口产业的利益。

再次，在应对国外调查机关的损害幅度调查时，强调透明度和程序正当原则，避免外国调查机关黑箱操作，争取维护中国出口产业的合理利益。

第十一章　争端解决案例分析

争端解决机构在审理世贸组织成员间的贸易纠纷时，需要根据世贸组织相关协定的法律原文，通过解释规则和适用协定对争议的法律问题进行裁判。专家组和上诉机构的有关判决，既是对贸易救济有关协定的澄清和说明，又可能作为后续其他有关争端的裁判依据。因此，研读争端解决机构对贸易救济有关条款的解释很有必要。

第一节　《关贸总协定》第 6 条

一、适用范围问题

《1994 年关贸总协定》（GATT1994）（简称《关贸总协定》）是世贸组织法律框架的重要组成部分，是货物贸易领域相关协定的原则和法律基础。在适用贸易救济诸协定时，《1994 年关贸总协定》作为法律基础应当同时适用。

在美国 1916 年反倾销法（DS162）争端中，上诉机构指出在反倾销措施相关问题上，《1994 年关贸总协定》应当与《反倾销协定》共同适用。"根据《反倾销协定》第 1 条，反倾销措施应当符合《1994 年关贸总协定》第 6 条以及《反倾销协定》的条款。因此，《1994 年关贸总协定》第 6 条可以适用于反倾销措施问题。而且根据《反倾销协定》第 18.1 条的规定，《1994 年关贸总协定》第 6 条可以作为"所有针对进口倾销的具体措施"的法律依据。❶

---

❶　世贸组织争端解决上诉机构报告，美国 1916 年反倾销法案，DS162，第 109-126 段。

二、损害裁决的基础地位

被调查进口存在法定情形（倾销、补贴或数量激增），进口国国内产业因此受到损害，且二者存在因果关系，是实施贸易救济措施的前提条件。除此，其他条件不能作为合法运用贸易救济措施的基础。

在美国 1916 年反倾销法争端中，专家组认为《1994 年关贸总协定》第 6 条第 1 款要求损害是实施反倾销措施的条件之一。美国 1916 年《反倾销法》没有关于损害的规定，因此依据该法实施的反倾销措施不符合《1994 年关贸总协定》和《反倾销协定》的规定。❶

三、《1994 年关贸总协定》与贸易救济协定的呼应

由于《1994 年关贸总协定》和《反倾销协定》等贸易救济协定需要同时适用于贸易救济调查和措施，因此相关协定所规定的同一概念应当有相同的含义。

在墨西哥橄榄油反补贴措施争端中，专家组认为根据《补贴和反补贴协定》第 16 条规定的进口国国内产业，与《1994 年关贸总协定》第 6 条第 6 款规定的进口国国内产业概念具有相同的含义。❷

第二节　反倾销和反补贴损害规则

世贸组织《反倾销协定》第 3 条和第 4 条与《补贴和反补贴协定》第 15 条和第 16 条内容基本相同。反倾销损害调查的规定也同样适用于反补贴的损害调查。在争端解决中，专家组和上诉机构经常交叉引用反倾销和反补贴判例作为贸易救济有关争端解决的法律依据。

---

❶　世贸组织争端解决专家组报告，美国 1916 年反倾销法案，DS162，第 252-253 段。
❷　世贸组织争端解决专家组报告，墨西哥橄榄油反补贴案，DS341，第 7.190 段。

一、损害调查规则体系

世贸组织反倾销和反补贴损害调查规则是一个逻辑清晰、重点突出、程序完的有机整体，既有原则性、概括性的要求，也有程序性、细节性的规定。

在泰国 H 型钢材反倾销争端中，上诉机构解释了《反倾销协定》第 3 条的整体结构，即"第 3 条是关于调查机关在损害认定中的一系列义务。其中《反倾销协定》第 3.1 条是整体性的中心条款，规定了调查中的基础性和本质性的义务，是后续相关条款义务的前提。在后续的其他款项分别是关于评估倾销进口数量和价格的影响（第 3.2 条）、累计评估调查（第 3.3 条）、国内产业状况评估（第 3.4 条）、因果关系审查（第 3.5 条）和实质损害威胁调查（第 3.7 条和第 3.8 条）等调查程序的相关义务。可以说，第 3 条是各成员调查机关在进行损害调查中实体性义务的集中体现"❶。

在埃及钢筋反倾销争端中，专家组也重申了《反倾销协定》第 3.1 条的作用是对损害调查本质和调查机关义务的整体性和一般性的指引。第 3.5 条也明确了第 3.2 条是对倾销进口数量和价格影响的规定，而第 3.4 条则是倾销进口导致国内产业损害情况调查的规定。❷

在欧盟存储器反补贴争端中，专家组也相应地解释了《补贴和反补贴协定》第 15 条的构成和关系。《补贴和反补贴协定》第 15.1 条是总的、统领性的条款，其后各款是对各调查环节的具体细化。当损害调查在各个环节都符合第 15.1 条关于肯定性证据和客观审查的要求时，损害调查才算其余各款规定的义务。❸

二、损害调查期和证据收集期间

损害调查期是指调查机关在损害认定时用于收集倾销进口数量和统计价格、国内产业状况经济指标等时间期间。在实践中，各调查机关通常采用 3～

---

❶ 世贸组织争端解决上诉机构报告，泰国 H 型钢材反倾销案，DS122，第 106 段。
❷ 世贸组织争端解决专家组报告，埃及钢筋反倾销案，DS221，第 7.102 段。
❸ 世贸组织争端解决专家组报告，欧盟存储器反补贴案，DS299，第 7.267 段。

5 年作为损害调查期，短于 3 年的或长于 5 年的情况都比较少。

早在 2000 年，反倾销措施委员会就发布了一个报告，对如何确定原审损害调查期提出了非约束性的建议。"通常，除非提供证据材料的企业存续时间少于 3 年，损害调查期不应短于 3 年，且倾销调查期应当全部处于损害调查期内。"❶

对于如何确定损害调查期，以及损害调查期应当有什么样的要求和特征，争端解决机构在一系列裁决中提供了思路。

在埃及钢筋反倾销争端中，专家组指出："实际上，损害调查规则并没有规定如何确定调查期，也没有规定倾销调查期和损害调查期的关系。"❷

在欧盟管件反倾销争端中，上诉机构表达了如下观点："调查期是进行客观公正调查的基础。……我们理解设置调查期的目的在于为证据收集提供一个持续的期间，使得调查机关可以在较少的市场干扰或外界波动的情况下进行倾销的调查。"❸ 虽然上诉机构论述的是倾销调查期，但是从调查机关中立、客观、公正义务，以及客观、正确反映案件真实情况的角度看，上诉机构的上述论断也可以用于解释损害调查期的作用。

反补贴损害调查期的选择，调查机关负有类似的义务。墨西哥橄榄油反补贴争端解决专家组指出，虽然调查机关在选择调查期的问题上有一定的自主权，但不是无限的。《补贴和反补贴协定》第 15.1 条规定的肯定性证据和客观审查的义务，要求调查机关在选定损害调查期时应当确保损害裁决所依据的数据和证据的代表性、广泛性和可靠性。❹

在阿根廷鸡肉反倾销争端中，专家组认为："《反倾销协定》没有规定倾销调查期和损害调查期的期末时间应当同时。而且通常由于倾销进口发生和国内产业出现损害会有时间间隔，没有必要要求倾销调查期和损害调查期具

---

❶ Recommendation Concerning the Periods of Data Collection for Anti-Dumping Investigations，G/ADP/6，adopted 5 May 2000 by the Committee on Anti-Dumping Practices.
❷ 世贸组织争端解决专家组报告，埃及钢筋反倾销案，DS221，第 7.130-131 段。
❸ 世贸组织争端解决上诉机构报告，欧盟管件反倾销案，DS219，第 80 段。
❹ 世贸组织争端解决专家组报告，墨西哥橄榄油反补贴案，DS341，第 7.267 段。

有相同的期间。"❶

在墨西哥钢管反倾销争端中，专家组认为："由于需要通过历史数据调查和反映当前的情况，因此最近的证据材料可能更加重要。"❷"调查机关应当尽量选用距立案时间最近的期间作为损害调查期。"❸

当然也有些贸易救济案件的调查期短于 3 年。比如在危地马拉水泥反倾销争端中，调查机关的损害调查期只有 1 年，理由是倾销进口产品只在最近的 1 年才出现大幅增加。专家组认可了危地马拉的做法，并指出："虽然反倾销措施委员会推荐采用不少于 3 年的损害调查期，但是协定本身并没有规定应当如何确定损害调查期。因此，武断地认为 1 年长度的损害调查期违反协定义务是不正确的。"❹

三、证据要求和调查义务

《反倾销协定》第 3.1 条是关于整个损害调查规则最基础、最核心的条款。一方面它规定了调查机关的调查和证据采信义务，另一方面也规定损害调查的主要内容。

在美国热轧钢反倾销争端中，上诉机构指出，《反倾销协定》第 3.1 条规定的调查机关义务的核心是要进行客观的调查，并依据肯定性证据作出裁决。❺

（一）证据采信要求

肯定性证据要求是对损害调查中主管机关采信证据和构建裁决基础的证据方面的要求。

在美国热轧钢反倾销争端中，上诉机构指出："在我们看来，肯定性要求是针对调查机关据以作出裁决的证据的质量方面的要求；'肯定性'意指证据

---

❶ 世贸组织争端解决专家组报告，阿根廷鸡肉反倾销案，DS241，第 7.287 段。
❷ 世贸组织争端解决专家组报告，墨西哥钢管反倾销案，DS331，第 7.228 段。
❸ 世贸组织争端解决专家组报告，墨西哥钢管反倾销案，DS331，第 7.230 段。
❹ 世贸组织争端解决专家组报告，危地马拉水泥反倾销案，DS156，第 8.266 段。
❺ 世贸组织争端解决上诉机构报告，美国热轧钢反倾销案，DS184，第 192 段。

必须具有肯定性、客观性、可核实性的特点，而且必须真实可信。"❶

在墨西哥牛肉大米反倾销争端中，上诉机构将肯定性证据标准进一步扩展至调查机关据以作出裁决的前提假设上。它认为："如果依据调查机关采用的方法，需要使用假设作为调查结论的基础。那么这些假设必须是对真实、可靠的事实的合理推断，且应当对其充分解释以建立其可信性和可核实性。"❷

而且，专家组和上诉机构指出，肯定性证据要求是对构建裁决的全部证据的要求，而不是对其中一个部分证据的要求。在泰国 H 型钢材反倾销案争端中，上诉机构指出："损害裁决必须符合第 3 条的规定，且应当建立在全部证据的基础上，而不能仅仅是建立在非保密部分的基础上。"❸ 因此，肯定性证据要求是针对调查机关掌握的全部证据材料的质量要求，而不是仅仅针对非保密材料的要求。在墨西哥牛肉大米反倾销争端中，上诉机构从另一个角度重申了肯定性证据要求适用于在手的所有证据材料。上诉机构认为，墨西哥调查机关选定调查期的相关指标和因素数据不能真实反映当前国内产业损害的情况，因此损害裁决的证据材料不能满足肯定性的要求。❹

（二）调查义务要求

规则要求，调查机关应当客观审查倾销进口产品的影响和国内产业状况。

在美国热轧钢反倾销争端中，上诉机构指出，客观审查是关于调查过程质量和调查行为方式的要求，是对如何收集、调查和评估证据材料方式的规定。"客观"意指审查证据材料时应当符合善意和公平的原则要求，是对国内产业和倾销进口影响等事项进行公正的、无偏好的调查。调查机关应当意识到，是否客观审查，直接影响到损害裁决的质量。❺

在如何进行客观审查方面，该上诉机构也提供了调查方法的指示。在本案中，客观审查的义务要求调查机关全面评估国内产业的状况，而不能仅仅

---

❶ 世贸组织争端解决上诉机构报告，美国热轧钢反倾销案，DS184，第 192 段。
❷ 世贸组织争端解决上诉机构报告，墨西哥牛肉大米反倾销案，DS295，第 204 段。
❸ 世贸组织争端解决上诉机构报告，泰国 H 型钢材反倾销案，DS122，第 107 段。
❹ 世贸组织争端解决上诉机构报告，墨西哥牛肉大米反倾销案，DS295，第 167 段。
❺ 世贸组织争端解决上诉机构报告，美国热轧钢反倾销案，DS184，第 193 段。

局限在一部分企业上。当完成了对部分企业的评估后，应当对剩余的其他企业进行同样的审查和评估，或者提供合理解释，说明不能对剩余企业进行同样评估的理由。只调查部分企业而忽视了国内产业的其他部分，只能呈现出片面的国内产业情况，调查机关容易得出国内产业受到损害的片面和误导性的结论。这样，调查机关就没能履行客观性审查的调查义务。❶

同样在危地马拉水泥反倾销争端中，专家组发现调查机关错误地排除了一些被调查产品，导致倾销进口数量和倾销进口的影响等方面的调查出现偏差。因此，调查机关也未能满足客观审查的义务。❷

在运用抽样等具体调查方法上，调查机关同样要遵循客观审查的要求。比如在欧盟紧固件反倾销争端中，上诉机构对产业损害调查中能否及如何使用抽样的方法提出了明确意见。《反倾销协定》没有对国内产业进行抽样调查规定，也就没有约定如何进行抽样的义务。只要样本企业能够反映国内产业的整体状况，调查机关可以自行决定抽样调查的方法，而不必局限于数量最大等常见的具有统计合理性的方法。样本企业必须能作为国内产业的代表，这样才能符合客观审查的标准。❸

而且抽样选定后调查方法的选择也应当符合客观审查的要求。该争议解决专家组认为，调查机关的分析应当着眼于当前争端中国内产业的状况。只要是针对同一国内产业的分析，通过不同角度和维度的分析，比如依据样本企业的状况分析一部分经济指标，而在其他指标分析中则依据全部企业的数据，这样的做法并不违反客观审查义务。❹

也是在欧盟紧固件反倾销争端中，专家组认为欧盟在认定两家应诉企业不存在倾销后，又将此两家公司的进口产品纳入倾销进口分析之中，这样的做法错误地将未倾销进口也当作倾销进口，有可能扩大倾销进口的损害影响，从而有利于国内产业获得反倾销措施的保护。这样的做法不公平、有偏好，

❶ 世贸组织争端解决上诉机构报告，美国热轧钢反倾销案，DS184，第204-206段。
❷ 世贸组织争端解决专家组报告，危地马拉水泥反倾销案，DS156，第8.272段。
❸ 世贸组织争端解决上诉机构报告，欧盟紧固件反倾销案，DS397，第435-436段。
❹ 世贸组织争端解决专家组报告，欧盟紧固件反倾销案，DS397，第7.390段。

因此不符合客观审查的义务。●

从上述裁决看，当调查机关对应查内容进行了整体、无偏好的分析，且没有显示出明显的倾向性，不论选用的具体调查方法如何，都能满足客观审查的义务。

争端解决中还有一个案例，调查机关选择性地使用证据材料，得出损害调查结论，因此违反了客观审查义务。在"墨西哥钢管反倾销"争端中，调查机关在分析产业损害时仅使用了一部分在手企业的证据材料，而忽视了另外一部分企业提交的材料。在专家组看来，调查机关选择性地使用证据材料，不能完整、客观反映国内产业的状况，因此违反了客观审查的义务。●

（三）关于损害调查的方法

在调查方法的选择上，世贸组织协定并未规定在各调查阶段应当采用的具体方法，而是交由调查机关根据个案情况自由选定。

在泰国 H 型钢材反倾销争端中，专家组解释道："《反倾销协定》第 3 条没有规定损害调查应当采用的调查方法，因此调查机关可以在调查之处自行选定进行损害分析的方法。"●

四、关于倾销或补贴进口的影响

倾销或补贴进口对国内同类产品价格的影响，是损害调查中非常重要的一个内容，它对争端起着承前启后的作用。

（一）关于倾销进口产品影响的含义

在韩国纸品反倾销争端中，专家组提出《反倾销协定》第 3.2 条要求调查机关考虑倾销进口对进口国国内同类产品价格是否造成了如下影响：（1）显著的价格削减；（2）显著的价格压低和；（3）显著的价格抑制。但是

● 世贸组织争端解决专家组报告，欧盟紧固件反倾销案，DS397，第 7.360 段。
● 世贸组织争端解决专家组报告，墨西哥钢管反倾销案，DS331，第 7.326-332 段。
● 世贸组织争端解决专家组报告，泰国 H 型钢材反倾销案，DS122，第 7.159 段。

并不要求调查机关就此作出认定，只要调查记录显示调查机关调查时已经考虑了倾销进口是否对进口国国内同类产品造成了显著的价格影响，就满足了规则的调查要求。❶

（二）关于进口数量的影响

在考虑倾销或补贴进口数量对进口国国内同类产品价格的影响时，规则要求考察涉案进口是否存在显著增长。

在美国存储器反补贴争端中，专家组阐述了三种分析进口数量影响的方法：绝对数量增长情况、相对进口国国内产量的增长情况以及相对进口国国内消费量的增长情况，并且一种或几种因素不能给予决定性的影响❷。

在泰国 H 型钢材反倾销争端中，专家组认为对于倾销进口数量影响的调查，根据规则仅要求调查机关评估、考虑倾销进口数量的情况及其变化，而并非要求倾销进口数量必须"显著增加"，调查机关也无须就"显著增长"作出明确的认定。❸

（三）关于进口价格的影响

在美国存储器反补贴争端中，专家组指出，调查机关可以在价格削减、压低和抑制三种类型的基础上选择分析补贴进口价格的影响❹。而对具体分析方法的选用，欧盟存储器反补贴争端解决专家组则表示《补贴和反补贴协定》并未规定如何调查价格削减的影响，只要调查机关选择的方法是客观和合理的就可以。❺

关于价格削减程度，反倾销协定也没有规定具体的测度方法。在欧盟管件反倾销争端中，专家组指出《反倾销协定》第 3. 2 条要求调查机关考虑是否存在显著的价格影响，但是并没有提供计算削价幅度的具体方法，也没有

---

❶ 世贸组织争端解决专家组报告，韩国纸品反倾销案，DS312，第 7. 253 段。
❷ 世贸组织争端解决专家组报告，美国存储器反补贴案，DS296，第 7. 223 段。
❸ 世贸组织争端解决专家组报告，泰国 H 型钢材反倾销案，DS122，第 7. 161 段。
❹ 世贸组织争端解决专家组报告，美国存储器反补贴案，DS296，第 7. 269 段。
❺ 世贸组织争端解决专家组报告，欧盟存储器反补贴案，DS299，第 7. 336 段。

给出应当如何进行考虑的指导。调查机关的任务是通过价格影响，发现倾销进口是否造成了国内产业的实质损害。倾销进口的影响反映在两个维度，一是数量大小的影响，二是削价程度的影响。❶

在欧盟紧固件反倾销争端中，专家组也表达了类似的观点。协定没有规定调查机关应当如何考虑价格削减的影响。当通过比较进口国国内同类产品和倾销进口产品的价格时，无须按照第 2 条第 4 款的方式来考虑价格可比性。❷

五、累积评估

（一）条件

在欧盟管件反倾销争端中，上诉机构解释了累积评估的原理：国内产业同时面临不同来源的倾销进口的整体冲击。在某些情况下，个别来源的倾销进口数量低且正在减少，那么这些进口和损害之间可能就没有因果关系而从而被免于实施反倾销措施；而事实是这些进口可能正在造成损害。因此，累积评估制度的建立，是因为各成员认识到国内产业损害是不同来源倾销进口的合计影响，而在逐个进行分别评估损害时可能难以充分考虑其影响。❸

（二）如何理解竞争条件

在欧盟管件反倾销争端中，专家组指出竞争条件是市场上各来源产品之间的动态关系；在考虑竞争条件时，也没要求这些产品的竞争条件需要"相同"或"类似"。《反倾销协定》第 3.3 条既没有规定竞争条件的反映指标，也没有规定考察方法。从协定条文和"适当性"要求来看，在考虑竞争条件要求时调查机关在选择评估方面享有一定的自主权。❹

---

❶ 世贸组织争端解决专家组报告，欧盟管件反倾销案，DS219，第 7.276-7.277 段。
❷ 世贸组织争端解决专家组报告，欧盟紧固件反倾销案，DS397，第 7.328 段。
❸ 世贸组织争端解决上诉机构报告，欧盟管件反倾销案，DS219，第 116 段。
❹ 世贸组织争端解决专家组报告，欧盟管件反倾销案，DS219，第 7.241 段。

六、产业状况评估

(一)进口国国内产业的范围

正如《反倾销协定》第4.1条规定,进口国国内产业不必是国内同类产品生产者全体。在评估国内产业状况时,调查机关义务仅限于对其选定为国内产业的生产者的状况。

在欧盟床单反倾销争端中,专家组支持了欧盟的做法,认为调查机关可以不必考察未定义为欧盟产业的两家盟内生产者的生产经营状况。"不属于国内产业范围企业的状况,与国内产业状况并不相关。……这些企业的状况,不能反映国内产业的状况,"因此不属于调查机关的评估范围。❶

而在另一种情况下,如果国内同类产品相关的生产者经营者状况难以获得,则可适当扩大考察范围。在欧盟管件反倾销争端中,专家组指出:"《反倾销协定》允许适当扩大被考察的国内同类产品的范围……在可能的范围内考察同类产品的数据和信息。"❷

(二)经济指标的范围

世贸组织协定列明了应与考察的与国内产业状况相关的经济指标和因素的范围。

在欧盟床单反倾销争端中,专家组重申了评估《反倾销协定》第3.4条产业状况因素列表的强制性义务。专家组指出:"在评估倾销进口对国内产业冲击时,应当考虑第3.4条规定的所有指标的情况。近评估十五个指标中的四个指标,不符合协定的规定。"❸

墨西哥糖浆反倾销专家组重申了这一原则:"《反倾销协定》第3.4条明确规定了应当在所有案件中都考虑这十五个指标。即使在某些案件中,其中的几个指标或许证明能力偏弱,无法用于损害裁决。但是仍应当在裁决中逐

---

❶ 世贸组织争端解决专家组报告,欧盟床单反倾销案,DS141,第6.182段。
❷ 世贸组织争端解决专家组报告,欧盟管件反倾销案,DS219,第7.327段。
❸ 世贸组织争端解决专家组报告,欧盟床单反倾销案,DS141,第6.154-6.159段。

个分析已经列明的各个经济指标。"❶

在泰国 H 型钢材反倾销争端解决专家组和上诉机构、危地马拉水泥反倾销争端解决专家组等在裁决中多次强调，在评估倾销进口对国内产业冲击时，应当考虑所有经济指标，而不能仅限于对部分指标的考量。

欧盟存储器反补贴争端解决专家组也指出，应当客观考察所有的反映国内产业状况的经济指标和因素。❷

对于经济指标的评估方法，欧盟床单反倾销执行争端解决专家组指出："调查机关应当考察全部的经济指标，但不是割裂地考虑每个指标，也不要求所有的指标和因素都呈现负面的效果。调查机关应当逐个考虑每个因素，确定其证明效力，在此基础上对各指标和因素进行整体地考虑，以得出合理的调查结论。"❸

对于其他相关经济指标，虽然协定并没有列明，但因与进口国国内产业状况相关也应当进行考察。上诉机构在美国热轧钢反倾销争端中指出，对进口国国内产业状况的评估并不仅限于《反倾销协定》第 3.4 条列举的项目，也应包括其他相关的经济指标和因素❹。同样，韩国纸品反倾销争端解决专家组也表示第 3.4 条列举的国内产业经济指标和因素并不是穷尽的，也并不排除在具体案件中可能存在其他相关的经济因素，调查机关同样有义务进行考虑和评估。❺欧盟存储器反补贴争端解决专家组提出，应当在个案基础上考虑未列名的其他指标和因素的情况。❻

总之对于应当考察的经济指标的范围，韩国纸品反倾销争端解决专家组进行了总结："第 3.4 条列举的经济指标并非仅仅是个'核对表义务'，调查机关的义务也不限于机械地对这十五个指标进行评估。调查机关应当对国内产业状况进行合理地和详尽地分析，而不能仅仅是列举这十五个指标而已。"❼

---

❶ 世贸组织争端解决专家组报告，墨西哥糖浆反倾销案，DS101，第 7.128 段。
❷ 世贸组织争端解决专家组报告，欧盟存储器反补贴案，DS299，第 7.356 段。
❸ 世贸组织争端解决执行专家组报告，欧盟床单反倾销案，DS141，第 6.213 段。
❹ 世贸组织争端解决上诉机构报告，美国热轧钢反倾销案，DS184，第 195 段。
❺ 世贸组织争端解决专家组报告，韩国纸品反倾销案，DS312，第 7.281 段。
❻ 世贸组织争端解决专家组报告，欧盟存储器反补贴案，DS299，第 7.363 段。
❼ 世贸组织争端解决专家组报告，韩国纸品反倾销案，DS312，第 7.272 段。

(三) 评估方法

上诉机构在欧盟管件反倾销争端中阐述了对国内产业状况评估方法的规则解释。《反倾销协定》第 3.4 条要求调查机关通过经济指标分析来评估倾销进口对国内产业状况的影响。但是，该款并未规定采用何种方法，以及如何处理有关证据。上诉机构不认为该款对裁决中对倾销进口影响如何表述规定了强制性义务。❶

虽然没有规定裁决如何表述产业评估的内容，但是专家组仍然明确指出应当以明确和清楚的方式提供进口国国内产业评估的评估结果。欧盟床单反倾销争端解决专家组认为，对所有经济指标的评估都应当清楚无误地体现在最终裁决中❷。同样，危地马拉水泥反倾销案争端解决专家组也表示，调查机关应当在终裁中以显著的方式说明其考虑各个经济指标的情况，以便专家组能够了解调查过程中调查机关是否遵守了相关义务❸。为了便于争端解决机构的审查工作，欧盟床单反倾销争端解决专家组以"核对单"的形式提供对所有经济指标分析调查的情况，能有助于调查机关以及专家组确信所有指标的分析工作都已完成❹。

(四) 重点经济指标的分析方法

1. 影响价格的因素

欧盟管件反倾销争端解决专家组认为对"影响价格因素"的评估应仅限于根据《反倾销协定》第 3.2 条倾销进口产品对进口国国内同类产品价格影响的分析，影响价格的其他因素的分析更适合在第 3.5 条因果关系调查中，而不是在进口国国内产业状况调查部分❺。而在埃及钢筋反倾销争端中，专家

---

❶ 世贸组织争端解决上诉机构报告，欧盟管件反倾销案，DS219，第 131-157 段。
❷ 世贸组织争端解决专家组报告，欧盟床单反倾销案，DS141，第 6.162 段。
❸ 世贸组织争端解决专家组报告，危地马拉水泥反倾销案，DS156，第 8.283 段。
❹ 世贸组织争端解决专家组报告，欧盟床单反倾销案，DS141，第 6.163 段。
❺ 世贸组织争端解决专家组报告，欧盟管件反倾销案，DS219，第 7.335 段。

组也重申了"影响价格因素"的评估不必是对所有影响因素的考虑。❶

2. 增长

与其他指标相比，增长指标的经济含义更加模糊。在埃及钢筋反倾销争端中，专家组提出：调查机关在终裁中分析了销售数量和市场份额的情况，就已经满足了对增长这个指标分析的要求。"❷

七、因果关系调查

(一) 审查义务

美国热轧钢反倾销争端解决上诉机构阐述了因果关系调查的要求。《反倾销协定》第 3.5 条要求调查机关首先发现和辨别"其他造成损害的因素"，然后确保这些因素造成的损害并没有归因于倾销进口❸。

美国存储器反补贴争端解决上诉机构认为，依据《补贴和反补贴协定》第 15.2 条和第 15.4 条进行的审查，完成了对补贴进口影响的调查。第 15.5 条中规定的"通过补贴的影响"损害国内产业的调查，与"补贴进口的影响"的调查相同。因此不需要再次进行类似的调查。❹

(二) 其他因素审查的范围

泰国 H 型钢材反倾销争端解决专家组定了"已知因素"的概念："已知因素是指在调查过程中，利害关系方已经明确向调查机关提出的因素，而调查机关本身并不需要自行寻找可能造成损害的因素。"❺ 而在欧盟管件反倾销案争端解决上诉机构眼中，"已知"是一种状态；一个因素要么是已知，要么是未知，而不可能是在一个调查环节是已知因素，到另一个环节又变成未知

---

❶ 世贸组织争端解决专家组报告，埃及钢筋反倾销案，DS221，第 7.60-61 段。
❷ 世贸组织争端解决专家组报告，埃及钢筋反倾销案，DS221，第 7.37 段。
❸ 世贸组织争端解决上诉机构报告，美国热轧钢反倾销案，DS184，第 222 段。
❹ 世贸组织争端解决上诉机构报告，美国存储器反补贴案，DS296，第 264-268 段。
❺ 世贸组织争端解决专家组报告，泰国 H 型钢材反倾销案，DS122，第 7.273 段。

因素。❶

（三）非归因调查

关于非归因调查的方法，上诉机构在美国热轧钢反倾销争端中指出，为了履行非归因调查的义务，调查机关应当对倾销之外其他因素造成的产业损害进行适当的评估，并将其损害影响和倾销进口的损害影响分隔开来以进行单独考虑。《反倾销协定》第 3.5 条并未规定应当采用何种方法区分倾销进口的损害影响和其他因素的损害影响，但是调查机关应当提供关于其他因素损害影响本质和程度的合理、充分的说明。❷

倾销之外其他的损害因素应当分别考虑还是合并的分析，欧盟管件反倾销争端解决上诉机构提供了自己的意见，只要调查机关把倾销损害影响和其他因素的影响分隔开来，没有把其他因素的损害影响归因于倾销进口，那么调查机关可以自由选择其分析其他损害因素的方法。规则并没有强求合并分析其他损害因素的方法，也没有排斥合并分析方法，调查机关应当按照个案情况自行决定适合的分析方法。❸

美国存储器反补贴争端解决专家组认为，反倾销和反补贴在非归因的规定方面基本相同。因此，反倾销调查中关于非归因的原则和规定，同样适用于反补贴调查中。

八、实质损害威胁

（一）情势变更

正如埃及钢筋反倾销争端解决专家组指出的，"实质损害威胁调查的核心问题是是否会发生情势的变化，导致倾销进口将损害国内产业"。因此，了解初始阶段国内产业状况成为损害威胁调查的逻辑起点。❹

---

❶ 世贸组织争端解决上诉机构报告，欧盟管件反倾销案，DS219，第 178 段。
❷ 世贸组织争端解决上诉机构报告，美国热轧钢反倾销案，DS184，第 223-226 段。
❸ 世贸组织争端解决上诉机构报告，欧盟管件反倾销案，DS219，第 191-192 段。
❹ 世贸组织争端解决专家组报告，埃及钢筋反倾销案，DS221，第 7.91 段。

并且此类情势变更应当具有可预见性和紧迫性的特点。美国软木反倾销VI争端解决专家组提出："情势变更不一定是一个单独的事件，情势的变化将导致实质损害必将很快发生。"❶

（二）需要考虑倾销进口的影响

墨西哥糖浆反倾销争端解决专家组提出："损害威胁案件中需要考察倾销进口对国内产业的影响。""为了认定损害威胁的存在，调查机关需要确认如果不采取反倾销措施，倾销进口将会损害国内产业，这就涉及了对产业状况的评估。因此仅仅分析《反倾销协定》第3.7条列举的因素是不够的。"❷

在损害威胁案件中评估国内产业状况，同样需按照第3条其他款项的规定进行。但是，在完成现时产业状况分析后，调查机关不需要评估国内产业未来的状况。美国软木反倾销VI争端专家组提出，由于未来国内产业状况相关的经济指标很难获得，因此对未来产业状况的分析更具有预测和推测的性质，这与协定规定的损害应当是可预见和迫近的目标是不一致的。基于同样的理由，也不需要分析未来倾销进口对国内同类产品价格的影响。❸

九、国内产业

（一）定义

国内产业是指进口国国内同类产品生产者全体或合计产量占总产量主要部分的一些生产者。通常情况下，同类产品生产者并不止一个，因此如何决定"主要部分"经常成为争端解决的难题之一。

上诉机构在欧盟紧固件反倾销争端中分析道，占主要部分的生产者集体通常是进口国国内同类产品生产者状况的实质性的反映。为了保证损害调查的准确性，调查机关不能在国内产业定义中出现偏差和扭曲。

由此，上诉机构总结了"主要部分"的含义，这些生产者合计产量应当

---

❶　世贸组织争端解决专家组报告，美国软木反倾销（第六）案，DS277，第7.57段。
❷　世贸组织争端解决专家组报告，墨西哥糖浆反倾销案，DS101，第7.125-126段。
❸　世贸组织争端解决专家组报告，美国软木反倾销（第六）案，DS277，第7.105-111段。

占总产量"比较高"的比例，且企业状况能够实质性反映出进口国国内同类产品生产者的整体状况。这样的国内产业保障了损害裁定、建立在较为广泛的生产者的信息基础之上，避免了扭曲和偏差。当产业较为分散时，主要部分所代表的产量比例可能更低，但调查机关仍然需要确保产业状况不会受到扭曲而失真。

上诉机构认为如果个案中进口国国内生产者合计产量比例较低，或者在调查中调查机关还主动排除了一些国内生产者，在这种情况下定义的国内产业可能难以复合世贸规则的规定。❶

（二）百分比标准

反倾销和反补贴协定没有在国内产业定义部分提供主要部分含义的数字依据。但是在立案申请部分提及，申请企业的合计产量应当不少于全部总产量的 25%。欧盟曾以此标准支持自己的某些做法。

对此，上诉机构在"欧盟紧固件反倾销"争端提出，首先欧委会使用占总产量 27% 的国内生产者作为国内产业，这一数字比例偏低。有限的数据明显限制了调查机关进行准确的和无偏差的损害调查的能力。其次，25% 的比例并非用于定义国内产业的内涵。因此，25% 并不是确定"主要部分"产量的比例标准。❷

（三）同类产品的范围

在没有同类产品时，需要依据产品特征来确定同类产品的范围。在世贸组织争端初始阶段，韩国酒精饮料税收案和日本酒精饮料税收案对同类产品含义进行了阐述。

印尼汽车反补贴争端解决专家组引用前例，强调了物理特性在确定同类产品范围时的重要作用。同时主张同类产品认定应在个案基础上分析，生产

---

❶ 世贸组织争端解决上诉机构报告，欧盟紧固件反倾销案，DS397，第 412-429 段。
❷ 世贸组织争端解决上诉机构报告，欧盟紧固件反倾销案，DS397，第 429 段。

企业对产品分类的意见也可以参考。❶

（四）生产者的范围

在国内产业定义中，生产者是更基础的概念。墨西哥橄榄油反补贴争端解决专家组提供了生产者的定义：生产的本质是将产品制造出来，使其存在或出现。因此，企业最核心的经济活动的特征应当作为判断是否是同类产品生产者决定性的因素。何时生产与企业经济活动的性质并不相关，因而不能据以决定某个企业的生产者的地位。❷

第三节　保障措施规则

一、实质损害与实质损害威胁的关系

严重损害相对而言是程度比较高的损害，是"重大的、全面的损害"。而严重损害威胁则是个中间阶段，是国内产业从无损害向"重大的全面的损害"过渡的阶段。从程度上看，严重损害威胁是程度较低的损害。

美国羊肉保障措施争端解决上诉机构指出，严重损害从其定义看是非常高的标准。该损害标准强调了损害的程度、性质和范围，是程度非常高、影响非常大的损害❸。

在对比"实质损害"和"严重损害"的标准时，上诉机构提出严重损害是比实质损害更加严重的损害情形。从措施的性质和作用来看，保障措施的损害标准应当高于实质损害：保障措施并非像反倾销和反补贴那样针对不公平的贸易，相反它是针对公平贸易的一种例外和特殊的措施。考虑到这种特殊性，保障措施实施的标准应当更高❹。

---

❶　世贸组织争端解决专家组报告，印尼汽车反补贴案，DS54/55/59/64，第 7. 173-197 段。

❷　世贸组织争端解决专家组报告，墨西哥橄榄油反补贴案，DS341，第 7. 203 段。

❸　世贸组织争端解决上诉机构报告，美国羊肉保障措施案，DS177/178，第 124-126 段。

❹　世贸组织争端解决上诉机构报告，美国羊肉保障措施案，DS177/178，第 124 段。

在论及严重损害和严重损害威胁的关系时，美国管线保障措施争端解决上诉机构表示，从实施措施的条件角度，严重损害威胁是较低程度的损害，其标准和要求低于严重损害。严重损害并非一夕而至，是有一个发展变化的过程。严重损害的威胁出现后，经历进口数量增长进一步的影响从而出现了严重损害。从这个意义上讲，严重损害是现实化、具象化了的严重损害威胁。因此，严重损害的程度要重于严重损害威胁。严重损害威胁标准的存在，使得世贸成员可以防患于未然，采取预防性措施防止进口增长造成国内产业的严重损害❶。

二、关于竞争条件

与反倾销和反补贴类似，为了考虑进口激增造成的损害，也需要对被调查产品与进口国国内同类产品和直接竞争产品之间的竞争关系进行调查。

阿根廷鞋类保障措施争端解决专家组指出，《保障措施协定》第 2.1 条"在此情形下"（"undersuchcondition"）指的是被调查产品，以及进口国国内同类产品和直接竞争产品在进口国市场上的竞争关系。通过竞争条件的分析，才能得出进口增长是否会对国内产业造成损害。为了得出肯定性结论，调查机关应当证明进口国市场上的竞争条件，使得进口增长会造成产业实质损害或实质损害威胁。❷

此外，该案专家组还提供了竞争条件分析的方法。产品之间竞争的条件和因素很多。价格是最常见的一个因素，但并非唯一的因素，有些案件中价格因素可能影响很小。此外，常见的竞争条件还有外观、款式、技术指标等物理特性，有质量、服务、交货条件和消费偏好等市场供求条件等。在调查中，需要对市场竞争条件进行调查，以确定进口增加对国内产业状况的影响。❸

在美国钢铁保障措施争端中，专家组认为价格是竞争条件分析中最重要

---

❶ 世贸组织争端解决上诉机构报告，美国管线保障措施案，DS214，第 168-169 段。
❷ 世贸组织争端解决专家组报告，阿根廷鞋类保障措施案，DS164，第 8.250 段。
❸ 世贸组织争端解决专家组报告，阿根廷鞋类保障措施案，DS164，第 8.251 段。

的因素。价格关系通常能够说明进口增长如何造成国内产业的实质损害，展示了国内产业因进口受损的发展变化过程❶。专家组还认为，在每个因果关系调查中都应当考虑价格趋势和影响❷。

三、国内产业定义

国内产业定义有两种方法。一种就是全部的国内产品生产者的定义方法。第二种则与产量比例相关。与反倾销和反补贴调查规定类似，如果一组国内产品生产者其合计产量占全国总产量的主要部分，则这些进口国国内生产者也可以构成国内产业。

美国羊肉保障措施争端解决上诉机构提出了定义国内产业的两步法：首先，确定进口国国内同类产品或直接竞争产品的范围。然后，根据国内产品的范围确定生产者，进而确定国内产业。❸

多个专家组和上诉机构都表示，《保障措施协定》考虑到收集全部进口国国内生产者信息的困难，不要求调查机关调查所有进口国国内生产者的材料。只要其中部分生产者的状况能够反映整体产业状况，比如其合计产量达到了总产量的主要部分。这些生产者即具备了代表性，就可以作为国内产业。

四、关于价格影响分析

阿根廷鞋类保障措施争端解决专家组指出，《保障措施协定》第 2.1 条 "undersuchcondition" 并非要求单独的调查程序，也并非意指需要进行独立的价格影响分析。❹ 但同时也认为，价格影响在部分案件中很有必要。而且如果没有进口产品和进口国国内产品之间竞争条件和状况的分析，没有进行价格互动影响的分析，则裁决中因果关系部分的调查结论是不完整的。❺

---

❶　世贸组织争端解决专家组报告，美国钢铁保障措施案，DS248/249/251/252/253/254/258/259，第 10.320 段。
❷　世贸组织争端解决专家组报告，美国钢铁保障措施案，DS248/249/251/252/253/254/258/259，第 10.322 段。
❸　世贸组织争端解决上诉机构报告，美国羊肉保障措施案，DS177/178，第 87 段。
❹　世贸组织争端解决专家组报告，阿根廷鞋类保障措施案，DS164，第 8.249 段。
❺　世贸组织争端解决专家组报告，阿根廷鞋类保障措施案，DS164，第 8.252 段。

美国面筋保障措施争端解决专家组同意价格影响调查虽然不是必需的，但仍然有作用和意义。价格因素在调查中的重要性因案而异。❶

韩国奶制品保障措施争端解决专家组认为，虽然被调查产品进口价格的分析通常能说明进口增长如何造成了产业损害，但是《保障措施协定》没有明确的规定要求调查机关进行价格影响方面的调查。❷

五、国内产业状况

（一）全面评估所有指标

在阿根廷鞋类保障措施争端中，上诉机构解释了严重损害定义和评估全部经济指标要求之间的关系。只有经过对全部经济指标的分析确定了国内产业的状况后，才能确定国内产业是否存在全面的重大的减损的现象。虽然协定列举了一些指标和因素，但仍有必要对全部相关经济因素进行全面和综合的评估。❸

美国面筋保障措施争端解决专家组和上诉机构也表达了类似的立场❹。同时上诉机构强调，不论《保障措施下协定》第 4.2a 款中的因素与进口增长、国内产业状况关系如何，调查机关都应当考虑列举的所有因素；并且规则并没有强调个别或某个因素具有特殊的重要性。

同样，韩国奶制品保障措施争端解决专家组也表示调查机关应当考虑与进口增长和国内产业状况有关的所有因素；尤其是列举的诸因素，因为这些因素通常与调查有关因而必须考虑。❺

（二）经济指标和因素的性质

《保障措施协定》第 4.2a 款在要求调查机关考虑所有相关因素的同时，

---

❶ 世贸组织争端解决专家组报告，美国面筋保障措施案，DS166，第 8.109-110 段。
❷ 世贸组织争端解决专家组报告，韩国奶制品保障措施案，DS98，第 7.51 段。
❸ 世贸组织争端解决上诉机构报告，阿根廷鞋类保障措施案，DS164，第 139 段。
❹ 世贸组织争端解决专家组报告，美国面筋保障措施案，DS166，第 8.80-85 段；上诉机构报告，美国面筋保障措施案，DS166，第 74 段。
❺ 世贸组织争端解决专家组报告，韩国奶制品保障措施案，DS98，第 7.55 段。

也对指标和影响因素的性质做了规定，即客观和可量化的性质。对此，专家组和上诉机构都提供了详细和完整的解释。

在美国羊肉保障措施争端中，上诉机构对客观和可量化的性质进行了说明。一方面，这是对证据和数据的要求，以便能够量化和度量这些经济指标。另一方面，还要求所有的指标和因素能够真实、客观、充分地反映国内产业的状况。❶

六、关于严重损害威胁

《保障措施协定》在严重损害威胁的规定中，着重强调了证据和审查要求，调查裁定不能仅仅依据推测、指控或者极小的可能性。

在美国羊肉保障措施争端中，专家组提供了进行严重损害威胁的调查方法。首先，使用调查期末段的客观和可核实的信息作为调查的起点，从而避免仅仅依靠指控、推测进行裁决。其次，结合对国内产业状况和进口的短期变化进行的以事实为依据的估计，考虑调查期末段的相关事实信息以确定严重损害是否会在短期内发生。第三，分析确定如果不采取保障措施，严重损害必将发生❷。

该案上诉机构支持了专家组的部分观点：严重损害威胁是尚未出现的严重损害，作为未来的状况其发展还不能百分之百的确信。损害威胁认定的重点，一是"迫近的"性质，这是损害威胁在时间顺序上的表现。这表明严重损害马上就将发生了。二是"清楚明确"的性质，这是反映事实、反映现实方面的性质，裁决不能是仅仅是依靠极小的可能性推测。❸

在证据基础上，由于损害威胁是对未来状况的调查和分析，因此距离越近的数据和证据证明力越好。也是在"美国羊肉保障措施"争端中，专家组和上诉机构都认为由于损害威胁情形本身的性质，评估距今最近的调查期末段的信息是合适的❹。但是同样也警告不能过分依赖最近的证据和信息，仅仅

---

❶ 世贸组织争端解决上诉机构报告，美国羊肉保障措施案，DS177/178，第130-131段。
❷ 世贸组织争端解决专家组报告，美国羊肉保障措施案，DS177/178，第7.127-129段。
❸ 世贸组织争端解决上诉机构报告，美国羊肉保障措施案，DS177/178，第125段。
❹ 世贸组织争端解决专家组报告，美国羊肉保障措施案，DS177/178，第7.192-194段。

短期情况的分析可能失真，会误导调查机关作出错误的判断❶。

上诉机构则将损害威胁调查中证据的性质，称为"面向未来的方法和基于过去的证据之间的冲突"。损害威胁的调查是对将来尚未发生的事件进行判断，但是作出该判断的基础却是依据以往和现在的历史证据。从一定程度上，对将来事件的判断是没有将来证据做基础的，并不是完全意义上的基于事实的判断。因此，损害威胁的裁决应当证明即将发生的严重损害很可能发生。❷

七、因果关系

保障措施实施的条件之一是进口数量增长造成了国内产业严重损害或严重损害威胁。从字面理解，进口增长是产业损害的一般原因，不需要是直接原因、主要原因等具有特别作用的因素。同时，进口增长因素与其他同时造成产业损害的因素也需要分别评估，避免将其他因素的损害影响归因于进口增长。

在进口增长对产业损害的影响程度问题上，"美国钢铁保障措施"案专家组指出，在多种因素共同造成严重损害的情况下，进口数量增长应当在一定程度上造成了产业损害❸。对于进口增长的损害影响，上诉机构在"美国面筋案"中指出，进口数量增长对进口国国内产业的损害性影响必须是足够清晰、明确，可以建立二者之间的因果关系❹。

阿根廷鞋类保障措施争端解决专家组和上诉机构都认为，进口增长与国内产业状况的变化之间的关系是因果关系调查的核心内容。专家组还说明了因果关系调查的方法。首先，进口增长趋势和国内产业经济指标下行趋势是否同时发生。其次，通过分析进口产品和国内产品的竞争条件，说明进口数量增长和国内产业损害之间存在因果关系。最后，其他因素的损害影响，并

---

❶ 世贸组织争端解决专家组报告，美国羊肉保障措施案，DS177/178，第 138 段。

❷ 世贸组织争端解决上诉机构报告，美国羊肉保障措施案，DS177/178，第 136 段。

❸ 世贸组织争端解决专家组报告，美国钢铁保障措施案，DS248/249/251/252/253/254/258/259，第 10.290~293 段。

❹ 世贸组织争端解决上诉机构报告，美国面筋保障措施案，DS166，第 66~69 段。

没有归咎于进口增长。调查机关需要对裁决进行充分、合理的解释和说明❶。

美国面筋争端解决专家组也认同该调查方法❷。同时指出在通常情况下，数量增长伴随着国内产业状况恶化同时发生。二者变化趋势背离的情况很可能是因为二者之间没有因果关系，这种情况下肯定性裁决需要更加具有说服力的解释和说明。尤其重要的是考察国内产业整体状况的变化趋势，而不是个别的、有选择的几个经济指标和因素的发展变化❸。

对于进口变化和国内产业状况发展的"同时性"，"美国钢铁保障措施"专家组认为这体现了二者之间的时间关系，二者应该同时发生，或者产业损害的出现适当落后于进口增长的变化❹。

因此，美国钢铁保障措施争端解决专家组主张在进行因果分析时，应当首先考虑进口增长和国内产业损害之间的时间关系❺。在二者不具备同时性时，调查机关需要提供有说服力的证据，论证二者仍然存在因果关系。

同时，进口增长和产业损害同时发生也并不意味着二者存在因果关系。专家组和上诉机构在阿根廷鞋类保障措施争端中都认可这种观点，仅有同时发生并不足以证明因果关系的存在，仍需要其他证据佐证和更深入的分析❻。

在非归因调查方面，进口增长可能与其他因素共同造成了产业损害，但是进口增长不需要时唯一的原因。只要进口增长对产业的影响足够清晰、明确，就可以确认此二者的因果关系。在具体方法上，上诉机构在美国面筋争端中提出了三步走的方法。首先，将进口增长和其他因素的损害性影响区分开来，其次分别评估进口增长和其他因素对国内产业的作用情况，最后确定进口增长和国内产业损害之间的因果关系❼。

---

❶　世贸组织争端解决专家组报告，阿根廷鞋类保障措施案，DS164，第 8.229 段。
❷　世贸组织争端解决专家组报告，美国面筋保障措施案，DS166，第 8.91 段。
❸　世贸组织争端解决专家组报告，美国面筋保障措施案，DS166，第 8.101 段。
❹　世贸组织争端解决专家组报告，美国钢铁保障措施案，DS248/249/251/252/253/254/258/259，第 10.299-300 段。
❺　世贸组织争端解决专家组报告，美国钢铁保障措施案，DS248/249/251/252/253/254/258/259，第 10.301-302 段。
❻　世贸组织争端解决专家组报告，阿根廷鞋类保障措施案，DS164，第 8.237-238 段。上诉机构报告，第 144 段。
❼　世贸组织争端解决上诉机构报告，美国面筋保障措施案，DS166，第 69-70 段。

第十二章　国际规则的发展

世贸组织成立后，各成员继续致力于削减关税壁垒，促进国际贸易自由化的发展。国际规则的新发展，主要体现在世贸组织多哈回合规则谈判上。

在 2001 年多哈部长会议发表了《多哈部长宣言》，一致同意启动世贸组织首轮多边贸易谈判。宣言确定了各项工作议程，其中《反倾销协定》《补贴和反补贴协定》则是规则谈判中最重要的议题，目的在于"澄清和改进规则，但同时保持协定的基本概念、原则和有效性，以及协定所规定的手段和目标"❶。

在 2005 年香港部长会议上对多哈回合规则谈判进行了阶段性的总结，重申了"澄清和改进规则"的谈判目标，列举了损害和因果关系认定等重点议题并要求继续进行谈判。❷

一、被调查产品议题

被调查产品是反倾销和反补贴规则中最基础的概念。然而，在《反倾销协定》《补贴和反补贴协定》以及各主要成员国内立法中，均没有提供对被调查产品概念的清楚明确的定义。在实践中，概念的缺失一方面增加了调查机关的自由裁量权，另一方面么也暴露了相关规则和措施可能被滥用的风险。在多哈规则谈判中，加拿大等成员提案要求明确被调查产品定义，但各方反应都比较谨慎。虽然各方都同意被调查产品概念需要澄清，但是对如何定义莫衷一是，分歧明显。

---

❶ 《世贸组织第四次部长会议宣言》，第 28 段。https://www.wto.org/english/thewto_e/minist_e/min01_e/mindecl_e.htm.

❷ 《世贸组织第六次部长会议宣言》，附件 D。https://www.wto.org/english/thewto_e/minist_e/min05_e/final_annex_e.htm#annexd.

（一）规则谈判之友❶提案

在谈判启动伊始，日本等国联合提出提案，要求明确被调查产品的概念。该提案提出制定更合理、更规范的制度用于确定被调查产品范围以及由此确定的同类产品的范围。在实施措施时，只能适用于造成损害的被调查产品，避免人为扩大被调查产品范围并进而扩大了措施的实施范围❷。

规则谈判之友认为《反倾销协定》由于缺乏被调查产品的定义，调查机关在调查、裁决和措施实施中将物理化学特性、用途等完全不同的产品都包括在被调查产品之中。为了避免这种情况，应当明确只有竞争条件相同的产品才可以在一个案件中作为被调查产品。此外，后期发展产品可能与涉案产品存在显著的区别。如果规则不对被调查产品的概念进行约束，那么调查机关很可能将反倾销措施扩展至这些差别明显且未受调查的后期发展产品上。这就背离了反倾销因损害而救济的初衷。

随后，规则谈判之友提出了具体的案文建议，在《反倾销协定》中加入如下条款：

只有适当界定被调查产品的范围，才可以发起并继续反倾销调查。被调查产品只能包括竞争条件相同的产品。评估竞争条件应当根据包括技术规格、质量在内的物理特性，以及用途、可替代性、价格和销售渠道在内的市场特征进行分析。……销售地理分布不同，或者销售时间分布不同的产品，不能认定是一个被调查产品。

笔者认为，该提案侧重于依靠竞争条件来判断被调查产品的范围。这里存在两个问题。一是"竞争条件"概念本身，在《反倾销协定》中就没有定义。用一个模糊的概念去解释另一个模糊的概念，难免产生新的分歧和争议。二是用竞争条件界定被调查产品的范围有些本末倒置。被调查产品范围是反倾销调查指向的对象，而进口国国内同类产品才是被调查产品在市场上竞争

---

❶　在多哈回合规则谈判中，一些出口导向型成员如日本、中国香港、韩国和新加坡等联合起来协调立场、参加谈判，被称为规则谈判之友（Friends of Rules）。

❷　SECOND CONTRIBUTION TO DISCUSSION OF THE NEGOTIATINGGROUP ON RULES ON ANTI-DUMPING MEASURES，TN/RL/W/10，28 June 2002.

的映像。从这个意义上将，同类产品范围更适合用竞争条件去界定，而不是被调查产品定义本身。此外，该条款的规定应该不能实现规则谈判之友设想的限制调查机关将特征不同的产品都归在被调查产品范围内的实践。由于提案条款侧重物理特性和市场特征的作用，那么调查机关仍然可能将物理特性不同而市场特征类似的产品都归在一个被调查产品之中进行调查。反之亦然。

（二）加拿大提案

加拿大也支持在《反倾销协定》中规定被调查产品的定义。加拿大认为被调查产品对于确定反倾销调查和措施的范围都有基础性作用，但是相关协定却没有给出明确的指导❶。专家组在美国软木案中也认为，《反倾销协定》没有规定要求调查机关必须针对具有共同特征的一类产品，也没有给出被调查产品认定的任何指导。❷ 由于《反倾销协定》缺少关于被调查产品定义的规定，调查机关在个案中可以利用法律空白将物理化学特性、最终用途或销售渠道等完全不同的产品都归在被调查产品范围内，采取明显扩大了的反倾销措施。

加拿大提议在《反倾销协定》第 5 条和《补贴和反补贴协定》第 16 条中增加一款，要求调查机关必须确定被调查产品的范围，在此基础上通过分析相关的特征确定进口产品之间在经济上的关系。如果存在两个以上的不同产品，调查机关应当分别立案进行调查，而不能作为同一个产品进行调查。在产品特征上，加拿大认为关于认定同类产品的相关特征，也可以用于界定被调查产品。

随后，加拿大提出了《反倾销协定》第 5 条相关规则修改的建议❸：

5. x 只有适当确定被调查产品范围，调查机关才能发起并进行调查。在发

---

❶ Negotiating Group on Rules-Proposal on Like Product and Product under Consideration-Communication from Canada，TN/RL/GEN/26，01/12/2004.

❷ UNITED STATES-FINAL DUMPING DETERMINATIONON SOFTWOOD LUMBER FROM CANADA，（WT/DS264），Report of the Panel，第 7. 157 节。

❸ Negotiating Group on Rules-Product under Consideration-Paper from Canada，TN/RL/GEN/73，17/10/2005。

起调查阶段可获得证据的基础上，调查机关如果确定有一种以上不同的被调查产品，应对每种不同的产品发起单独的调查。发起调查之后，如果进一步获得的证据表明，调查针对的是一种以上不同的产品，则不应对任何不同的产品征收反倾销税，除非分别作出了倾销和损害的裁决。

5. x. 1 确定是否存在一种以上不同的被调查产品，应基于对进口产品的物理特征和进口产品的市场特征（包括用途、可替换性、价格水平和销售渠道）。

加拿大提案与规则谈判之友的提案异曲同工。共同之处在于，一是要求调查机关应当首先认定被调查产品范围，然后才能调查；二是界定被调查产品范围的因素，都是物理特征和市场特征，且具体指标和因素完全相同。所不同的是，加拿大提案更强调一旦发现存在两种以上的被调查产品，应当立即分别调查；而规则谈判之友提案则倾向于终止调查以及措施的实施。在界定被调查产品范围的相关因素上，加拿大提案不再依靠"竞争条件"这一模糊概念，而是引用认定同类产品所依据的有关因素，提高了可操作性。

随后，中国香港对其提案的评论和意见修改了案文。在保持案文主旨不变的情况下，特别强调了被调查产品应当是各方面全都相同，或在物理特征和市场特征极为相似的产品；针对调查中发现存在不同的被调查产品，还应当分别重新确定调查申请人的申请资格等前置的程序要件等❶。

（三）其他成员的反应

美欧等重要成员都承认目前规则中没有定义被调查产品的概念，有必要澄清相关的概念和范畴。但是，被调查产品的概念是反倾销和反补贴调查的核心之一，关系到调查和措施实施的几乎各个方面。因此，澄清和讨论被调查产品的概念和条文，明确概念的含义以及细化相关调查细则，对现行反倾销规则是个重大的挑战。对此，美国、欧盟和澳大利亚等成员对相关提案表现相对保守和谨慎，仅仅是发出书面问题和评论，并未进一步展开讨论。

---

❶ Negotiating Group on Rules-Product under Consideration-Paper from Hong Kong, China, TN/RL/GEN/78, 24/10/2005.

（四）主席案文及其反应

世贸组织规则谈判主席在 2007 年底发布了第一次主席案文。在第 2.6 条下增加 a 款规定被调查产品的定义。

"2.6（a）、被调查产品，一词应当解释为被调查或被复审的进口产品。被调查产品应当被限定为具有相同基本物理特征的进口产品。具有相同基本物理特征，在诸如型号、种类、级别或质量等方面存在差异，不应当妨碍进口产品均属于同一被调查产品。关于差异是否足以影响进口产品成为同一被调查产品方面，应当根据相关因素加以认定，这可以包括用途的相似性、可替代性、在同一市场的竞争性以及相同的销售渠道上。"❶

该主席案文糅合了规则谈判之友提案和加拿大提案的共同点，但也做了大幅的删改。在界定标准上，主席案文并没有奉行物理特征和市场特征双标准的思路，而是重点强调"基本物理特征"的相同或相似性。同时，在"基本物理特征"作为主要标准的同时，主席案文又提出市场表现也可以作为界定被调查产品的依据之一，似有前后矛盾、折中调和的意味。此外，被调查产品在型号、种类、质量等方面的差异并不必然否定相关进口属于同一被调查产品的规定，与当前各成员调查实践保持一致，更容易为各方所接受。但是也从一定程度上干扰了"基本物理特征"这一标准的适用。

谈判各方对主席案文分歧很大。部分国家认为该规定仍然需要澄清和改进，而有的成员则坚持明确被调查产品范围动摇了现行反倾销调查制度的基础。在界定标准上，各方也各执一词，有坚持物理特征标准的，也有坚持物理和市场特征双标准的，难以调和。经过多次磋商，各方仍然难以在此议题上达成一致。在第二次主席案文上，谈判主席放弃了草拟案文的努力，代之以各方观点和立场。

二、实质损害议题

与被调查产品概念一样，《反倾销协定》和《补贴和反补贴协定》也没

---

❶ Negotiating Group on Rules-Draft Consolidated Chair Texts of the AD and SCM Agreements, TN/RL/GEN/213, 30/11/2007.

有规定实质损害的概念。

在《反倾销协定》脚注 9 列举了损害的三种表现形式，实质损害、实质损害威胁和实质阻碍，但是没有提供这三种概念的内涵。鉴于实质损害在实践中最为常见，因此确定实质损害的定义尤为重要，也是贸易救济调查中另一个核心问题。

（一）规则谈判之友提案

规则谈判之友认为由于规则缺少实质损害的定义，调查机关在损害调查中自由裁量权过大，损害裁决的合理性和透明度都不高，利害关系方难以合理估计损害调查的结果，以及据以提供有针对性的证据材料和抗辩意见。

规则谈判之友提出在损害调查中应当把损害认定和因果关系分开。当前规则中，损害认定和因果关系相互交织在一起，难免存在有损害有因果关系或无损害有因果关系的案件都被认定为存在损害和因果关系的情形。同时，由于规则缺乏明确定义，各成员在进行调查时往往采用不同的标准和程序，造成了调查机关在损害问题上的自由裁量权，为企业应诉制造了困难。

在规则谈判之友的提案中，"实质损害"的概念被定义为，"通过对于国内产业状况有关的所有相关经济因素和指标进行的全面评估，包括第 3.4 条列举的因素在内，证明国内产业的经营状况存在重大的和可衡量的恶化"❶。

1. 关于"经营状况"

提案中特别强调了"国内产业的经营状况"的恶化，而非在协定中使用的国内产业状况，突出了"经营状况"的重要性。规则谈判之友认为，损害应当主要体现在企业/产业的生产和销售相关的经营指标方面。倾销进口产品通过竞争价格作用，影响国内产业的产量、销量、销售价格等。因此，反倾销中的损害调查应当着重对这些生产和销售相关的经济指标和因素进行分析，也就是对国内产业的经营状况进行分析。

---

❶ SECOND SUBMISSION OFPROPOSALS ON THE DETERMINATION OF INJURY, TN/RL/GEN/38, 23/03/2005.

2. 关于"恶化"

提案采用"恶化"来限定国内产业损害的状况，意指与调查期之前相比，国内产业状况表现应当更加趋向负面。规则谈判之友同时也承认，恶化并不是要求国内产业状况持续变差，也不是说所有经济指标都有下行的表现。在提案中还列举了两个例子：（1）调查期初国内产业已经长期地表现赢弱，且调查期内状况稳定；（2）国内产业状况很好，但若无倾销产品映像可能表现更佳。这两个案例，规则谈判之友都认为不应当认为存在损害。

在提及进口国国内产业表现良好的部分案件时，提案同意如果不存在倾销进口的影响，进口国国内产业状况能更好。但是同时也提出了一个问题，对于这样表现上佳的佳国内产业，调查机关是否有必要对其提供反倾销措施的保护。

3. 整体评估

提案认为对国内产业状况进行整体的评估，并不是要求所有的经济指标和因素都出现下行或变差的迹象。提案只是建议调查机关评估与国内产业状况有关的所有指标和因素，来真实、全面反映国内产业的实际状况。最终，国内产业整体状况应当出现恶化的表现。

4. 重大的和可衡量的

提案中"可衡量的"恶化意指需要对国内产业状况进行客观的评估。在考虑与国内产业状况相关的经济指标和因素时，应当通过量化评估确定指标是否存在下行或变坏的表现。而"重大的"则是与"实质损害"的实质相对应的限定词。

规则谈判之友的该提案认为，实质损害是通过经济因素和指标反映出国内产业经营状况的重大恶化。笔者认为，该提案提供了对如何分析和认定实质损害的指导，比美国国内法中对实质损害的规定更加清晰明确和可操作。但是，该提案与现行规则还略有不同，反而限制了调查机关认定产业损害的调查。该提案的证明重点是国内产业的经营状况，而现行规则要求调查的是国内产业的状态（state of the domestic industry）。从含义上将，国内产业状况还包括产能情况、劳动就业情况等不属于经营状况的内容。如果将实质损害仅仅限制在经营状况上，则可能在某些实质损害主要体现为劳动就业状况恶化的案件中，错误地认定不存在损害。此外，重大的和可测量的恶化，从一定程度上暗示了调查机关是否需要对损害进行定量的调查和测度。而当前主流的损害调查仅仅是定性调查。在此前和今后一段时间内计量经济学模型并不完善的情况下，"重大的和可测量的"要求可能很难达到。

（二）日本"无损害推定"提案

日本等成员提出在某些情形下，调查机关应当推定不存在实质损害，除非有相反证据推翻了无损害的结论❶。

在随后的提案中，日本列举了一些其认为的典型的无损害的情形，比如调查期内国内产业营业利润实现了增长，市场份额保持稳定或持续增加等。此外，在一些情形下，倾销和损害之间没有因果关系。一是被调查产品中未倾销产品数量明显超过倾销进口产品的数量；二是在没有价格削减影响的情况下，倾销进口价格持续增长且市场份额不断下降。❷

笔者认为日方提案着眼于从典型的无损害的情形，倒推实质损害的概念。如果某些情况下不存在损害或因果关系，那么国内产业实质损害应当是与无损害情形相对立的状态。在各方可能短期内无法在实质损害定义上取得一致的情况下，排除某些无损害的情况，来约束调查机关损害认定的实践，也是一条思路。

（三）各方反应和主席案文

美欧等成员对规则谈判之友提案和日本提案的反应相对冷淡，并没有提出相应的问题和评论。在规则谈判主席案文中，也没有体现这几份提案的内容。

---

❶ SECOND SUBMISSION OFPROPOSALS ON THE DETERMINATION OF INJURY, TN/RL/GEN/38, 23/03/2005.

❷ Negotiating Group on Rules-Illustrative List of Benchmarks for Determinations of Material Injury and Causation-Communication from Japan, TN/RL/GEN/42, 13/05/2005.

三、实质损害威胁议题

实质损害威胁是产业损害的第二种表现形式。虽然出现频率较小，但是其调查和裁决难度更高。在现行规则中，除了损害调查均应当遵守的 6 条之外，实质损害威胁还有额外两条规定。在规则谈判初期，有成员就提出了关于实质损害威胁的提案，其中埃及提供了案文草案。各方提案主要涉及几个方面的问题。一是实质损害威胁调查同样要求审查国内产业状况；二是澄清损害威胁调查中各调查事项的含义和标准；三是应予审查的其他事实；四是澄清"特别谨慎"的含义。

（一）规则谈判之友提案

规则谈判之友认为实质损害威胁相关条款需要进一步的澄清或改进，主要体现在三个方面：（1）协定没有要求在实质损害威胁调查中必须审查国内产业的状况；（2）对于"明显可预见和迫近"的时间性没有规定；（3）除了规定的四个审查因素，还应当其他相关的因素。❶

（二）埃及提案

在规则谈判中，埃及转变了其此前关于实质损害威胁问题的立场，表示需要对该问题进行澄清和改进。埃及认为有三个具体问题需要进一步的解释和规定：第一，关于"其他市场吸收涉案产品出口的可获得性"问题，埃及认为条文过于模糊，调查机关难以获得其他市场及其市场供求信息；第二，关于"被调查产品的库存"问题，在没有明确库存的含义之前，调查机关无法调查该问题❷；第三，关于"与国内产业状况相关的指标和因素"，埃及认

---

❶ Negotiating Group on Rules-Replies to Questions to our First Contribution（TN/RL/W/6）-Anti-dumping-Paper fromBrazil；Chile；Colombia；Costa Rica；Hong Kong, China；Israel；Japan；Korea；Norway；Singapore；Switzerland and Thailand，TN/RL/W/45，27 January 2003.

❷ 在提案中，埃及举例说明，如果出口商和生产商在不同国家广有工厂和仓库的情况，如何确定库存的现实困难。

为应当明确在实质损害威胁调查中也应当审查这些因素❶。

在随后的案文草案中，埃及提出了两点主要修改：一是增加"考虑3.4条规定的因素"。埃及认为仅仅第3.7条列举的因素，不足以调查和确定实质损害威胁的存在，应当进一步考虑第3.4条列举的与国内产业状况有关的经济指标和因素。而且由于各成员对于实质损害调查已有经验，因此在实质损害威胁调查中引入第3.4条的因素并不会给调查机关造成负担。二是为了减轻调查机关负担，"在考察可以吸收被调查出口的其他市场情况"时，可以仅仅考虑"已知的和已经建立的"其他出口市场，而不需要面面俱到。在调查"其他出口市场的状况"时，外国出口商、生产商应当承担举证责任，指明涉案产品的出口市场，以便调查机关进行调查。

（三）主席案文

由于谈判各方对实质损害议题的争议不大，因此在规则谈判主席案文中都引入了对实质损害条款的修改意见。与此前埃及提案相比，主席案文在结构和体例上略作调整。

两次主席案文没有区别。在《反倾销协定》第3.7条中，增加了一句话："在作出有关存在实质损害威胁的认定时，调查机关应当考虑调查期内国内产业的状况，包括根据第4款审查倾销进口对国内产业的影响，从而为实质损害威胁评估提供背景情况。"

从作用上看，主席案文的修改与埃及提案对调查机关的指导和约束作用基本相同。但主席案文更多地体现了一种原则性的表态，而埃及提案更多的是对调查实践的指引和约束。

笔者认为，埃及提案本身并没有发挥对现有规则澄清和改进的作用。此前在诸多争端解决机构案例中，专家组和各成员已经确认了一项原则，进行实质损害威胁的调查中，除了《反倾销协定》第3.7条规定的因素之外，调

---

❶ IDENTIFICATION OF ISSUES UNDER THE ANTI-DUMPING AGREEMENTTHAT NEED TO BE IMPROVED AND CLARIFIED WITHINTHE CURRENT NEGOTIATIONS ON WTO RULES, Second Submission of the Arab Republic of Egypt, TN/RL/W/110, 22 May 2003.

查机关同样要考察第 3.4 条列举的诸多国内产业状况的经济指标和因素。因此，主席案文和埃及提案只能算是重申已经广为接受和运用的调查方法。

四、实质阻碍议题

实质阻碍是最少见的产业损害的一种形式。目前，世贸组织争端解决案件和中国贸易救济调查实践中尚未有实质阻碍的案例。在现行规则中，并没有专门针对实质阻碍情形的专门规定。从规则和争端解决的裁决看，《反倾销协定》第 3 条和《补贴和反补贴协定》第 15 条都是关于损害调查的规定，除了第 7 款和第 8 款专属实质损害威胁情形外，其余各款均适用于包括实质阻碍在内的所有的损害的具体形式。就实质阻碍的损害调查而言，国际规则的规定比较模糊，规则谈判中对该问题的不同认识也比较多。

(一) 埃及系列提案

埃及对实质阻碍议题最为热心，先后提交了多份文件发表意见并提供了谈判案文。埃及认为相对于实质损害和实质损害威胁，《反倾销协定》对实质阻碍情形的规定不足，调查机关在实践中缺乏必要的指导和约束。不同于其他两种损害情形，实质阻碍调查对发展中成员尤为重要。一是对处于经济发展初始阶段、工业化起步阶段的经济体，如何适当地运用规则向正在建立的国内产业提供合理和适度的政策保护，是经常面对的现实问题。二是对发展中成员弱小和幼稚的国内产业，在转型升级或扩大规模阶段，现有损害规则中实质损害和实质损害威胁的规定不足以提供有效的和及时的政策支持。

1. 关于"新建立的国内产业"的含义

从历史上看，肯尼迪回合《反倾销守则》对实质阻碍进行了解释："在进口国新的国内产业建立受到阻碍的情况下，需要有利的证据证明国内产业即将建立，例如建立一个新产业的计划已经达到相当成熟的阶段，正在建设工厂或者已经预定了机器设备。"

埃及认为现有规则中关于实质阻碍的定义尚不明确，应当进一步澄清"新建立的国内产业"的内涵，不能仅仅局限于正在建立而尚未生产的产业。

由于发展水平有限、产业能力较弱，孵化期、重组期和进行私有化的产业也应当被视为"新产业"。扩大"新产业"定义，才能更加有效地保护发展中国家和欠发达国家的幼稚产业，使得反倾销措施能够保护处于不同发展阶段的所有的国内产业。

在提案中，埃及列举了其理解的三种典型的实质阻碍案例。第一类，小市场和小产业。在某市场需求起步阶段，国内市场的典型特征是市场需求小和产业规模小。随着市场的培育，产业规模和企业数量将会随之增长。在产业规模扩大前，倾销进口可能给国内产业造成实质损害。

第二类，升级中的产业。发展中国家产业规模小和技术水平弱，通过产业升级产出更加丰富和优质的产品。在升级过程中，倾销进口可能会阻碍升级产业新产品的开发和销售。在当前规则中，这些新产品既不能寻求实质损害和实质损害威胁的救助，也不能得到实质阻碍的保障。

第三类，私有化的产业。在一些发展中成员中，国有企业的私有化是经济发展的一个显著特征，也是市场开放和自由化的结果。在国企向私有化转型过程中，倾销进口可能会严重干扰这个过程，造成私有化的失败或者私有化后的企业经营困难。这种现象也是当前规则尚无力规制的情况，应当通过澄清"新产业"的定义解决。

在谈判中，埃及还提供了谈判案文供各方讨论。主要的修改和补充有两点：

一是在脚注9增加对实质阻碍的定义："当国内产业已作出重大努力以达到隔离可行的商业化生产或可持续经营时，该产业应当被视为正在建立。"

二是增加需考虑的因素。"对实质阻碍的确定应当依旧事实，而不是仅依据指控、推测或极小的可能性。在认定存在实质阻碍时，调查机关可以考虑可行性研究、投资计划或市场研究，以审查但不限于以下因素：（1）产能利用率；（2）被推迟实施的合理商业计划；（3）国内产业产量。"❶

笔者认为，实质阻碍问题是小众议题，可资借鉴的资料和实践都不多。从反倾销的作用而言，实质损害还将是主流和常见的损害形式。就埃及的提

---

❶ MATERIAL RETARDATION, Communication from Egypt, TN/RL/GEN/122, 24 April 2006.

案，笔者认为其"新建立的国内产业"其实包括三类产业：正在建立的产业、已经建立但未商业化运行产业以及重组升级但未商业化运行产业。对于后两类，现有实质损害和实质损害威胁规则应当可以处理：（1）对于已经建立但尚未商业化运行的产业，倾销进口虽尚未导致国内产业损害，但国内产业商业化运作后倾销进口可能造成实质损害，因此实质损害威胁规则可以处理。（2）对于重组转型升级的现有产业，则正是实质损害或实质损害威胁的范畴。埃及关于"老产业新产品"的顾虑，应当通过新的反倾销调查解决。因此真正属于实质阻碍的还是正在筹建中的产业遭受的倾销进口带来的不利影响。

（二）各方反应

与产业损害的其他规则相比，发达国家和工业化国家对实质阻碍议题的关注都很少。规则谈判之友、美国和欧盟等在规则谈判中比较积极的成员，都没有再实质阻碍相关提案上发布意见和关注。

（三）主席案文

在规则谈判第一次主席案文中，以埃及提案为基础，在《反倾销协定》中对实质阻碍问题进行了规定。

第3.9条 对于国内产业建立的实质阻碍认定，应依据事实，而不是仅依据指控、推测或极小的可能性。如果对于同类产品的进口国国内生产，以前未在进口国境内生产过，现在资源方面已经有了真正的和大量的投入，但尚未投产或生产尚未达到商业性数量，该产业可被视为正在建立中。在认定某一产业是否正在建立中，以及认定倾销进口对于该正在建立的产业的影响时，调查机关可以考虑相关证据，如设计产能、投融资金额、可行性研究、投资计划或市场研究。

与此前提案相比，主席案文显得更加原则性，不强调调查细节。在证据要求方面，使用了类似实质损害威胁条款的表述，要求对事实进行客观审查。在标准方面，除了强调进口国从未生产这一要件外，还增加了"真正的和大量的投入"，已防止对该条款可能的滥用。在产业状态方面，仅仅限制在

"新"的产业上，已建立的产业（不管是私有化还是升级改造）都明确不属于实质阻碍的范畴。在调查方法上，案文提供了建议的方法，说明调查机关"可以考虑"多种证据和事实。此外，主席案文还以脚注的形式，对新建立产业的规模进行了限制，对于产能超过进口国国内需求 10% 及以上的产业，不能视作新的产业。

总体而言，主席案文提供了判断和调查实质阻碍情形的方法。并且主席案文更加侧重避免成员利用该条款扩大反倾销措施的实施，降低立案或调查的门槛，防止可能出现的滥用。

五、国内产业状况议题

贸易救济的损害调查，是涉案进口（不公平贸易或公平贸易）通过影响进口国国内同类产品的价格，最终使进口国国内产业的状况发生负面的变化。在调查中，进口国国内产业状况是通过与生产、销售和劳动就业相关的经济指标和因素反映出来的。

由于不同产业具有不同的经济特点，因此当产业状况恶化时所体现出来的经济指标及其变化程度也不尽相同。比如，传统行业竞争充分、毛利较低，销售价格的些微下行就可能带动销售和财务等经济指标全面恶化；有些钢铁和化工等重型工业开车成本很高，因此不到万不得已，工厂的产量和产能利用率等生产类指标不会下降。而对于新兴行业，即使在不利的市场条件下，其生产、销售和劳动就业等指标也在持续增长，损害的体现可能是投融资能力、现金流量等指标恶化上。

面对纷繁复杂的行业和产品，在规则中制定普适的损害调查方法和指标体系很可能是勉为其难。同时，由于损害调查目前尚属于定性而非定量审查性质，调查机关仍然保有较大的自由裁量权，规则的政策空间相对还比较大。另一方面，现行规则确实非常宽泛，注重原则性和普遍性的规定，因此在术语解释和调查方法等方面仍然存在很多模糊和不明确的地方。因此在规则谈判中，各方就如何澄清和改进国内产业状况评估的规则提出了不同意见。

(一) 规则谈判之友提案

规则谈判之友要求澄清国内产业状况的评估方法。虽然协定和有关争端解决案例有一些规定，但是目前的规则中尚没有要求调查机关如何考察评估国内产业状况经济指标的规定。规则谈判之友也承认，设计一套严格的通用的数学公式可能并不现实，但是各方可以明确一套公平、合理和严谨地评估各类损害指标的方法。❶

同时，规则谈判之友建议规则也应当要求调查机关详细解释其损害认定，说明证据来源、内容和性质等，提高调查的透明度，减少片面和武断的认定。通过公开调查方法和标准程序、公布案卷记录和事实基础，以便利害关系方可以监督调查过程，保障自身权益。❷

(二) 各方质疑

规则谈判之友提案遭到了多方的强烈质疑。美国、欧盟和澳大利亚等传统反倾销使用者分别以书面问答的方式提出了质疑和反对意见；埃及等发展中国家也表示了反对的立场。

由于各方反对意见较多，规则谈判之友也没有继续就国内产业状况评估提供谈判案文，在后续主席案文中也没有相关规定。

笔者认为，国内产业状况评估问题历来是贸易救济争端解决中的常见争议，专家组和上诉机构就此提供了大量完整、统一的解释和说明。评估方法议题的规则谈判，可能已经超出了多哈回合规则谈判"澄清和改进"的原则授权，属于超出乌拉圭回合谈判共识、制定新的成员义务的举动，因此广受质疑和反对。

---

❶ REPLIES TO THE QUESTIONS/COMMENTS FROM AUSTRALIA ON TN/RL/W/10, Paper by Brazil; Chile; Colombia; Costa Rica; Hong Kong, China; Israel; Japan; Korea; Norway; Separate Customs Territory of Taiwan, Penghu, Kinmen and Matsu; Singapore; Switzerland; and Thailand, TN/RL/W/18, 4 October 2002.

❷ SECOND CONTRIBUTION TO DISCUSSION OF THE NEGOTIATINGGROUP ON RULES ON ANTI-DUMPING MEASURES, TN/RL/W/10, 28 June 2002.

六、因果关系议题

与倾销和损害规则相比，因果关系的规定相当单薄。世贸组织贸易救济相关协定只是提供了原则性、框架性的规定，要求涉案进口是造成国内产业损害的原因。由于国际规则缺乏详细的规定，各成员国内立法对此也不够重视，调查机关在调查中享有较大的自由裁量权。因此，法律不清、实践薄弱的因果关系调查，常常会引发调查利害关系方的争议，成为世贸组织争端解决中的重点问题之一。

因果关系问题在国际贸易救济规则谈判历史上变化很多。《肯尼迪回合反倾销守则》对因果关系提出了很高的要求，规定倾销进口必须是国内产业损害的"主要原因"。在其后《东京回合反倾销守则》和《反倾销协定》中，因果关系标准被降低到"一般原因"。这种规则要求的巨大转变，也为今后规则谈判各方立场带来了巨大分歧。

（一）关于因果关系标准的提案

倾销进口在多大程度上造成了国内产业损害，历来是因果关系规则争议的焦点。在规则谈判历史上，因果关系曾经出现了多个标准，如唯一原因标准、主要原因标准、重大原因标准和一般原因标准。而现行规则最终采用了最低的因果关系标准。因此在多哈回合中，部分成员就此问题提交提案、进行讨论，对因果关系标准进行了不同的解释。

1. 规则谈判之友提案

在立场性文件中，规则谈判之友就表达了对提高和加严因果关系标准的立场："只有当倾销进口和产业损害之间存在'明显和重大'的联系时，才能认定存在因果关系。❶"规则谈判之友认为国内产业可能受到包括倾销进口在内的多种因素的负面影响，而倾销进口不必是造成国内产业损害的唯一原因。

---

❶　ANTI-DUMPING: ILLUSTRATIVE MAJOR ISSUES, Paper from Brazil; Chile; Colombia; Costa Rica; Hong Kong, China; Israel; Japan; Korea; Mexico; Norway; Singapore; Switzerland; Thailand and Turkey, TN/RL/W/6, 26 April 2002.

但是倾销进口对国内产业的影响应当足够实质，足以对国内产业造成实质损害❶。规则谈判之友建议，因果关系应当采用较高的标准，倾销与损害应当具有明显和重大的因果联系。

2. 中国提案

在此问题上，中方也提交了与规则谈判之友立场接近的提案，认为因果关系调查也应当采用较高的标准，倾销与损害之间应当具有"重大的"因果关系❷。

3. 美国提案

与规则谈判之友提案和中国提案相对，美国提出现有规则已经提供了因果关系调查的必要指导，主张维持现行规则因果关系标准❸。

笔者认为，各方在因果关系标准上的分歧，主要是由于调查方法的差异和对贸易救济制度态度根本区别导致的。第一，因果关系标准的不同反映了不同的调查方法。如前所述，各成员采用的产业损害调查方法主要有两种，一是二分法，即分别进行损害调查和因果关系调查；二是一步法，同时对损害和因果关系进行调查，直接得出损害调查的结论。方法的不同，导致因果关系单独认定的难度不同，采用的标准也会有所差异。第二，各成员对严格限制贸易救济措施的立场不同。规则谈判之友从其出口利益出发，一直坚持要求加严调查纪律，限制贸易救济措施的使用。而美欧等传统使用者则倾向于维持现状，保障贸易救济工具的有效性。因果关系是实施贸易救济措施的基础之一，标准的高低对限制使用措施有直接的影响。因此各方在此问题上分歧明显。

---

❶ SECOND SUBMISSION OF PROPOSALS ON THE DETERMINATION OF INJURY, Paper from Brazil; Chile; Colombia; Costa Rica; Hong Kong, China; Israel; Japan; Korea, Rep. of; Norway; Singapore; Switzerland; the Separate Customs Territory of Taiwan, Penghu, Kinmen and Matsu; and Thailand, TN/RL/GEN/38, 23 March 2005.

❷ PROPOSAL OF THE PEOPLE'S REPUBLIC OF CHINA ON THE NEGOTIATION ON ANTI-DUMPING, TN/RL/W/66, 6 March 2003.

❸ Communication from the United States, "Identification of Additional Issues Under the Anti-Dumping and Subsidies Agreements," TN/RL/W/98, 6 May 2003.

（二）关于非归因因素调查的提案

在《东京守则》里，非归因调查是伴随着因果关系标准的降低一同列入新的规则。虽然不再要求倾销进口是损害的主要原因，但是调查机关需要进一步地考虑其他同时造成国内产业损害的因素，并与倾销进口因素分别进行考虑。在降低调查难度的同时，也为调查机关增加了新的义务。

1. 美国提案

在规则谈判过程中，美国多次要求澄清非归因规则的含义。在美国看来，（1）调查机关在评估损害时，无须采用量化分析方法分别评估倾销进口和其他因素的损害影响；（2）调查机关无须比较倾销进口和其他因素造成的损害影响的大小，（3）在完成倾销进口和其他因素的损害影响分析后，调查机关就满足了非归因调查的要求；（4）调查机关自由选择因果关系的分析方法，而不需单独对其他因素进行独立评估❶。

2. 规则谈判之友提案

规则谈判之友的主张则与美国相对，提出"倾销进口对国内产业的影响必须与其他因素的影响分开进行。为了满足非归因的要求，调查机关必须注重分析倾销进口对国内产业的损害后果"。在量化分析方面，规则谈判之友并不"强求调查机关精确地科学地量化分析倾销进口对国内产业的损害。但是可以依据定性的信息，以及尚不完善的定量分析进行评估"❷。

（三）主席案文

在因果关系议题上，各方观点针锋相对，难以调和。在规则谈判主席第一次案文中，尝试对双方立场进行调和。一方面，拒绝了提高因果关系标准

---

❶ CAUSATION (ADA ARTICLE 3.5; ASCM ARTICLE 15.5), Paper from the United States, TN/RL/GEN/59, 13 July 2005.

❷ SECOND SUBMISSION OF PROPOSALS ON THE DETERMINATION OF INJURY, Paper from Brazil; Chile; Colombia; Costa Rica; Hong Kong, China; Israel; Japan; Korea, Rep. of; Norway; Singapore; Switzerland; the Separate Customs Territory of Taiwan, Penghu, Kinmen and Matsu; and Thailand, TN/RL/GEN/38, 23 March 2005.

的议题，不要求倾销进口是损害的"重大原因"；另一方面，要求将倾销进口和其他因素的损害影响，区别开来。

第 3.5 条　必须证明通过第 2 款和第 4 款所列的倾销影响，倾销进口产品正在造成属于本协定范围内的损害。证明倾销进口产品与国内产业损害之间存在因果关系，应以调查机关对所有可获得的相关证据审查为依据。调查机关还应审查除倾销进口外、同时造成国内产业损害的任何已知因素，且这些其他因素造成的损害不得归因于倾销进口产品。本款所要求的审查，可以基于对证据的定性分析，例如损害后果的性质、程度、地理分布以及时间分布等。调查机关应当将其他因素和倾销进口的损害后果区分开来，但不必采用量化分析方法对二者的损害后果进行评估，也不必比较二者损害后果的大小。

从上述条文可以看出，主席案文在最大程度上对各方立场都作了妥协，试图通过部分采纳的方式调和各方截然不同的立场。结果可想而知，美国和规则谈判之友对主席案文都表达了不满。规则谈判之友还提交了提案，坚持量化分析方法，力主对主席案文进行修改❶。由于分歧过大，在第二次主席案文中没有再提供谈判案文，只是提供了各方立场文件。

七、低税原则议题

反倾销措施的目的在于通过提高倾销价格的方式以实现消除损害后果。因此在设计措施实施方式上，就有两种思路：消除倾销和消除损害。低税原则即是采用较低的措施水平实现反倾销措施的目的。

低税原则是《反倾销协定》所推崇和鼓励地实施反倾销措施的原则。但是对如何实施低税原则，有关成员存在不同的认识。比如欧盟等在实践中通过计算损害幅度实施低税原则，美国则完全依靠倾销幅度确定反倾销税的水平。

---

❶ CAUSATION, Communication from Hong Kong, China; Japan; Korea, Rep. of; Norway; Switzerland; and the Separate Customs Territory of Taiwan, Penghu, Kinmen and Matsu, TN/RL/W/223, 12 March 2008.

（一）关于强制低税的提案

1. 规则谈判之友提案

为了实现救济倾销进口所造成的损害，应当确保反倾销税率不应当超过抵消损害后果必需的水平。因此，规则谈判之友建议强制实施低税原则，仅仅在抵消损害效果的范围内征收反倾销税，避免不必要的高额税收对贸易造成的负面后果。为此，提案还提供了损害幅度计算的几种方法。❶

后续提案进一步细化了低税原则的规则，并提出了下列基本原则：（1）反倾销措施旨在保护国内产业免遭倾销进口的损害；（2）必须建立相关机制保证反倾销税不超过抵消损害所需的必要限度。

为了确定适合的税率水平，规则谈判之友认为应当首先计算"无损害价格"的方式，再根据该无损害价格确定各外国出口商的税率水平。在计算无损害价格方面，提案提供了四种方法：❷

一是当前价格法。当国内同类产品价格未受到倾销进口价格影响时，应当以此时国内同类产品售价为基础，确定各涉案产品的反倾销税率水平。

二是倾销前价格法。以倾销发生前国内同类产品的价格作为无损害价格，以此价格与倾销进口产品价格的差额作为反倾销税的水平。

三是成本加成法。这种方法类似倾销幅度计算中结构正常价值计算的方法，通过成本、费用加合理费用确定国内同类产品无损害的销售价格。

四是无倾销产品价格法。考察未以倾销价格销售的进口产品在进口国内市场销售的价格，以此作为国内同类产品无损害价格。

2. 印度提案

印度反倾销调查中也有损害幅度的实践。在规则谈判场合，印度也积极

---

❶ LESSER DUTY RULE, Communication from Brazil; Chile; Colombia; Costa Rica; Hong Kong, China; Israel; Japan; Korea, Republic of; Mexico; Norway; Singapore; Switzerland; Separate Customs Territory of Taiwan, Penghu, Kinmen and Matsu; Thailand and Turkey, TN/RL/GEN/1, 14 July 2004.

❷ FURTHER SUBMISSION OF PROPOSALS ON THE MANDATORY APPLICATION OF THE LESSER DUTY RULE, Paper from Brazil; Chile; Costa Rica; Hong Kong, China; Israel; Japan; Korea, Rep. of; Norway; Singapore; Switzerland; the Separate Customs Territory of Taiwan, Penghu, Kinmen, and Matsu; and Thailand, TN/RL/GEN/43, 13 May 2005.

推动低税原则的强制化规则。印度认为，"非强制化"实施低税原则使得反倾销措施对国内产业的保护水平远远超过必要的和合理的限度，也超过了救济国内产业的实际需要。同时大量经济学研究表明，应当将在国际规则中强制实施低税原则。

3. 欧盟立场

欧盟认为"强制性实施低税原则将进一步加强反倾销纪律。对国内产业的保护严格限制在消除损害的水平之内，从而对反倾销措施的适用产生显著的限制作用。"

韩国、巴西、南非和中国等成员也通过提案和文本支持强制实施低税原则。

4. 美国和加拿大的立场

对于强制实施低税原则，美国和加拿大总体上持反对立场。加拿大认为，各成员间无法就如何计算足以消除损害的税率达成一致，在技术上尚不可行时就妄推强制实施并不合理。

美国则是通过反驳支持强制低税的各项提案，表达了对该问题的反对立场。美国认为当以倾销幅度为基准征收反倾销税时，有时候并不足以消除倾销的损害后果。例如，损害性后果可能包括一些永久性的损失，如熟练工人的流失、设施的关闭和费用的沉没损失。这些损失难以精确计算，仅仅提高进口国国内同类产品售价并不能弥补这些损失。因此，以无损害价格或者损害幅度为基准，确定反倾销税的水平并不合理。有关提案声称的"反倾销措施已经超过了必要限度"的说法没有依据。

对于损害幅度或无损害价格计算的方法，美方质疑协定中意指的损害不仅仅体现在销售价格上，而是一系列经济指标和因素综合评估和反应的结果。损害幅度仅仅参考销售价格做量化分析，不符合协定关于损害的总体要求，方法亦不合理。

最后，美国通过一份提案系统总结了其反对强制实施低税原则的观点❶。一是虽然反倾销措施数量有所增加，但并非都由于反倾销措施实施超过了抵消损害所必须的限度。二是目前个别成员损害幅度立法和实践尚存大量缺陷。有关提案在"什么是损害"和"如何消除损害"等问题上考虑不周。如果在方法上无法达成共识，则无法论及强制实施低税原则。三是国际规则并未要求调查机关在损害分析时确定"损害幅度"。四是损害属于定性分析，难以量化。价格影响仅仅是其中的一个因素，还需要考虑其他诸多经济因素和指标。因此仅仅依据价格确定损害幅度不符合损害评估的要求。五是损害幅度计算的方法难以解决"实质损害威胁"案件的问题。在无法做到涵盖所有损害类型的情况下，不能强制实施低税原则。六是损害幅度过于依赖进口国国内市场的情况，而忽视了出口国国内市场的情况。以倾销幅度确定的反倾销税率，综合考虑了进口国和出口国两个市场的情况，更有利于促进国际贸易。七是损害幅度调查增加了调查机关的负担，将延长调查程序、加重利害关系方的诉讼成本。八是强制实施损害幅度，将导致出口商配合意愿的降低。出口商将会选择仅仅提供出口价格，而不再提供正常价值的证据材料。这将导致反倾销调查明显的不公正和不公平。

5. 埃及立场的转化

在初始阶段，埃及以过度加重调查机关义务为由，反对强制实施低税原则。埃及认为，现行规则中低税原则是非强制性的。对于刚刚开始反倾销调查的新成员，在经验不足、能力欠缺等限制下，强制实施低税原则增加了许多不合理和不必要的负担。

此后，埃及支持对发展中国家反倾销时应当强制适用低税原则。

（二）主席案文

在第一次主席案文中，并未包括强制实施低税原则的条款，反而删除了低税原则条款本身。在各方表达不满后，在第二次主席案文中又恢复了低税

---

❶ FURTHER COMMENTS ON LESSER DUTY PROPOSALS, Paper from the United States, TN/RL/GEN/58, 13 July 2005.

原则的条款，但也没有进一步要求强制实施的规定。

纵观多哈回合规则谈判，低税原则可能是各方最希望取得规则突破的领域，大约四分之一的提案与之有关。但是各方观点如此对立，加之关于损害幅度计算的实践尚缺乏合理性和透明度，在此阶段实现强制低税原则为时尚早。

八、公共利益议题

贸易救济是国家机关对国家经济局部的竞争条件进行调整的行政管理措施。一方面，贸易救济措施在救济受损的国内产业同时，也会导致相关国内产品售价的提高，在一定程度上减损了下游用户和消费者的利益。另一方面，征收特别关税限制了涉案产品的进口，改变了该产品国际贸易的流向和分布；特别是保障措施的实施，直接限制了自由贸易的开展。贸易救济措施调整了经济利益在国民经济不同部门的分配；其作用更像双刃剑，需要调查机关和决策机关统筹协调各方面的利益，在考虑公共利益的条件下作出实施贸易救济措施的决定。

世贸组织诸贸易救济协定通过法律条文设置，对公共利益原则提供了法律支持，也成为相关成员国内立法公共利益条款的法律渊源。但是，公共利益原则毕竟不是协定中明文约定的成员义务，也不是强制性的法律规定，在实践中需要依靠各成员调查机关的自由裁量。同时，公共利益的准确含义、考虑因素等也缺乏一致性的规定，各方思想认识还有待统一。在多哈回合规则谈判中，公共利益原则也是讨论最热烈、争议也最多的议题之一。

（一）规则谈判之友提案

规则谈判之友认为反倾销措施的效果不仅限于同类产品进口国国内生产者，也会影响上下游用户和消费者等其他经济领域。《反倾销协定》还没有规定调查机关应当考虑和平衡各方的利益以及评估反倾销措施的影响，也没有保障利害关系方就公共利益发表评论和影响决策的机会。因此，建议引入公共利益条款减少贸易救济措施对进口国国内经济和国际贸易的负面影响。

规则谈判之友提案主要包括以下几个部分：一是保障利害关系方对公共利益问题发表意见的机会；二是公共利益调查的原则性内容；三是调查机关对公共利益问题的调查义务；四是在不符合公共利益的情况下，限制或终止实施反倾销措施。❶

此后香港等成员进一步提出，公共利益条款不应仅限于原审调查，在复审调查中应当同样考虑公共利益问题；公共利益调查应保持公开、透明，同时要适当体现程序的灵活性。❷

（二）加拿大提案

在规则谈判中，加拿大支持纳入公共利益条款。先后提交了多份提案，也对其他成员提案提供了评论意见和修改建议。加拿大认为，反倾销措施应当在更广的经济、贸易和竞争政策考量下进行审查。

在公共利益调查的具体原则上，加拿大认为一方面要尊重各成员国内立法和实践，由各成员自主决定公共利益调查的实施方式，另一方面也要保障利害关系方在公共利益调查中的实体和程序权利。此外，加拿大坚持公共利益调查的决定不适用于争端解决程序。这是加拿大提案最显著的特征之一。❸

（三）欧盟等其他成员立场

欧委会进行的"欧共体利益"调查是当前最有代表性的公共利益调查。许多成员的立法和实践均或多或少借鉴和参考了欧盟的做法。但在公共利益问题上，欧盟仅在立场性文件中表达了其观点，公共利益调查能够对进口国国内市场进行更广泛、更完整的分析，可以作为实施反倾销措施的必要条

---

❶　FURTHER SUBMISSION ON PUBLIC INTEREST, Communication from Hong Kong, China; Israel; Japan; Korea, Rep. of; Norway; Singapore; Switzerland; the Separate Customs Territory of Taiwan, Penghu, Kinmen and Matsu; and Thailand, TN/RL/GEN/53, 1 July 2005.

❷　ECONOMIC EFFECTS OF ANTI-DUMPING MEASURES, Paper from Hong Kong, China; and the Separate Customs Territory of Taiwan, Penghu, Kinmen and Matsu, TN/RL/GEN/142, 6 June 2006.

❸　PUBLIC INTEREST, Paper from Canada, TN/RL/GEN/85, 17 November 2005.

件❶。但此后，欧盟在此问题规则谈判上无所作为。

美国对公共利益问题持反对立场，主张公共利益原则不应该多边化，也不应当以公共利益为由限制调查机关的调查权力。澳大利亚从谈判授权角度反对纳入公共利益条款。由于《反倾销协定》并没有公共利益条款，因此在多哈回合规则谈判"澄清和改进规则"整体授权下，不应当进行公共利益条款的谈判。❷

（四）主席案文

规则谈判第一次主席案文纳入了公共利益条款。案文试图通过调和支持和反对双方的意见，以折中的方式呈现了具体案文。一方面，肯定纳入公共利益条款的必要性，另一方面削弱了公共利益条款的重要性和可操作性。该案文没有得到各方支持，在第二次主席案文中再没有提供可供谈判的案文。

九、争端解决机构创制规则的争议

争端解决机制是世贸组织成员间化解经济摩擦、维护自身正当权益的官方途径。通过对争议方有关事实和法律问题的审理，澄清和解释有关贸易规则的含义和适用，争端解决机构以有约束力的专家组报告和上诉机构报告的形式，督促违反多边贸易规则的成员在合理期限内修改或取消与规则不一致的法律或做法，并在一定条件下授予贸易利益被侵害方进行贸易报复的权利，以实现多边贸易体制的稳定和有效运转。

专家组作为一种临时成立的机构，在解释和适用 WTO 法律规则时可能出现错误和偏差。因此《关于争端处理规则与程序的谅解》设立了上诉程序，设立了一个受理上诉的常设机构，对专家组报告中有关法律问题和法律解释进行评估，以保证对有关协议规则的正确适用。在一定意义上，常设上诉机

---

❶ SUBMISSION FROM THE EUROPEAN COMMUNITIES CONCERNING THE AGREEMENT ON IMPLEMENTATION OF ARTICLE VI OF GATT 1994 (ANTI-DUMPING AGREEMENT), TN/RL/W/13, 8 July 2002.

❷ COMMENTS FROM AUSTRALIA ON CANADA'S SUBMISSION ON THE ANTI-DUMPING AGREEMENT (DOCUMENT TN/RL/W/47), TN/RL/W/62, 11 February 2003.

构则是世贸组织争端解决的最终决定机关。根据《关于争端处理规则与程序的谅解》的规定，除非全体成员一致反对上诉机构报告，否则上诉机构的有关裁决即具有最终的法律效力。

《关于争端处理规则与程序的谅解》第 17.6 条规定，上诉应仅限于专家组报告涉及的法律问题和专家组所作的法律解释。在决定形式上，第 17.13 条规定上诉机构可以维持、修改或撤销专家组的调查结果和结论。

从上诉机构在争端解决中的地位和其法律授权看，上诉机构在世贸组织贸易规则的解释等法律问题上有很大的影响力。因此，多年来美国等成员屡次表达上诉机构超越《关于争端处理规则与程序的谅解》授权解释法律，增加或削减了各成员的权利和义务。美国认为，上诉机构自我授权改变本应由全体成员谈判商定的权利义务，是上诉机构"造法"的表现[1]。

美国认为在反倾销、补贴和反补贴等领域，上诉机构越权增加或削减成员权利和义务的情况尤为严重。例如，美国认为上诉机构在"美国反倾销和反补贴措施"（DS379）争端中，错误地解释了"公共机构"的概念，使得政府通过国有企业提供扭曲贸易的补贴行为得不到有效矫正[2]。在"美国羊肉保障措施"（DS178）等一些保障措施争端中，美国认为上诉机构没有按照法律文本原义解释《保障措施协定》，从而舍弃了既定法律，进而适用自己设计和想象的法律原则[3]。在补贴纪律方面，美国认为上诉机构通过在"美国博得法案"（DS234）中制定了《补贴和反补贴协定》并没有规定的新一类"禁止性补贴"，从而增加了贸易规则原本没有的权利和义务。

虽然美国担忧的上诉机构"造法"的举动，并不涉及目前损害调查的规则。但是，如果上诉机构确实存在超过授权和超出文本解释规则，增加或削减协定义务的情况，那么对损害规则和调查都会存在潜在的影响。

十、小结

在 2015 年内罗毕部长会议上，很多成员都认为多哈回合规则谈判已经难

---

[1] 美国贸易谈判代表办公室，《2018 年贸易政策规划及 2017 年贸易协议年度报告》，第 23 页。
[2] 争端解决机构会议纪要，Minutes of Meeting, March 25, 2011, WT/DSB/M/294.
[3] 争端解决机构会议纪要，Minutes of the May 16, 2001 DSB meeting, WT/DSB/M/105.

以完成既定的谈判目标。多哈回合谈判已经"终止"。

　　但是在该回合规则谈判中，各方提出的观点、建议和提案，仍然是反倾销、补贴和反补贴国际规则中的重点和热点问题。各方在损害调查中的关切，也通常是损害调查规则中亟待解决和澄清的问题。从这些提案和建议中，可以管中窥豹发现和了解损害调查国际规则的发展方向和重点，为学习和研究相关国际贸易规则提供一些借鉴和参考。

附件一　术语表

1.1　常用反倾销词汇中英文对照表

英文	中文
access to information	信息查阅
affirmative determination	肯定性裁决
analogue country	类比国
anti-absorption	反吸收
anti-circumvention	反规避
appellate body report	上诉机构报告
best information available	最佳可获得信息
cash deposit	现金担保
causal relationship	因果关系
compensatory arrangement	补偿安排
confidential information	保密信息
constructed value	结构价值
cost of production	生产成本
cumulative assessment	累积评估
currency conversion	货币兑换
de mininis	微量
disclosure	披露
dispute settlement	争端解决
domestic industry	国内产业
dumping margin	倾销幅度
essential facts	基本事实
expiry review	期终复审

续表

英文	中文
fair comparison	公平比较
facts available	可获得的事实
final determination	最终裁决
hearings	听证
initiation of investigation	立案调查
injury margin	损害幅度
interested parties	利害关系方
interim review	期中复审
judicial review	司法审查
lesser duty rule	低税原则
like product	同类产品
market-oriented industry（MOI）	市场导向性产业
material injury	实质损害
material retardation	实质阻碍
negligible	可忽略不计的
negative determination	否定性裁决
new shipper review	新出口商复审
non-market economy	非市场经济
provisional measures	临时措施
physical characteristics	物理特性
refund	退税
regional industry	地区产业
request for confidentiality	保密申请
sales below cost	低于成本销售
sampling	抽样
sunset review	日落复审
surrogate country	替代国

英文	中文
suspension agreement	中止协议
termination of investigation	终止调查
threat of material injury	实质损害威胁
transaction-to-transaction	逐笔交易
weighted average export price	加权平均出口价格
weighted average normal value	加权平均正常价值
Zeroing	归零

附件二　法规列表

一、国际条约

（一）1994 年关税与贸易总协定

（二）反倾销协定

（三）补贴与反补贴措施协定

（四）保障措施协定

（五）关于争端解决规则与程序的谅解

二、法律

（一）中华人民共和国对外贸易法

（二）中华人民共和国海关法

三、行政法规

（一）中华人民共和国货物进出口管理条例

（二）中华人民共和国进出口关税条例

（三）中华人民共和国进出口货物原产地条例

（四）中华人民共和国反倾销条例

（五）中华人民共和国反补贴条例

（六）中华人民共和国保障措施条例

四、部门规章

（一）中华人民共和国商务部公告 2003 年第 30 号

（二）反倾销

1. 反倾销调查立案暂行规则

2. 反倾销调查抽样暂行规则

3. 反倾销问卷调查暂行规则

4. 反倾销调查信息披露暂行规则

5. 反倾销调查公开信息查阅暂行规则

6. 反倾销调查听证会暂行规则

7. 反倾销调查实地核查暂行规则

8. 反倾销价格承诺暂行规则

9. 倾销及倾销幅度期中复审暂行规则

10. 反倾销新出口商复审暂行规则

11. 反倾销退税暂行规则

12. 关于反倾销产品范围调整程序的暂行规则

13. 反倾销产业损害调查规定

14. 产业损害调查听证规则

15. 产业损害调查信息查阅与信息披露规定

（三）反补贴

1. 反补贴调查立案暂行规则

2. 反补贴问卷调查暂行规则

3. 反补贴调查听证会暂行规则

4. 反补贴调查实地核查暂行规则

5. 反补贴产业损害调查规定

（四）保障措施

1. 保障措施调查立案暂行规则

2. 保障措施调查听证会暂行规则

3. 关于保障措施产品范围调整程序的暂行规则

4. 保障措施产业损害调查规定

（五）WTO 争端解决

执行世界贸易组织贸易救济争端裁定暂行规则

附件三　调查时间表

3.1　中国反倾销调查参考时间表（原审）

对原产于印度的进口 7-苯乙酰氨基-3-氯甲基-4-头孢烷酸对甲氧基苄酯反倾销调查参考时间表

内容	时间	相关程序要求	信息公开	备注
立案	2018 年 11 月 26 日		中国商务部贸易救济公开信息查阅室	
登记应诉期满	2018 年 12 月 16 日		中国商务部贸易救济公开信息查阅室	
发放调查问卷	报名登记截止之日起 10 个工作日		中国商务部贸易救济公开信息查阅室	
答卷提交截止	自问卷发放之日起 37 天内	答卷必须包括问卷要求的全部信息。除中国调查机关同意外，超过期限提交的信息，中国调查机关将不予考虑。	中国商务部贸易救济公开信息查阅室	
初裁前阶段听证会申请（如有）截止期限	2019 年 3 月 26 日前		中国商务部贸易救济公开信息查阅室	
中国国内产业实地核查	立案后 3 ~ 5 个月内			
初裁决定公布	立案后 8 个月		中国商务部贸易救济公开信息查阅室	

内容	时间	相关程序要求	信息公开	备注
初裁决定公布后的披露	初裁公告发布之日起 20 天内	有关利害关系方应在收到初裁披露之日起 10 天内向中国调查机关提出书面评论。		
初裁后阶段听证会的申请（如有）截止期限	初裁公告发布之日起 30 天内	有关利害关系方应在初裁公告发布之日起 30 天内向中国调查机关提出书面申请。	中国公开信息查阅室	
国外企业实地核查	初裁公告发布后 2 个月内	"所有针对答卷的文字勘误应在接到调查机关核查通知之日起 7 日内提交，逾期提交的中国调查机关将不予考虑。"		
提出价格承诺的截止期限（如有）	初裁公告发布之日起 45 天内		中国商务部贸易救济公开信息查阅室	
实地核查结果的披露	实地核查完成后 1 月内	有关利害关系方应在收到实地核查结果的披露之日起 7 天内向中国调查机关提出书面评论。		
终裁决定的披露	中国商务部最终裁决前 1 个月内	利害关系方应在收到终裁披露之日起 10 天内向中国调查机关提出书面评论。		
终裁公告	不晚于 2019 年 11 月 26 日		中国商务部贸易救济公开信息查阅室	

调查时间表可能根据案件调查进程情况进行调整，相关调整将及时通知利害关系方。

中国商务部贸易救济调查局

2018 年 12 月 3 日

3.2　中国反倾销调查参考时间表（复审）

甲乙酮反倾销复审调查参考时间表

内容	时间	相关程序要求	信息公开	备注
立案	2018 年 11 月 21 日		中国商务部贸易救济局公开信息查阅室	
登记应诉期满	2018 年 12 月 10 日		中国商务部贸易救济局公开信息查阅室	
发放调查问卷	报名登记截止之日起 10 个工作日		中国商务部贸易救济局公开信息查阅室	
答卷提交截止（包括进口商答卷、国内生产者答卷和国外出口商或生产商答卷）	自问卷发放之日起 37 天	答卷必须包括问卷要求的全部信息。除中国调查机关同意外，超过期限提交的信息，中国调查机关将不予考虑。	中国商务部贸易救济局公开信息查阅室	
听证会申请（如有）	立案后 4 个月内		中国商务部贸易救济局公开信息查阅室	
实地核查	立案后 4~6 个月内			
终裁公告	不晚于 2019 年 11 月 20 日		中国商务部贸易救济局公开信息查阅室	

调查时间表可能根据案件调查进程情况进行调整，相关调整将及时通知利害关系方

中国商务部贸易救济调查局

2018 年 12 月 10 日

3.3　美国反倾销调查参考时间表

反倾销调查程序及对应参考时间				总天数
申请立案或自主立案	美国商务部终止调查；案件结束（20 天）			20 天
	国际贸易委员会肯定初裁；案件继续（45 天）	美国商务部肯定性初裁；案件继续（115 天）	美国商务部肯定性终裁；案件继续（75 天）	国际贸易委员会终裁（45 天）	280 天
			美国商务部否定性终裁；案件结束（75 天）	235 天
			延期调查；美国商务部肯定性终裁；案件继续（135 天）	国际贸易委员会终裁（45 天）	340 天
			延期调查；美国商务部否定性终裁；案件结束（135 天）	295 天
		美国商务部否定性初裁；案件继续（115 天）	美国商务部肯定性终裁；案件继续（75 天）	国际贸易委员会终裁（75 天）	310 天
			美国商务部否定性终裁；案件结束（75 天）	235 天
			延期调查；美国商务部肯定性终裁；案件继续（135 天）	国际贸易委员会终裁（75 天）	370 天
			延期调查；美国商务部否定性终裁；案件结束（135 天）	295 天
		复杂案件；美国商务部肯定性初裁；案件继续（165 天）	美国商务部肯定性终裁；案件继续（75 天）	国际贸易委员会终裁（45 天）	330 天
			美国商务部否定性终裁；案件结束（75 天）	285 天
			延期调查；美国商务部肯定性终裁；案件继续（135 天）	国际贸易委员会终裁（45 天）	390 天
			延期调查；美国商务部否定性终裁；案件结束（135 天）	345 天
		复杂案件；美国商务部否定性初裁；案件继续（165 天）	美国商务部肯定性终裁；案件继续（75 天）	国际贸易委员会终裁（75 天）	360 天
			美国商务部否定性终裁；案件结束（75 天）	285 天
			延期调查；美国商务部肯定性终裁；案件继续（135 天）	国际贸易委员会终裁（75 天）	420 天
			延期调查；美国商务部否定性终裁；案件结束（135 天）	345 天
	国际贸易委员会否定初裁；案件结束（45 天）			45 天

3.4 欧盟反倾销调查程序及参考时间

时间　　　　　　主要步骤　　　　　　利益相关方介入

提交申请

接受申诉 （45天）

立案公告

发抽样问卷和MET申

（10天）　提交替代国评论

（15天）　提交抽样答卷

（60天~9个月）

抽样后发放问卷

（15~21天）　提交MET答卷

（最长15个月）

（37天）　提交答卷

实地核查

初裁公告
初裁披露

（30天）　提交评论

（6个月）

终裁披露

（10天）　提交评论

提交价格承诺申请

终裁公告

注：1.关于MET问卷，欧盟的截止日期最短为15天，一般不超过21天。
　　2.关于MET的裁决，不应超过立案之日起8个月。